社会科学知识的全球动态

南方理论

[澳大利亚] 瑞文·康奈尔　著
（Raewyn Connell）

詹俊峰　　译

SOUTHERN THEORY

THE GLOBAL DYNAMICS OF KNOWLEDGE IN SOCIAL SCIENCE

江苏人民出版社

图书在版编目(CIP)数据

南方理论：社会科学知识的全球动态/(澳)瑞文
·康奈尔著；詹俊峰译.—南京：江苏人民出版社，
2024.1(2024.11重印)
书名原文：southern theory：the global
dynamics of knowledge in social science
ISBN 978-7-214-25493-1

Ⅰ.①南… Ⅱ.①瑞…②詹… Ⅲ.①社会科学—发
展—世界 Ⅳ.①C1

中国版本图书馆 CIP 数据核字(2020)第 167699 号

江苏省版权局著作权合同登记号：图字 10-2017-169 号

书　　　名	南方理论：社会科学知识的全球动态	
著　　　者	[澳]瑞文·康奈尔	
译　　　者	詹俊峰	
责 任 编 辑	陈　颖	
特 约 编 辑	王暮涵	
装 帧 设 计	赵春明	
责 任 监 制	王　娟	
出 版 发 行	江苏人民出版社	
地　　　址	南京市湖南路 1 号 A 楼，邮编：210009	
照　　　排	江苏凤凰制版有限公司	
印　　　刷	江苏凤凰通达印刷有限公司	
开　　　本	652 毫米×960 毫米　1/16	
印　　　张	19.75　插页 2	
字　　　数	253 千字	
版　　　次	2024 年 1 月第 1 版	
印　　　次	2024 年 11 月第 2 次印刷	
标 准 书 号	ISBN 978-7-214-25493-1	
定　　　价	78.00 元	

(江苏人民出版社图书凡印装错误可向承印厂调换)

序　言

　　本书旨在为社会理论（social theory）提供一条新路径，以助社会科学（social science）在世界范围内发挥其促进民主的作用。我们这个世界的各方支配性力量试图终结而非拓展社会的自我认知（self-knowledge）。在这样的世界里，社会科学对于促进民主起着至关重要的作用。

　　不过，社会科学中顶多只有态度暧昧的民主。其主要流派采用男性的、资产阶级的、受过良好教育的富人这一视角来描述世界。最为关键的是，它们采用欧洲和北美富裕的资本输出国家（即全球宗主国[metropole]）的视角来描绘世界。基于其他经验的社会知识仍很薄弱。然而，当前全球社会面临剧变，只有产生于全球范围的知识才足以为这些社会的自我理解（self-understanding）提供支持。本书即关注社会科学如何在全球范围内以民主的方式进行运作。

　　第一部分"北方理论"，研究现代社会科学是如何在普适性知识（universal knowledge）的表象之下，隐含着宗主国社会的观点、视角和问题。我以社会学（sociology）作为研究案例。首先，我以"创始人"

(founding fathers)的伟大传说为出发点,探究其历史。其次,我研究普遍性理论(general theory)这个流派,并聚焦于三位颇具影响力的现代作家。最后,我分析了宗主国社会学家借助全球化理论摆脱本位主义(parochialism)的做法。

第二部分"放眼南方",探讨了上述社会科学在澳大利亚这个居留地殖民地(colony of settlement)的不同遭遇。澳大利亚与宗主国之间的学术思想关系(intellectual relationship)在 20 世纪发生了剧烈变化,却并未因此诞生一种独特的视角。身为澳大利亚人,我带着惋惜之情,探讨了在经济和文化上依附于他国的情形下,社会科学所面临的矛盾处境(ambivalence)。

第三部分"南方理论",篇幅最长,探讨在依附性(dependence)受到挑战的四个地方所产生的社会理论。这些地方包括后殖民时代的非洲、处于现代化进程中的伊朗、二战后的拉丁美洲,以及 20 世纪 70 年代实施"紧急状态"(Emergency)①之后的印度。在这些章节里,我试着去把握当地理论观点的发展脉络。也就是说,我把它们都当成严肃的理论,当成我们能够加以**学习借鉴**的文本,而不只是作为我们**有所了解**的文本。此外,我还探讨这些理论争鸣所揭示的全球边缘地区(global periphery)的理论化方案,及其在思想和实践方面存在的问题和不同形式。

在最后一部分"大洋洲的反思"中,我探讨南方视角对于社会科学这一世界性方案的影响。目标之一是反思土地在社会结构和动态中所扮演的角色。这也是原住民运动(Indigenous people's movements)的一个重要议题。另一个目标则是在尊重全球边缘地区学术传统的前提语境

---

① 【译者注】1975 年至 1977 年间,印度时任总理英迪拉·甘地在印度全国实行"紧急状态"政策。

下,反思社会科学知识的特性(认识论、方法和传播方式)。在最后一章,我为如何实现这些目标提出一些建议,并就如何把上述目标与民主事业相结合提出建议。

＊ ＊ ＊

我使用"南方理论"这一名称,出于几个原因。第一,这个短语唤起人们对于知识领域中的边缘-中心关系(periphery-centre relations)的关注。印度期刊《底层研究》(*Subaltern Studies*)的编辑使用"底层"这一术语,并非为了命名一个社会阶层,而是为了凸显权力关系(参见第八章)。同理,我使用"南方"一词,并非为了把某些国家或社会归为一个界限分明的类别并加以命名,而是为了强调分别来自宗主国和全球边缘地区的不同知识分子/机构之间的关系(如权威、排斥和包含、霸权、合作、赞助、挪用等)。

第二,该标题强调,其实世界上大部分地区都在创造**理论**。根据贝宁①哲学家保兰·洪通吉(Paulin Hountondji)的描述,殖民地科学中有一种模式被延续到后殖民世界。根据该模式,数据采集及应用在殖民地进行,而理论化则发生在宗主国(参见第五章)。大多数社会科学仍然遵循这种模式。不过,边缘地区的社会实践也能够产生多种体裁和风格的理论。

第三,该标题提醒人们留意一个事实,即社会思想产生于特定的地方(places)。我是在澳大利亚写了这本书,这个国家由 19 世纪初的英国殖民者命名,意为"南部之地"。与智利人一样,澳大利亚白人常常认为自己居住在世界尽头。他们与宗主国的距离对社会科学产生了奇特的影响。但是,在澳大利亚的土著(Aboriginal)族群看来,此处并非世界尽

---

① 【译者注】贝宁共和国是位于西非中南部的国家,前法国殖民地。

头,而是世界中心。澳大利亚的土著文明是世界上存续至今的最古老的文化之一。人与土地的关系是土著人习俗、政治和艺术中的核心主题,这也是本书第九章的研究出发点。

* * *

本书所讨论的话题并不新颖。一个世代以前,这些话题曾在印度引发争论。当时,法国杰出的人类学家路易·迪蒙(Louis Dumont)曾作出一个经典论断,即"印度社会学"(Hindu sociology)这个概念是自相矛盾(contradiction)的理论术语(Das 1995:34)。北美经济学家同样直言不讳地贬低阿根廷人劳尔·普雷比施(Raúl Prebisch)首创的"发展中国家经济学"这一概念(参见第七章)。20 世纪 80 年代,国际社会学协会(International Sociological Association)曾经就"原住民社会学"(indigenous sociologies)展开辩论,但是成果很有限(参见第五章)。

迪蒙相信社会科学只会有一套普适性的概念和方法,且由北半球所创设。这一观点至今仍占据主流,成为每一门社会科学的默认前提假设,但讽刺的是,迪蒙自己的学派除外。在第二章,我展示了这个前提假设如何在社会学理论的现代经典中发挥作用。第三章提到,这个前提假设在近年来有关全球化的社会学中也同样发挥着作用,而这一点更具讽刺意义。

这一前提假设的影响力在研究资助机构和大学课程所举办的成百上千个相关论坛中可见一斑。其中一个惊人案例是古尔本基安基金会①(Gulbenkian Foundation)的一篇题为《开放社会科学》(*Open the Social Science*)的报告(1996)。这个由伊曼纽尔·沃勒斯坦(Immanuel

---

① 【译者注】葡萄牙的一个私人基金会,1956 年根据卡洛斯特·萨尔基斯·古尔本基安(Calouste Sarkis Gulbenkian)的遗嘱所创立。

Wallerstein)主持的著名国际小组花了数年时间开会,研究社会科学的过去和未来。人们期待这个小组取得一些开创性成果。结果,该小组所撰写的社会科学史体现了纯粹的欧洲中心主义,在讨论当前问题时则采用了北美视角。相对于孔德(Comte)、韦伯(Weber)、马克思(Marx)、斯密(Smith)、兰克(Ranke)①及其友人所留下的"精神遗产"而言,源自世界上其他地方的思想仅被其当作无足轻重之事。

关于人类行为和社会的普适性科学(universal science)这一想法,在某种程度上是伟大的,也有一定的用处。奇拉·布尔贝克(Chilla Bulbeck)(1998)通过研究全球女性主义发现,无论我们何等小心翼翼地承认文化与经济差异的存在,权利和平等之类的普适主义观点(universalist ideas)对于民主政治依然相当重要。不过,当普适性知识(universal knowledge)或普适性价值(universal values)的主张是由特权者提出时,那么,这种主张可能有助于维护霸权而非促进解放。

社会科学的现代制度形式(institutional form)形成于 19 世纪下半叶,当时正处于欧洲帝国主义的最高潮。阿希斯·南迪(Ashis Nandy)强调指出,殖民关系的作用是双向的,宗主国同样深受影响(参见第八章)。当新兴科学将"社会"当成其系统理论的研究对象时,帝国主义也已经变成了宗主国社会存在的前提条件。

对于 19 世纪的知识分子而言,这种关系显而易见。正如我在第一章所示,这种关系经过扭曲变形,成为社会学这个理性事业(intellectual enterprise)的基本原则。不过,20 世纪的社会学义正词严地拒绝了"社

---

① 【译者注】分别指:奥古斯特·孔德(Auguste Comte),法国哲学家;马克斯·韦伯(Max Weber),德国社会学家;卡尔·马克思(Karl Marx),德国哲学家;亚当·斯密(Adam Smith),英国政治经济学家;利奥波德·冯·兰克(Leopold von Ranke),德国历史学家。

会进化论"①（social evolution）的糊涂思想，同样也拒绝了该思想的基石，即其与殖民地世界的关系。当前，人类学被指定为关于原始社会的知识容器（intellectual container），社会科学的其他流派随之构建于种族中心主义的前提假设之上。该前提假设就是一个弥天大谎，声称现代性在北大西洋世界自发起源，与人类社会其他地方毫不相干。基于这个谎言构建起来的模式，如功能主义社会学（functionalist sociology）、现代化理论（modernisation theory）和新古典主义经济学（neoclassical economics），携带着最先进的知识所赋予的权威，以及第一世界的财富和权力带来的影响力，被输出到世界上其他地方。

有些人试图通过揭露宗主国社会科学中的殖民主义和世界等级化等核心观念，来修正上述错误。例如，霍布森（Hobson）②及其后继者的消费不足理论和列宁（Lenin）及其后继者的马克思主义理论对于帝国主义的分析，伊曼纽尔·沃勒斯坦与其同侪提出的"世界体系"法（"world system" approach）等。有一些极具洞察力的研究项目，如乔治·巴朗迪耶（Georges Balandier）的《黑非洲的社会学》（*Sociology of Black Africa*）（1955），直言不讳地谈论在"殖民情境"（colonial situation）下践行社会科学时所遭遇的政治困境。该著作非常具有启发意义，因此本书会从多个角度对其进行探讨。不过，该著作也存在着非常大的问题，即它的研究基于宗主国划定的范畴（categories），且与殖民地世界所创造的**思想**之间并无对话。

宗主国的科学在其国内得到持续更新，并源源不断地对外输出。如今，这方面的"出口贸易"包括福柯（Foucault）和哈贝马斯（Habermas）、

---

① 【译者注】达尔文的生物进化论在社会科学领域的延伸，将变异、自然选择和遗传等生物学概念应用于社会学研究。
② 【译者注】指英国经济学家约翰·A. 霍布森（John A. Hobson），他在《工业体系》（*Industrial System*）（1910）一书中提出了消费不足论（underconsumption theory）。

酷儿理论(queer theory)、经济模式(economic modelling)和进化心理学(evolutionary psychology)。宗主国的理论以全球性的机构网络作为分销途径,这个网络包含大学、科学组织和期刊。此外,这个网络还包含世界银行及其下属的发展机构,阿图罗·埃斯科瓦尔(Arturo Escobar)(1995)有力地证实了这一点。

宗主国的知识霸权未能消灭来自他国的知识。思考世界的其他方式无疑会继续存在。但是,正如非洲人对于本土知识的探讨所示,这些方式很容易被边缘化,例如在智力上受到怀疑,被剔除出中小学和大学的课程方案,或者被追究知识产权的公司敲诈(Odora Hoppers 2002)。维娜·达斯(Veena Das)(1995:30)指出了社会理论中剥夺他人权利(disenfranchisement)的具体做法。在宗主国理论的霸权下,印度知识分子被迫将许多本土的思想体系贬低为过时的理论,亦即将它们视作具有历史或民族志价值的"传统",而非作为当前学术思想权威的来源。

因此,另寻他人作为上述社会科学的"奠基之父"(如声称伊本·卡尔敦①[Ibn Khaldun]早在 14 世纪就已经创建了社会学)并以此挑战宗主国支配地位的做法是徒劳无益的(Alatas 2006)。这种做法与所谓"古希腊文化有非洲根源"的观点一样,给人一种华而不实的满足感(Bernal 1987),却丝毫没有改变当前学术知识的生产条件。这类做法甚至可能适得其反,使得阿拉伯或者非洲思想的荣耀被牢牢局限在遥远的过去。

与其相反,本书主张:那些受到殖民及被边缘化的社会所创造的**关于现代世界**的社会思想,与宗主国的社会思想具有同等的智慧,并具有更大的政治关联性。由于不同社会思想的理论基础不同,理论化的形式往往也不同。为了在这些思想体系与宗主国思想体系之间形成对比,并建立联系,人们还有很多工作要做。

---

① 【译者注】伊本·卡尔敦(1332—1406),出生于北非国家突尼斯的阿拉伯历史学家。

　　本书提及的一些话题在文学研究的"后殖民主义理论"(postcolonial theory)中也有所探讨。我非常乐于承认爱德华·萨义德(Edward Said)的《东方主义》(*Orientalism*)及同类著作给我带来的启发,但是我们研究的核心问题有所不同。本书关注与社会性(the social)相关的研究和理论,其聚焦点是社会科学的建构和重构。社会科学必须被放置在其文化、政治和经济语境中加以理解,但是社会科学同时也无法被简化成上述任何一种语境。

＊　＊　＊

　　我的工作方式是研究文本,因此,我有必要论证一下这种做法的合理性。洪通吉(1983)在他那部鞭辟入里的著作《非洲哲学:神话和现实》(*African Philosophy：Myth and Reality*)中提出一个重要观点,即哲学是一种基于文本的知识类型。社会理论亦是如此。许多社群以口头、视觉或仪式等丰富的表现形式,表达其对待社会、道德和本体存在的态度。(第九章会论及这些形式中所蕴含的社会知识。)但是,只有书写的文本才能够用以持续的讨论和进行系统的批判性分析。口头传授的知识当然会日积月累,但只有书写的文本可以让我们追踪和反思整个过程。进一步说,只有书写的文本才能够使复杂的社会知识得以跨越全球的距离进行传播。

　　我聚焦于相对少量的文本。有一种写作类型,其作者蜻蜓点水般地提及大量原始资料。第一章和第四章即采取这种做法,以期重构社会学在宗主国和澳大利亚的历史发展轨迹。第三章也采取这一做法,以梳理研究全球化的文献资料。在本书的其余部分,我采用近距离聚焦法。对于我所讨论的那些作家,我想以公正合理的方式去评价他们的理论研究,而不管他们来自宗主国还是边缘地区。这就意味着,我得要静下心来阅读具体文本,尝试着去理解它们具体是如何运作的。

在某种程度上,这些文本的选择是个自然而然的过程。它们要么从澳大利亚的各大图书馆中获取,要么在旅行时购得。我能够阅读几种语言,但是只对英语非常精通。因此,我非常依赖译本。如意大利谚语所言,"翻译者即反逆者"(*traduttore,traditore*),有些译本背离了原文。但是,我使用的大多数译本看上去是忠实的,它们都努力尝试着要完成跨语种交流的艰巨任务。我深深感激从事此项工作的译者。

我一直在寻求社会思想方面的有力观点,写作体裁不限。这些观点的出处包括正式的专题论文、流行的非虚构作品、学术期刊文章和布道文。为了找到这些资料,我咨询了许多国家的朋友和同事的意见。

本书前半部聚焦社会学,这是社会科学中我工作时间最长的一个领域。我聚焦于此,为的是尽可能详尽地评论北方理论。随着我在书的第二部分转向南方理论,视野就开阔多了。就学科而言,这些章节除了涉及社会学之外,还涉及人类学、历史学、心理学、哲学、经济学以及文化研究。此外,这些章节还会探讨一些无法归类的跨学科文本。

第五至第八章**并未**打算为非洲、伊朗、拉丁美洲或印度撰写社会思想史。我不具备做这件事的技术性知识。理解文本当然需要一些背景知识,我希望不熟悉这些文献的读者能够对文献所涉及的一些有趣的历史知识有所了解。但是,我的关注焦点是解读社会理论,那自然会涉及文本**超越**其当前语境的信息传递方式。归根结底,这会关系到那些文本进入全球性的知识交流体系的可能方式。

为此,本书后半部记录了一位特定的读者与某些文本之间的一系列接触。这些接触不仅跨越了地理上的距离,还跨越了社会和历史的距离。要让我这种背景的人接受某些理论并不容易,比方说阿里·沙里亚蒂(Ali Shariati)提出的革命什叶派教义(revolutionary Shi'ism)(见第六章),或者劳尔·普雷比施的贸易危机经济学(trade crisis economics)(见第七章)。但是,为了实现社会知识的国际对话,我必须得**接受**这些理论。

坦白说,本书是一次实验。说句冒昧的话,我想把本书称作"我拿真理做实验的故事"。当然,这就要求我投入大量时间,为了理解文本而绞尽脑汁,以及彻底反思自己多年前形成的立场观点。

* * *

文本是写给公众看的。宗主国的社会科学无疑遗忘了这一点,因为通常对于他们而言,所谓的"公众"理所当然地就是专业读者。当人们遇到像艾哈迈德(Al-e Ahmad)的《加尔布扎德吉》(*Gharbzadegi*)(即"西方毒化"[Westoxication],1982a)这种面向文化变革特定时期的伊朗城市中产阶级读者、个人风格强烈的作品时,是不可能遗忘这一点的。不过,正如我在第六章所言,《加尔布扎德吉》一书的重要性超越了时空限制。

艾哈迈德的作品以及其他一些文本使我意识到,事实上,作品创造了它所针对的公众,召集了从未被召集过的读者群体。如果社会科学想要发挥其作为全球社会自我认知的作用,那么它就必须具备一种重要能力,即把世界各地的新的读者大众给召集起来的能力。

社会科学知识的研究对象从来就不是一成不变的。当前,世界各地的社会结构正受到新自由主义政治学(neoliberal politics)的市场方针以及影响范围不断扩大的跨国企业(transnational business)的冲击。市场社会(market society)缺乏自知之明,不过这是其有意为之。对于社会科学而言,这既是一个谜团,也是一种阻碍。在拉丁美洲,新自由主义转型(neoliberal transition)是社会理论的关注热点,不过在世界上其他地方并非如此(见第七章)。从长远来看,宗主国的社会科学同样必须接受改造。

在第十章,我探讨当南方理论在世界各地受到尊重,且不同形式的理论共同发声之后,可能会出现的知识新构型。这一探讨顶多算是个并不太牢靠的起点。如果我能够说服读者们走得比这个起点更远,那么本书的目的也就达到了。

致　谢

本书有多个章节基于之前发表的论文。我要感谢以下各方同意我进行转载:《古典理论为何经典?》,《美国社会学杂志》,1997 年,第 102 卷,第 6 期,第 1511—1557 页("Why is Classical Theory Classical? " *American Journal of Sociology*, 1997, vol. 102, no. 6, 1511-1557);《澳大利亚和世界社会学》,载于约翰・热莫夫和塔拉・雷纳・麦吉主编,《澳大利亚社会学史》,墨尔本:墨尔本大学出版社,2005 年,第 3—27 页["Australia and World Sociology," in John Germov and Tara Renae McGee,（eds）, *Histories of Australian Sociology*, Melbourne: Melbourne University Press, 2005, 3-27];《北方理论:普遍性社会理论的政治地理》,《理论与社会》,2006 年,第 35 卷,第 237—264 页("Northern Theory: The Political Geography of General Social Theory", *Theory and Society*, 2006, vol. 35, 237-264);《原住民知识与全球权力:来自非洲辩论的经验教训》,《游牧民族》,2006 年,第 25 期,第 86—97 页("Conocimiento indígena y poder global: lecciones de los debates africanos," *Nómadas*, 2006, no. 25, 86-97);《全球化的社会

学理论：来自北半球的观点》，《社会学理论》，2007 年，第 25 卷，第 4 期（"Sociological theories of globalization: the view from the global north," *Sociological Theory*, 2007, vol. 25, no. 4）。我也要感谢相关读者和编辑所提供的建议。

脑力劳动向来都是集体劳动。尽管这本书是我写的，但若没有别人的帮助，它恐怕难以成型。首先提议写作这本书的是我的伴侣帕姆·本顿（Pam Benton），她所带来的灵感存在于本书的每一个部分。这项系统性的工作始于加利福尼亚大学圣克鲁斯分校的"古典理论"（classical theory）课程。我要感谢该课程的参与者和同事，包括约翰·三本松（John Sanbonmatsu）、保罗·吕贝克（Paul Lubeck）和特里·伯克（Terry Burke）。来自澳大利亚和海外的同事提供了各种帮助，包括建议、阅读书目、对草稿的批判性评价，以及相关著作的范例。我特别想要感谢罗伯特·莫雷尔（Robert Morrell）、特蕾莎·巴尔德斯（Teresa Valdés）、拉迪卡·乔普拉（Radhika Chopra）、贝赫鲁兹·加马里（Behrooz Ghamari）、弗雷德里克·范登伯格（Frederic Vandenberghe）、奇拉·布尔贝克、简·肯威（Jane Kenway）、桑德拉·凯斯勒（Sandra Kessler）、芭芭拉·利（Barbara Leigh）等人。我还要特别感谢悉尼跨校社会理论小组的成员们，以及我的两个出版商——政体出版社（Polity Press）和澳大利亚艾伦与昂温出版社（Allen & Unwin Australia）——的读者。保兰·洪通吉对我这本书的影响是显而易见的，我希望这本书能够将他的思想介绍给新的读者。

尽管本书的创作并未得到任何研究资助，但是它的确有其物质基础。这种物质基础是悉尼大学（University of Sydney），以及我在教育与社会工作学院的同事们提供的，对此我非常感谢。研究助理约翰·费希尔（John Fisher）和莫莉·尼科尔森（Molly Nicholson），以及行政助理德博拉·扬(Deborah Young)都是这个项目的重要参与者。

脑力劳动也有其情感基础,尽管信奉新自由主义的管理者们对此不太了解,但作家们都深知这一点。如果没有帕特里夏·塞尔扣克(Patricia Selkirk)、托尼·斯科菲尔德(Toni Schofield)、海伦·米科沙(Helen Meekosha)、柯尔斯滕·戈马尔(Kirsten Gomard)、佩塔·坦克雷德(Peta Tancred)和巴里·索恩(Barrie Thorne)的持续支持,我不可能完成这个项目。我特别有赖于凯莉·本顿-康奈尔(Kylie Benton-Connell)的支持,我愿把这本书一切美好的东西都奉献给她,我相信她和她那一代人会将其发扬光大。

目　录

第一部分

北方理论

第一章　帝国与社会科学的诞生

如果说野蛮人脱离了动物状态(人是猿人后裔),如果说原始人源自野蛮人,如果说半开化的人源自原始人,如果说开化的人源自半开化的人,如果说文明人源自半开化的人,那么从长远来看,人类一直在进化(尽管也有某些形式的退化),以及一直都存在制约这一系列现象的各种变化规律。

——莱斯特·F. 沃德(Lester F. Ward)(1903)

一件同样为人熟知的事实是,处于被奴役地位的女性承担了所有非技术性劳动,挑起了重担。另一件可能相关的事实是,战争期间她们频繁地运送补给物资,比如亚洲的比尔人(Bhils)和孔德人(Khonds),波利尼西亚(Polynesia)的新喀里多尼亚人(New Caledonians)和三明治群岛人(Sandwich Islanders),美洲的科曼切人(Comanches)、蒙杜鲁库人(Mundrucus)和巴塔哥尼亚人(Patagonians)中的女性均是如此……

——赫伯特·斯宾塞(Herbert Spencer)(1879)

起源故事

翻开任何一本社会学入门教科书,你可能会发现,前几页都是关于学科创始人的介绍,尤其是马克思、涂尔干(Durkheim)和韦伯。第一章可能还会引用孔德、斯宾塞、滕尼斯(Tönnies)和齐美尔(Simmel),也许还会有其他一些人。这类教科书通常向学生呈现的观点是:上述人士之所以创造社会学,是为了响应欧洲社会的剧烈变化,如工业革命、阶级斗争、世俗主义、异化,以及现代国家。这门课会以历史为依据,如艾伦·斯威伍德(Alan Swingewood)(2000)所写的《社会学思想简史》(*Short History of Sociological Thought*)。这部备受好评的英国作品提出了一个由两部分组成的叙述,分别是"根基:古典社会学"(聚焦于涂尔干、韦伯和马克思)和"现代社会学",这两部分通过"马克思、韦伯和涂尔干仍然是现代社会学的核心"(2000:Ⅹ)这一信念联系在一起。社会学家们非常严肃地看待这种关于社会学起源的描述。20年前,《今日社会理论》(*Social Theory Today*)有一篇众星荟萃的评论,其开篇就是"经典著作的核心地位"这一响亮的宣言(Alexander 1987)。在新世纪,对经典文本的评述依然是理论写作的一个重要类型(Baehr 2002)。

有关古典理论的观念体现了一种文学理论意义上的经典:一组享有特权的文本,其诠释和重新诠释定义了一个领域(Seidman 1994)。这组特定的经典所蕴含的内在主义(internalist)信条是:"作为一门社会科学,社会学有其历史"。该说法包含几个要素:欧洲社会内部转型所带来的创始性时刻,由一小群杰出作家撰写的、能够界定该学科的经典文本,以及他们与我们的直接渊源。

不过,古典时期的社会学家本身并没有这样的起源故事。当哥伦比亚大学首位社会学教授富兰克林·吉丁斯(Franklin Giddings)(1986)出版《社会学原则》(*The Principles of Sociology*)一书时,他把亚当·斯密称为社会学的创始人。维克托·布兰福德(Victor Branford)(1904)在伦敦的一次会议上阐述"社会学的创始人"时,将孔多塞(Condorcet)称为核心人物。

19和20世纪之交的社会学并没有现代意义上的经典文本。阐述这门新学科的作家们通常会提到孔德是"社会学"这一术语的发明者,提到达尔文是进化论的关键人物,以及提到进化论领域中各式各样的人物。莱斯特·沃德(他后来担任美国社会学协会的首任主席)的《动态社会学》(*Dynamic Sociology*)(1897)第2版中对该学科的描述即证据。沃德指出,当1883年该书推出第1版时,"社会学"这一术语还未被广泛使用。但是从第1版到第2版的10年间,一系列杰出的科学贡献将社会学确立为一个广受欢迎的概念。当时有了相关的研究期刊、大学课程和各种学会,社会学"有望成为20世纪的主导学科,正如生物学一直是19世纪的主导学科一样"。沃德列举了这门新学科的37位知名贡献者。名单上包括涂尔干和滕尼斯,但没有马克思或韦伯。

自19世纪90年代开始,在美国成倍增长的社会学教科书中,列举知名人士这一做法成为其共同的特征。吉丁斯的《社会学原则》是最早采取这一做法的教科书之一。(沃德把吉丁斯列入自己的名单,而吉丁斯也把沃德列入自己的名单中以示礼貌。)芝加哥学派著名的"绿色圣经"("Green Bible")——帕克(Park)和伯吉斯(Burgess)(1924)所写的《社会学学科导论》(*Introduction to the Science of Sociology*)——列举了23本"系统性社会学的代表作"。齐美尔和涂尔干名列其中,但马克思、韦伯和帕累托(Pareto)榜上无名。这部多达上千页的书仅提及韦伯的一部作品,而且是出现在注释中。

因此,直至20世纪20年代,人们并没有意识到某些文本是需要特别加以研究的、足以定位整个学科的经典作品。与之相反,人们意识到,科学知识的进步是普遍性的,几乎不受个人影响,那些知名人士仅仅是开创性团队中的领军人物。当时的社会学家们接受了查尔斯·勒图尔诺(Charles Letourneau)(1881：Ⅵ)——世界上首位社会学讲席教授(chair)——在该学科的历史发展初期提出的观点,即"任何学科的肇始,无论多么简单,始终是一项集体工作。它需要许多耐心的工作者进行持续不断的劳动……"

因此,我们有充分的理由怀疑关于社会学创始的传统描述。这并不只是意味着要去质疑某些个人的影响力。我们必须把社会学的历史作为一种集体结晶来进行考察。这种集体结晶包括在各个时期构成该学科的一些共同的关注点、假设和实践,以及构成这门新学科的各种不断变化的社会力量所赋予它的历史形态。

全球差异和帝国

作为一门教学学科和一种公共话语,社会学于19世纪最后20年至20世纪头10年,创建于法国、美国、英国、德国,以及稍晚些时候俄国的大城市和大学城里。内在主义的创始故事将上述地方诠释为现代化进程或资本主义工业化进程的发生地,将社会学看作诠释该处所发生之事的一种尝试。"该学科首先是一门关于新兴工业社会的科学"(Bottomore 1987：7)。

这一观点遭遇的主要困境是,它与最相关的证据(即当时社会学家的作品)并不一致。直至一战之前,绝大部分社会学的普通教科书对其作者所处社会的现代化进程均没有太多论述。吉丁斯的《描述社会学和历史社会学读本》(*Readings in Descriptive and Historical Sociology*)(1906)是这方面的代表作,其内容涉猎范围从锡兰(Ceylon)的一妻多夫制,到鞑靼人(Tartars)的母系社会遗风,再到加利福尼亚的采矿营地,不一而足。该书对现代性的关注如此之少,以至于它把创作于中世纪的亚瑟王传奇故事用以解读"统治权"(sovereignty)。

大学教科书的内容不一定要与社会学的研究焦点相吻合,但是关于后者,我们也有充分的证据。1898 年至 1913 年间,涂尔干及其勤劳的合作者共出版了 12 期《社会学年报》(*L'année sociologique*),这是一项针对社会学领域内或者与社会学相关的年度出版物所进行的极为详尽的国际调查。这 12 期调查总共发表了将近 2400 篇述评。(我仅统计了使用大号字体印刷的那些述评,篇幅不限,而将前几期用小号字体印刷的简报,以及不含述评的标题列表给排除在外。)其中,与西欧/北欧和现代北美相关的述评随着时间的推移而有所增加:它们平均占前 6 期述评总数的 24%,占接下来 5 期的 28%,在战前那一年的特大刊中则占到了 32%。

这里头当然涉及现代工业社会。该期刊发表的述评提到了美国工人、欧洲中产阶级、德国工业技术、韦布夫妇(Webbs)①写的书、松巴特(Sombart)②写的书,以及布思(Booth)③论述伦敦贫困状况的书,甚至还有后来担任英国首相的工党领袖拉姆齐·麦克唐纳(Ramsay MacDonald)所写的作品。但是,聚焦于欧洲和北美近当代社会的著作却只占《社会学年报》的一小部分内容:约占述评总数的 28%。关注"新工业社会"的就更少了,因为关于欧洲的述评全都是一些关于农民民间传说、苏格兰巫术、发生在西班牙阿斯图里亚斯省(Asturias)的罪案、头颅的尺寸等方面的论文。

两倍于此的述评涉及古代及中世纪社会、殖民地或偏远社会或人类历史的全球调查。在《社会学年报》中,对古以色列圣战、马来魔法、印度佛教、罗马法的技术要点、中世纪复仇、澳大利亚中部的土著亲属关系,以及原始社会法律制度的研究,比起对新技术或官僚体制的研究更具社会学特色。

---

① 【译者注】指比阿特丽斯·韦布(Beatrice Webb)(1858—1943)和悉尼·韦布(Sidney Webb)(1859—1947)夫妻,两人均为英国社会学家、经济学家、社会改革家。
② 【译者注】维尔纳·松巴特(Werner Sombart)(1863—1941),德国经济学家、社会学家。
③ 【译者注】查尔斯·布思(Charles Booth)(1840—1916),英国社会改革家。

社会学家们之所以将如此大范围的人类历史划作他们的研究领域，乃是基于一个中心思想：宗主国文明与其他以原始性为主要特征的文化之间存在差异。我把这一点称作"全球差异观"（the idea of global difference）。这种对比有许多不同的表现形式，它遍布于 19 世纪末和 20 世纪初期的社会学中。

全球差异观的常见表达方式，是关于"起源"（origin）的探讨。在这种类型的写作中，社会学家会先假设一种社会的原初状态，然后猜想从那时到现在，发生了何种进化过程。在首发于 19 世纪 70 年代的三卷本巨著《社会学原理》（*Principles of Sociology*）中，赫伯特·斯宾塞为他所能想到的每种机构——如家庭机构、政治机构、教会机构等——都提供了一套这样的说法。斯宾塞的行为就好像是在说，要是无法为每个案例都提供一种从起源到现状的进化叙事，社会进化的证据就是不完整的。

在维多利亚时代的思想中，这种从原始起源发展到高级形式的公式也相当常见（Burrow 1966）。社会学家只是运用了一种他们的读者会感到熟悉的逻辑。无论是在涂尔干的《社会分工论》（*Division of Labour in Society*）（1893）这样的名作中，还是在费尔班克（Fairbank）的《社会学入门》（*Introduction to Sociology*）（1896）这样的无名之作中，都可以找到相同的架构。

在这些作品中，没有任何一部作品将起源的观点当作一个具体的历史问题来看待。这本应是有可能的，因为历史学家关于早期社会的知识在这几十年间急剧增长。谢里曼（Schliemann）和伊文思（Evans）发掘了特洛伊（Troy）、迈锡尼（Mycenae）和诺索斯（Knossos）等古城。弗林德斯·皮特里（Flinders Petrie）将埃及考古学系统化，在拉加什（Lagash）和尼普尔（Nippur）出土了苏美尔文化（Sumerian culture）的首批证据（Stiebing 1993）。但是，社会学家们并不关心具体的起源事件发生于何时何地，他们也不关心重大变化到底是什么时候发生的。时间在社会学思想中的作用主要是作为全球差异的标志。

涂尔干并不需要寻找"裂变社会"（segmentary societies）①发生在过去的确切时间；它们就存在于他自己的时代。涂尔干除了以古希伯来人为例，还以阿尔及利亚的卡比尔人（Kabyle）为例，但他并没有对两者进行概念上的区分。他对希伯来人有所了解，那是因为他的图书馆里有古代的文献。那他又怎么会知道卡比尔人的事呢？因为法国人在那个世纪早些时候征服了阿尔及利亚。在涂尔干写书的时候，法国殖民者正忙着把当地居民从最好的土地上驱逐出去（Bennoune 1988）。鉴于当时刚发生不久的征服史、农民起义和关于殖民的争论，任何法国知识分子都不可能不了解卡比尔人。事实上，一系列私人和官方调查详细记录了法国的这些北非"臣民"的社会生活（Burke 1980）。

阿尔及利亚并非一个孤立的例子。在《社会分工论》出版前的十余年间，法国共和国的军队已经从阿尔及利亚撤出，前往征服突尼斯；他们在中南半岛打了一仗；征服了安南（Annam）和东京（Tonkin）（均为现代越南）②；控制了老挝和柬埔寨；在马达加斯加建立了保护国。根据1885年的《柏林条约》（Berlin Treaty），法国在中非和西非的贸易站（trading posts）成为一个全新帝国的根基。涂尔干在撰写和发表《社会分工论》和《社会学方法的规则》（Rules of Sociological Method）（1895）时，法国殖民军队正在对北非和西非内陆由穆斯林群体主导的政权发动一系列声势浩大的战役，征服了从大西洋到逼近尼罗河的广大地区。

这一切都是一个更大进程的一部分。英帝国同样是一个具有前工业时代历史的海洋帝国，它同样获得了全新的动力，并在19世纪扩张成为一个庞大的帝国（Cain and Hopkins 1993）。由13个殖民地组成的美

---

① 【译者注】"裂变社会"是涂尔干在1893年的博士论文《社会分工论》（De la division du travail social）中提出的概念，指以氏族为基础构成的社会。现在一般指一种由许多相对较小的自治群体组成的社会体系。

② 【译者注】东南亚的历史地区，安南现为越南中部地区，东京现为越南北部的大部分地区。

国经过将近 80 年的陆上征服和殖民开拓（settlement）（即"西部扩张"
[the westward expansion]），成为 19 世纪最具活力的帝国主义列强之
一，随后又经历了一段较短的海外扩张时期。早在几个世纪前，沙皇就
开始了陆上征服，并将其触角伸向东北亚和中亚。19 世纪后期，俄国的
殖民开拓巩固了之前的这些扩张运动。普鲁士作为帝国主义强国，其扩
张始于对欧洲内部的征服——在此过程中，它在东方建立起占支配地位
的种族和被征服的种族之间的关系，这一点成为年轻的马克斯·韦伯
（1894）社会学研究的首个主题。1871 年德意志帝国（Reich）形成后，德
国在非洲和大西洋建立起海外殖民地。在 1914 年至 1918 年世界大战
期间，这种帝国之间互相倾轧的世界体系陷入了危机，而西方强国在全
球范围内的扩张也达到了顶峰。

有鉴于此，社会学的产生便具有了新的意义。该学科的发源地都是
现代帝国主义高潮时期各大主要帝国主义强国的都市中心和文化中心。
以一个很有用的法语词来形容，这些城市是更为广阔的殖民地世界的
"宗主国"（metropole）。创建社会学的知识分子们都相当清楚这一点。

自从基尔南（Kiernan）（1969）的杰出调查《人类的主宰》（*The Lords
of Human Kind*）问世以来，历史学家们开始意识到，北大西洋强国的全
球扩张不但对殖民地，也对宗主国的流行文化（MacDonald 1994）和精神
生活（intellectual life）（Said 1993）产生了巨大影响。如果这门新的社会
学科居然未受到当时世界上巨大社会变革的影响，那才是令人吃惊的事
情。事实上，两者的关系非常密切。社会学形成于帝国主义文化之中，
体现了对殖民地世界的理性回应。这一事实不仅对于理解社会学的广
泛文化意义，对于理解社会学的内容和方法，也具有至关重要的意义。

社会学的内容和方法

正如文质彬彬的阿瑟·托德（Arthur Todd）（他是第一位，或许也是

唯一一位将日本樱花绘画引入社会理论探讨的社会学教授)所言:"从孔德以降,社会学家们普遍认为,一门关于社会的科学存在的唯一正当理由,就是它能够促成一个关于进步的有效理论"(Todd 1918：vii)。在社会科学观念受到孔德影响的所有人当中,约翰·斯图尔特·密尔(John Stuart Mill)是思想最为敏锐的一位。他曾告诫人们不要将历史变化等同于进步(Mill 1843：596)。但是鲜有社会学家注意到这一点。斯宾塞在其社会理论研究的处女作《社会静力学》(*Social Statics*)(1850)中,将道德进步当作"社会国家"(the social state)的检验标准。在其后的两代人中,发现和阐明进步规律便成为社会学的核心意义。

在奥古斯特·孔德的著作中,这种想法主要和欧洲的"古代—中世纪—现代"这一发展顺序相关。19世纪后期的评论家拒绝接受孔德体系的武断性,并要求为进步概念提供一个经验基础。

这是斯宾塞和勒图尔诺之间的共性,而最重要的是,这两位作家都把帝国的民族志红利(ethnographical dividend)作为他们社会学数据的主要来源。斯宾塞的《社会学原理》中所记载的进化故事,除了来自历史学家的著作,还来自欧洲旅行者、传教士、移住民(settlers)和殖民官员所撰写的著作。例如,斯宾塞书中关于"政治机构"一节的参考书目,既有北美探险家刘易斯(Lewis)和克拉克(Clarke)的日志,也有《孟加拉邦亚洲协会期刊》(*Journal of the Asiatic Society of Bengal*)和《在塔斯马尼亚和维多利亚度过的33年》(*Thirty-three years in Tasmania and Victoria*),还有像《生活在托达人中的颅相学家》(*A Phrenologist among the Todas*)这样引人入胜的作品。勒图尔诺的《基于民族志的社会学》(*Sociology, Based Upon Ethnography*)(1881)(下文简称《社会学》)虽然把事实梳理得更加井井有条,但是在资料来源上也颇为相似。

到19世纪末最后十年社会学被制度化之时,关于进步的核心证据就是宗主国和殖民地社会之间的对比,因此,这个证据就成了这门新学科赖以立足的主要思想基础。社会学家们并未就这种对比的重要性展开争论。

相反,他们争论的是要如何解读这种对比——到底应该采用从低级到高级人类形态的物质进化视角,还是采用精神及社会形态的进化视角,以及到底竞争或合作是不是进步的动力。在这种背景下,涂尔干的《社会分工论》算不上是奠基之作。它很晚才介入这场旷日持久的争论中。

对于进步的关注并不是一种与科学相分离的"价值观"(value);它是社会学知识的组成部分。如果不以进步这一**事实**作为前提的话,沃德、霍布豪斯(Hobhouse)、涂尔干、斯宾塞和孔德本人的观点就会变得很荒谬。社会学乃是作为一种关于进步的描述而被传播到宗主国之外的。例如,斯宾塞的社会学理论早在还未到 19、20 世纪之交时,便已经在印度引起了广泛的争论。相关译本对于日本明治时期和中国共和运动①的知识分子均产生了重大影响(Tominaga 1994;Grieder 1981)。

这门新学科所探讨的话题非常发人深省。作为一门基于帝国的社会关系的社会科学,它必须处理种族问题。作为一门关注进化论意义上的进步和人口等级制度的社会科学,它又必须处理社会性别和性欲问题。事实上,种族、社会性别和性欲**曾经**是早期社会学的核心议题。当杜波依斯(Du Bois)在 1901 年指出种族界限(colour line)是"20 世纪的问题"时,他所说的话在当时并无异乎寻常之处(Du Bois 1950:281)。人们一直在用种族来解读全球差异。勒图尔诺所谓的"民族志"指的是一门研究种族差异的科学,而他的《社会学》以列举人类种族作为开端,并以大脑体积的差异区分黑人、黄种人和白人。沃德(1897)坚信,全球种族冲突反映了欧洲种族的优越性,并且全人类的进步有赖于欧洲种族的全面胜利。

在这里,社会学以最露骨的方式反映了帝国主义的社会关系。这并不是说所有社会学家都是彻头彻尾的种族主义分子,但有些社会学家肯

---

① 【译者注】指 19 世纪末 20 世纪初的中国旧民主主义革命。

定是(克罗泽[Crozier]①[1911]就是一个相当令人不悦的例子)。其他人（包括杜波依斯和涂尔干）也受到了种族主义的不良影响。更确切地说，重点在于，世界范围的种族等级制度是基于"进步"这一概念的内在观念，同时也是人们心目中社会学内涵的核心部分。

毫无疑问，社会性别和性欲也非常重要。孔德在其《实证政治体系》(*Système de politique positive*)一书中，对女性的社会角色给予了相当大的重视，他与密尔之间的著名纷争就包括俩人对于女性从属地位的迥异看法。当斯宾塞开始撰写《社会学原理》中的实质性部分时，他所论述的第一套机构就是"家庭"(Domestic)。他所指的是我们现在所称的社会性别议题，如亲属关系、家庭和女性地位。勒图尔诺把"婚姻"和"家庭"当作比"财产"更为重要的议题，而且论述前两者所占的篇幅也远大于后者。他在《社会学》一书开篇不久就探讨性欲（所谓的"生殖需求"[the genesic need]）问题，令人印象深刻的是，他丝毫没有维多利亚时代人的那种审慎感。他讨论的议题，从月经、弑婴、卖淫、滥交到鸡奸，不一而足。在他之后的那一代人中，沃德、滕尼斯、萨姆纳(Sumner)和托马斯等人都继续关注生理性别和社会性别。

对于其中的某些现象，我们可以采用内在主义的立场，以第一波女性主义的影响对其加以解释(Paxton 1991)。不过，社会学处理社会性别和性议题的方式，在很大程度上受到进化问题和帝国议题的影响。在帝国背景下，种族议题和性议题是无法分割的。19世纪后期，随着北大西洋强国的扩张，人们对跨种族通婚(miscegenation)的恐惧日益加深，种族界限变得更加牢固，殖民者越来越蔑视被殖民者的性欲或男性气质(Sinha 1995)，也越来越害怕种族泛滥(racial swamping)。即使在最抽象的宗主国文本中也可以找到对于这些话题的呼应。吉丁斯(1896：Ⅷ)在阐述他的"种类意识"(consciousness of kind)这个主题时说道：

---

① 【译者注】指约翰·贝蒂·克罗泽(John Beattie Crozier)(1849—1921)，加拿大裔英国社会学家。

"生物通常不会与其他物种的个体进行交配。"他的第一个例子就是:"白人男子通常不会娶黑人女子。"

社会学方法的最显著特征就是其鲜明的抽象性。孔德曾提出了适用范围甚广的文化"定律"(laws)。60 年后,在美国社会学协会的成立大会上,人们依然在颂扬社会进化的伟大"定律"。涂尔干(1895)认为这一方法是整个事业的基石,他的观点颇具说服力。他说:"比较社会学并非社会学的一个特定分支;它就是社会学本身……"(1895:139)比较法意味着收集各种特定社会"类型"的例子进行研究,以检验它们的差别。

这种方法的基础是一种单向度的信息流,是一种从外部观察一系列社会的能力,也是一种从一个社会自由地转移到另一个社会的能力。上述几个特点均表明了殖民主义的统治关系。勒图尔诺(1881)以一种非常惊人的意象,表述了这一社会学观点:

> 让我们想象一下:在我们地球的赤道上空某处,有一位观察者。他离我们所居住的地球很远,远到足够让他能够一眼就看到整个半球;但是他又要离地球很近,近到他在有需要的时候,可以借助放大镜,分清大陆和海洋、雄伟的山峦、极地地区冰封的白色山顶。诸如此类。(1881:15)

在大型调查研究中,如斯宾塞的《描述社会学》(*Descriptive Sociology*),以及《社会学年报》的群体性项目(collective project),殖民主义的凝视(gaze)体现得尤为明显。霍布豪斯、惠勒(Wheeler)和金斯伯格(Ginsberg)合著的《低等民族的物质文化和社会机构》(*Material Culture and Social Institutions of the Simpler Peoples*)(1915)可能是最为显著的例子。这本书通过为比较社会学提供统计基础,以克服社会进步理论在使用数据时缺乏系统性的问题,这是一次姗姗来迟的尝试。霍布豪斯及其同事在全世界进行调查,收集了 500 多个社会的相关信息。他们根据经济发展水平对这些社会进行分类,试图在发展和法律、政府、家庭、战争和社会等级制度等体制化形式之间建立相关性。

如今这些调查已经被人们遗忘殆尽，不过，这种帝国主义的凝视同样可以在人们熟悉的文本中找到，例如威廉·格雷厄姆·萨姆纳（William Graham Sumner）（1934）于 1906 年首次出版的《民风》（*Folkways*）。该书关注的领域包括整个世界和全部历史。其作者在分析每个案例时几乎都只有寥寥一两句话。对于萨姆纳而言，其观点的力度并非取决于他对民族志的理解有多深刻，而是来自这一集大成之作本身，它从一个伟大的高度综观人类诸事务。

这一做法显而易见的风险是其不连贯性（incoherence）。要解决这一问题，可以采用比较法的变体，该变体曾经以戏剧性的方式炮制出一些被人铭记的"经典"文本。我把这个方法叫作"宏大民族志"（grand ethnography），它与弗朗兹·博厄斯（Franz Boas）、杜波依斯或研究阿尔及利亚和摩洛哥问题的法国专家等人采用的近聚焦实地考察法（close-focus fieldwork）形成反差。宏大民族志的一贯作风是基于全球差异这个理念，对处于文明进程起点和终点的各种社会作出整体描述。

礼俗社会（*Gemeinschaft*）和法理社会（*Gesellschaft*）①之间的著名对立就属于这种性质的宏大民族志，用于识别社会的两极状态。涂尔干的《社会分工论》是更为严格意义上的宏大民族志，它明确指出了劳动分工之间的对立基础。《社会学年报》一直以来的关注点包括：人们为区分原始法律与现代法律所做的尝试；德国的**土著民族**（*Naturvölker*）理论与**文明民族**（*Kulturvölker*）理论之间的区别；人们针对原始宗教的本质所作的尝试性阐述。宏大民族志是实证主义社会学（Comtean sociology）的艺术巅峰，它绕开了进步论的"生存竞争"那套说辞所采取的文学形式。

---

① 【译者注】礼俗社会和法理社会是德国社会学家费迪南德·滕尼斯（Ferdinand Tönnies）提出的人类共同生活的两种表现形式。礼俗社会（或称社区）指基于个人内在的自然感情一致性之上的、联系密切的有机群体，如亲情关系、邻里关系、友谊关系等；而法理社会（或称社会）指基于非个人的、外在的、利益合理性之上的，人们之间保持一定距离的机械组合群体，如股份公司、大城市、民族国家、市民经济社会、工业社会等。

帝国政治文化中的社会学

19世纪末至20世纪初,宗主国社会有好几拨知识分子都在努力进行社会分析。欧美工人的动员(mobilisation)带来了一种思想上的骚动,妇女动员(mobilisation of women)亦是如此。有人声称哈丽雅特·马蒂诺(Harriet Martineau)是"首位女社会学家"(Hoecker-Drysdale 1992),这种说法是不合时宜的。不过,作为一名小说家、政治经济学家、孔德著作的译者、旅行作家和改革者,马蒂诺的故事应该可以提醒我们,社会学产生的社会环境是何等复杂。

在这几十年里,有许多知识分子处于宗主国之外,他们站在非欧洲文化的立场来看待现代性,以被殖民者的角度来看待欧洲人。形形色色的作家均把文化和社会生活的变迁当作核心议题,比如来自中东伊斯兰地区的阿富汗尼(al-Afghani)(参见第六章),孟加拉邦(Bengal)①的查特吉(Chatterjee)和泰戈尔(Tagore)(参见第八章),以及中国的孙中山(1927)。

从这些作家群体中涌现出一系列关于社会的话语。社会学只是其中之一。无政府主义者巴枯宁(Bakunin)(1873)一边批评孔德,一边批评马克思。令人吃惊的是,他竟然很早就意识到,"社会科学"可能会使特定社会群体的利益合理化。跟随巴枯宁的步伐,我们应该思考一下社会学发展所处的社会地点(social location),以及社会学到底回应了哪些文化议题。

社会学是在一个特定的社会地点(即宗主国的自由资产阶级人士中间)发展起来的,社会学作家包括各路人马,如工程师、医生、学者、记者、神职人员,以及少数靠祖业养活自己的人(如精神崩溃后的韦伯)。

---

① 【译者注】孟加拉在1947年之前是印度的一个邦,后分成东西两部分,现分别属于孟加拉国和印度。

这并不是说,社会学家通常要么是富人,要么是富人的辩护者。罗斯(Ross)(1991)指出了美国社会学的学术作家与美国工业化的资本主义企业家之间的社会距离。韦伯是德意志帝国统治阶级的猛烈批评者,涂尔干也并不与法国贵族交好。尽管如此,他们都是阶级和性别等级制度的受益者。他们中大多数人过着相对简朴的资产阶级生活,靠父权制家庭中女性所承担的家务劳动来维持生活。他们的社会利益在孔德的口号"秩序与进步"中体现得淋漓尽致。

这类人自 19 世纪 50 年代便开始探讨密尔所谓的"社会科学"。他们构成一个松散的运动,以期将科学思维应用于社会,促进道德提升。早在 1857 年,伦敦就成立了名为"社会科学促进协会"(Association for the Promotion of Social Science)的成功组织(Yeo 1966),很快波士顿也效仿这一做法。自 19 世纪 60 年代开始,该运动在北美高校造就了一种高度道德化的"社会科学"课程(Bernard and Bernard 1965)。有些人试图综述关于原始生活和社会进步的种种事实,如爱德华·泰勒(Edward Taylor)的《原始文化》(*Primitive Culture*)(1873),这与其他人尝试建立研究机构以形成一门人类科学的做法背道而驰。后者在法国催生了第一个以"社会学"为名的学术主席,1885 年勒图尔诺被任命该职位(Clark 1973)。

19 世纪 90 年代,美国的社会科学课程已经出现分歧,逐渐被更加有意追求科学性的课程所取代,这类课程统称"社会学"。它们自诩的科学性与前述比较法和帝国主义凝视的学术转向密切相关。因此,第一代社会学教科书的内容是涵盖全球的。人们成立了以社会学为名的科系,本科课程成倍增加,教科书市场也得到迅猛发展(Morgan 1983)。

欧洲稍晚一些才设立社会学系,但在创办协会和期刊方面则抢先一步。到第一次世界大战爆发之时,在大部分宗主国,社会学协会、社会学期刊和大学社会学课程均已经具备成熟的制度。人们通过各种渠道——如沃尔姆(Worm)于 1893 年成立的国际社会学研究所(*Institut*

International de Sociologie)、跨越北大西洋的互访和学术期刊——建立起国际联系。这些举措为社会学奠定了实践基础,使之发展成为国际性的文化形态。那些强调不同国家的社会学传统之间存在差别的历史学家们(如莱文[Levine][1995])低估了当时的学者把自己看作国际学术环境的一部分的程度,这些学者将社会学设想成一门普适性科学。

与这些学术倡议相对应的是一种流行的社会学写作体裁。像本杰明·基德(Benjamin Kidd)的《社会进化》(*Social Evolution*)这样的书得以成为相当畅销的书籍。该书在 1894 年出版后,4 年之内在英国共印了 14 版,而且还在美国、德国、瑞典、法国、俄国和意大利等国翻译出版。

社会学思想最初是作为一种振奋人心、信息丰富的文学作品的一部分而流传开来的,其消费者是那些接受了新式教育的大众读者,这些人读过狄更斯(Dickens)和艾略特(Eliot)等小说家的作品,还读过拉斯金(Ruskin)和阿诺德(Arnold)等文化评论家的作品,以及达尔文(Darwin)与赫胥黎(Huxley)等科学家的作品。社会学与这些作家通过同样的渠道进行传播。因此,斯宾塞的《社会学研究》(*The Study of Sociology*)(1873)先是在杂志上进行连载,这些杂志分别是英国的《当代评论》(*Contemporary Review*)和美国的《大众科学月刊》(*Popular Science Monthly*)。然后它以书的形式发行,被收录于一套名为"国际科学系列"的新大众教育丛书当中。斯宾塞的《社会学原理》是他所倡导的"综合哲学"(Synthetic Philosophy)这个人类知识大全中的重要组成部分。这本书在斯宾塞还没写完的时候,就已经向订阅者提供连载,其中的第 1 卷在 3 年时间里分成了 10 部分先后发行。

由此可见,与今天专业的社会学写作相比,当时的作者和读者之间的关系要亲密得多。勒佩尼斯(Lepenies)(1988)曾经提到,欧洲社会学的文化定位是"介于文学和科学之间",但是这一提法夸大了两者间的对立。科学也同样受到伦理和政治的双重影响。以达尔文为例,他在发表进化论著作这件事情上犹豫了很长时间,因为他很清楚这样做的宗教和政治后果(Desmond and Moore 1992)。人们期待社会学家能够和科学家一样提供道德和政治的教义。这些教义专门应对自由资产阶级人士无法摆脱的困境,即物质特权和改革原则之间的紧张关系。

19世纪的自由主义本身就是一场复杂的运动,它经常与激进的民主运动发生摩擦。不过,自由主义在反抗旧制度(Ancien Régime)的过程中,做出了许多承诺。刚被任命为英国社会学会主席不久的L. T. 霍布豪斯(L. T. Hobhous)曾在他的《自由主义》(Liberalism)(1911)一书中激动地宣称,这些承诺包括:公民自由和法治;财政自由;个人自由;社会自由;经济自由;家庭自由;本土、种族和民族自由;国际自由;政治自由和人民主权。在社会学所针对的公众群体中,这些承诺一直都是具有强大文化影响力的信条。

这些承诺面临着宗主国的阶级和性别不平等所带来的挑战(Therborn 1976;Deegan 1988),而来自帝国的挑战则更为严峻。正如拉纳吉特·古哈(Ranajit Guha)(1989:277)所说的那样,资产阶级文化的普适化工程在殖民过程中遇到了瓶颈。北大西洋国家在世界各地对殖民地人民的所作所为,以非常明显、不断重复且极为粗暴的方式,践踏着自由、权利和独立等概念。

社会学作为一门关于进步的科学,宣称以全世界为研究领域,并广泛采用帝国的数据,因此正好处于这一矛盾(contradiction)之中。于是它为此提供了解决方案。社会学把帝国对殖民地施加的强权转移到一个抽象的差异化空间。比较法和宏大民族志将思想界中的殖民主义实践一笔勾销,而思想界恰恰建立在帝国的利益之上。

实证主义社会学的达尔文派(如斯宾塞、萨姆纳、沃德、霍布豪斯、基德以及像克罗泽这样的次要人物)用非常直截了当的方式处理帝国主义列强和被征服者之间的关系。他们的处理方式是,编造一个关于"社会进化"的谎言,使全球差异变成一件自然而然的事情。难怪斯宾塞在居留殖民地(colonies of settlement)大受欢迎,在那些地方,殖民者的进化优势这一观点取代了传教士的宗教,成为帝国存在的主要正当理由。

斯宾塞曾严厉谴责在美洲、南太平洋等地"欧洲侵略者所犯下的残忍暴行"。他曾与格拉德斯通(Gladstone)讨论此事,他与格拉德斯通一样,将暴力征服视作军国主义(militarism)的标志。不过,他并不反对和平的殖民开拓(peaceable settlement)与经济竞争。在同样的篇章里,他显然将被殖民者视作"劣等民族",认为他们在进化竞争中可能会落败(Spencer 1873:212;Duncan 1908:224)。即便是霍布豪斯(1911:43)也不例外,他在大张旗鼓地阐述自由主义诸原则的同时,却怀疑黑人种族是否有自治能力,这说明他在帝国的自由主义原则方面仍然含糊其辞。

对于另外一些作家而言,将进步当成自然而然的事情和证明帝国的正当性这两者之间并无本质差异。基德的《社会进化》一文的高潮部分辩解道:世界上的热带地区现如今在"黑人和有色人种"的弊政之下正走向没落,因此将其交由更为进步的具有欧洲血统的民族所统治,是合理的做法。基德相信物竞天择会带来更加虔诚的和合乎道德的行为,他将这种想法与帝国统治相调和,体现了社会学意识形态工作的典型做法。

社会学为自由主义困境所提供的解决方法取得了科学地位。米尔和孔德不假思索地坚称:社会学必须要颁布"定律"。这一任务被社会学领域的学者和通俗作家奉为圭臬。地质学和进化生物学这两个学科的声望为确立进步定律(laws of progress)的合法性提供了担保。因此,社会学论著往往会详述生物进化,甚至可能以恒星和太阳系的演化作为开篇(例如 Ward 1897)。

这种进化定律的概念使得社会学能够将帝国问题和宗主国问题合二为一。19世纪六七十年代的"社会科学"将宗主国的社会紧张局势当成伦理和现实问题而加以接纳。用当时的术语来说,贫困、阶级斗争和社会改良等都是所谓的"社会问题",它们也在19世纪90年代和20世纪前10年被列为社会学协会及期刊的议题。在伦敦、芝加哥和巴黎,社会学学者与费边社会主义者(Fabian socialists)、女性主义者、进步自由主义者、宗教和伦理改革家,以及社会工作者之间,存在着明显的联系和重合之处(Besnard 1983；Deegan 1988；Yeo 1996)。

"社会科学"对于"社会问题"的贡献在于,它通过一种包罗万象的进步理论所提供的视角来解释宗主国问题。一个典型例子就是许多社会学论著中都有关于社会主义的探讨。社会学家所采用的普适性方法(universal approach),就是以他们自创的进化进步(evolutionary progress)模型去评估工人运动的目标——看看其结果到底是支持温和的伦理社会主义(如霍布豪斯、涂尔干和斯莫尔[Small]),还是持坚决反对的态度(如斯宾塞和萨姆纳)。

社会学的危机和再造

沃德(1903：450 - 451)的《纯理社会学：论社会起源和自发发展》(*Pure Sociology：A Treatise on the Origin and Spontaneous Development of Society*)提出将一个事实作为进步的证据,那就是现代社会几乎不可能发生暴行。仅仅过了 13 年,在索姆河战役(Battle of the Somme)[1]中,英军在一天之内就折损了 6 万名年轻将士。

第一次世界大战标志着旧帝国主义面临危机,触发了全球权力的重大更迭。随着爱尔兰独立和哈布斯堡帝国(Hapsburg empire)[2]的解体,欧洲诸帝国间开始出现裂痕。通过接管前奥斯曼帝国(Ottoman)和德国的领土,法国、英国和美国的体系得以继续扩展,它们还加强了对中国和

---

① 【译者注】1916 年 7 月 1 日至 11 月 1 日发生于法国索姆河附近的军事战役,大英帝国与法国第三共和国联合对抗德意志帝国,是第一次世界大战中最大的战役之一。

② 【译者注】哈布斯堡帝国是历史学家对 1526 年至 1780 年间由哈布斯堡家族的奥地利小分支统治,然后由哈布斯堡-洛林(Hapsburg-Lorraine)的后继分支统治到 1918 年的国家和省份的非正式称谓,是由神圣罗马帝国内外的领土组成的复合国家。1867 年至 1918 年间改称奥匈帝国,1918 年在第一次世界大战中战败,因而解体。

拉丁美洲的经济渗透。美国成为主要的工业强国。20世纪40年代出现了帝国主义的第二次危机,这包括日本在亚洲侵犯了西方强权、印度从英国独立、印度尼西亚从荷兰独立,以及越南发生了反抗法国的解放战争。苏联政权改组了旧的沙皇帝国,并帮助瓦解其他帝国,对全球资本主义构成了挑战。到了20世纪中叶,拥有核武器的美国成为主要的国际投资者、占据支配地位的军事大国、大众传播的中心,并且代表着一种新兴的世界商业文化。

肇始于第一次世界大战的这一系列变化改变了社会学的生存条件。战争撕裂了在北大西洋地区发展起来的由社会学家构成的知识分子群体。有些人,比如霍布豪斯,对战争感到极度震惊,而另外一些人则变得好战。身处芝加哥的斯莫尔与他在德国的人脉关系断绝了联系,特别是与齐美尔发生了冲突(Bannister 1987)。韦伯则参军入伍,《社会学年报》小组的年轻成员亦是如此,其中一些人死于战争。成立未久的德国社会学协会(German Sociological Society)在战争刚爆发时便停业清算,并将资金捐出,以资助德国在中立国开展战争宣传(Liebersohn 1988)。而涂尔干在另外一个阵营做着同样的事情。

更为重要的影响发生在思想层面。人们通常认为社会进化意味着理性和文明行为的增长:"客观来看,进步意味着日益频繁的交往、联系的增加、物质生活的改善、人口的增长,以及理性行为的演进。这是普适性进化(universal evolution)中巨大蜕变的终极表现"(Giddings 1896:359)。此类观点总是以无视殖民主义暴力为基础。随着殖民边疆(frontier)的经验被带回宗主国,宗主国社会学世界观的基石出现了裂痕。人们再也无法把进步当作有待研究的事实,即知识对象。正如霍布豪斯(1915)在战时所意识到的那样,如今,历史已经不允许"廉价的乐观主义"。实证主义的话语如此根深蒂固,以至于无法马上摈弃,但是在一战后创作的著作中,重提"进步"的做法很快便不见了踪影。维尔弗雷多・帕累托(Vilfredo Pareto)在《一般社会学论集》(*Treatise of General*

Sociology)（1916）中斥责"感伤伦理"（sentimental ethics）这一社会学基础，强烈要求采用更为严苛的现实主义。他想借此机会远离那些已经被他视为伪科学的孔德和斯宾塞的学说，远离他自己先前信仰的自由主义。

如果我们把 20 世纪 20 年代前后的十年看成一个历史节点，孔德、斯宾塞、勒图尔诺及其继任者所提出的方案在这个节点上遭遇了无可挽回的失败，我们也可以看到，当时有几种应对措施。人们本可以直截了当地抛弃该方案，就像他们对待 19 世纪的某些新科学（如颅相学［phrenology］）一样。或者，人们本可以将社会学融合进批判性的文化运动中。奥斯瓦尔德·斯宾格勒（Oswald Spengler）在那部于 20 世纪 20 年代产生过巨大影响的著作《西方的没落》（*Decline of the West*）（1918—1922）中提到了这个可能性。斯宾格勒猛烈抨击欧洲知识分子及他们的人类史观中包含的欧洲中心主义。他认为欧洲扩张是对其他文化——如中美洲阿兹特克/玛雅文化（Aztec/Maya cuture）——的"谋杀"；由此可见，他并没有把当代帝国主义当作光明的胜利，而是把它当作世界末日的标志。他与进步框架的决裂再彻底不过了。

批判性的文化社会学项目似乎一度蓬勃发展。在魏玛时期的德国（Weimar Germany），舍勒（Scheler）和曼海姆（Mannheim）针对"知识社会学"（sociology of knowledge）展开短时间的激烈争论之后，在观点上逐渐趋于一致。流亡中的曼海姆（1935）与法兰克福学派（Frankfurt School）学者一样，着手将弗洛伊德的精神分析学和结构主义社会学结合在一起，用于解释法西斯主义带来的灾难。奥地利的舒茨（Schutz）（1932）提出要综合现象学和社会学方面的新理论，意大利的秦梯利（Gentile）则倡导一种基于唯心主义哲学的社会理论（Bellamy 1987）。

革命运动也可能会催生社会学。俄国的布尔什维克党领导人布哈林（Bukharin）（1923）创建了一种"社会学体系"，其雄心壮志不亚于当时资本主义世界的任何理论。更为人所熟知的是意大利革命者葛兰西

(Gramsci)的社会理论。杜波依斯(1968)放弃社会学的学术研究之后,转向从事民权运动,他把宗主国的种族问题和殖民地世界的运动相联系,并越来越多地将宗主国的种族问题与全球资本主义结构联系起来。

不过,这些举措均未能产生一套制度化的方案,以取代旧社会学。上述欧洲学者中的大部分人要么遇害,要么被流放。非洲的殖民统治仍坚不可撼。杜波依斯于20世纪30年代重返学术界,发现自己的国际主义观点已经无人聆听。

在20世纪20年代至50年代期间,只有一个地方的社会学学术研究比较繁荣。那便是美国这个新兴的世界强国。不过在那里,该学科发生了转型,其变化如此重大,以至于人们认为,社会学发生了——用阿尔都塞的话来说——"认识论断裂"(epistemological break)(Althusser and Balibar 1970)。

在那里,新的知识对象是**宗主国内部**的社会,特别是社会差异和社会失序。这种转变有一些为人熟知的标志性事件,包括芝加哥学派(Chicago School)城市研究(urban research)的崛起和社会学内部的日益专业化(specialisation)——其中许多专业是依据宗主国社会的社会问题或者行政机构来界定的。

在方法上,旧社会学关注的是宗主国和原始社会的差异,而新社会学关注的是宗主国社会的内部差异。这一区别在统计技术中可见一斑,比如从测量相关性的早期方法,到两次世界大战之间的几十年所采用的态度量表(attitude scaling),再到20世纪中叶拉扎斯菲尔德(Lazarsfeld)创建的潜在结构分析法(latent structure analysis)(Easthope 1974)。20世纪二三十年代,针对美国城镇、城市和郊区社会生活的实证研究非常盛行,在方法上有极大创新,如精神分析和田野社会学(field sociology)的首次融合(Dollard 1937)。芝加哥学派不仅仅研究都市民族志(urban ethnography),它还在当时最动荡的美国第二大城市建立起全面的监控系统(Smith and White 1929)。

在公司和政府资助下,社会学的这个研究方向取得了飞速发展。这些资助始于战前,到了 20 世纪 20 年代急速增加。根据罗斯(1991:402)提供的惊人数据,1922 至 1929 年间,洛克菲勒基金总共捐赠了 4100 万美元,用于美国的社会科学和社会工作。随着美国政府设立"近期社会趋势委员会"(Committee on Recent Social Trends)并委任奥格本(Ogburn)为研究部门主任(他是美国社会学协会主席和该协会最主要的经验论倡导者),资助活动达到了顶峰。

不过,随着研究专业水平的提高,学科概念却在缩小。北美大学提出了一种与实证主义观点相抵触的组织定义。社会学可以在大学里存续下去,但并非作为一门元科学(meta-science),而是作为一系列社会科学学系的其中一员,它与历史学、政治科学、经济学、心理学等学系的差别只在于其特别的关注焦点。对于这个早期主张如此雄心勃勃的学科而言,其困难在于应如何定义这一特别焦点。"社会关系"(social relations)(MacIver 1937)、"群体"(groups)、结社形式(forms of association)与人际关系(Hiller 1933)、"社会进程"(the social process)(Reuter and Hart 1933)等表述都不太具有说服力,也并未得到广泛认可。

班尼斯特(Bannister)(1987)对于该时期美国社会学唯科学主义(scientism)史的有趣描述表明,经验主义的巨大成功并无法为社会学提供一种学术方案(intellectual program)。皮季里姆·索罗金(Pitirim Sorokin)(1928:758)是经验主义的尖锐批评者,他在其概述性著作《当代社会学理论》(Contemporary Sociological Theories)的结语中指出:"这整个学科领域让人想到一个半野生的国家森林,而不是一个精心规划的花园。"新社会学诞生于旧社会学消亡之时,但是它严重缺乏合法性。

社会学的新概念和新起源故事

欣克尔(Hinkle)(1994:339)将进化主义(evolutionism)垮台后的状

况称作"概念真空"(conceptual vacuum),这一形容非常恰当。在这个概念真空中,元典(classical canon)得以发展成型。这一发展的前提条件是社会学受众的变化。维多利亚时代晚期的自由主义读者已经不复存在。然而,美国日积月累的巨大财富使历史上第一个大众高等教育体系成为可能。二战结束后的 30 年间,社会学在美国得到了极大的发展(Turner and Turner 1990)。由于社会学有大量的学生受众,所以有必要开设教师培训项目,而社会学博士课程的扩招为此提供了机会。正是在这样的社会和时代背景下,经典作品的教学开始蓬勃发展。

塔尔科特·帕森斯(Talcott Parsons)的《社会行动的结构》(*The Structure of Social Action*)(1937)是其中的关键一环。帕森斯并非第一个设法解决社会学的知识崩溃(intellectual disintegration)问题的北美理论家(Turner and Turner 1990:71ff),不过他提供的解决方案无疑是天才之举。帕森斯承认实证主义议程已经崩溃,他以此方式净化了社会学的历史。他把后危机时代社会学的实证问题——宗主国内部的差异与混乱——作为该学科的理论核心(所谓"霍布斯哲学中的秩序问题"〔Hobbesian problem of order〕)。帕森斯的后期著作确立了"社会系统"(social system)的观点,根据他提供的这一思路,宗主国社会被看成一个自给自足的结构单位(self-contained unit)。帕森斯不算历史学家,他也并未声称自己撰写的是社会学史。但是,他遵循马歇尔(Marshall)、帕累托、韦伯、涂尔干等人的理论逻辑,对社会行为模式(social-action model)的"诞生"(emergence)进行重建(reconstruction),这种重建被理所当然地解读为一种起源叙事(origin narrative),这个叙事为该学科确立了标准(Camic 1989)。

有鉴于社会学的其他各种描述,一种规范性的观点仍有待确立。不过,帕森斯的远见卓识仍为他收获了很多强有力的支持者。C. 赖特·米尔斯(C. Wright Mills)(1959)在其广为人知的《社会学的想象力》(*The Sociological Imagination*)一书中,构建了一个"经典社会分析家"的复合形象(composite image)，并将其奉为在社会学领域做研究的典范。对米尔斯而言，"古典社会学"(classical sociology)与其说是一个时期，不如说是一种作品风格——不过他曾明确表示，古典社会学确实是过去比较常见的做法，马克思、韦伯和涂尔干等人就是例子。有些理论家期望确立某一特定话题的重要地位，因此他们也强化了某些规范性的观点。比如，默顿(Merton)(1949)对失范(anomie)的解释就帮助确立了涂尔干的典范地位。

在 1930 年至 1950 年之间，人们完成了把纳入经典的主要欧洲文献译成英文的工作，评论文学也随之出现。莱文(1995:63)对 20 世纪 60 年代和 70 年代的评价非常恰如其分，他说："对经典作品进行重译、制作新版本，以及开展二次分析，这已成为社会学内部发展较快的产业之一"。本迪克斯(Bendix)那部广为人知的《马克斯·韦伯思想肖像》(*Max Weber: An Intellectual Portrait*)发表于 1965 年。科塞(Coser)的《社会冲突的功能》(*Functions of Social Conflict*)(1956)在很大程度上是对齐美尔的评注。吕申(Lüschen)(1994:11)曾委婉地说道，甚至，得益于来自北美的关注，德国社会学在"一段漠视自身古典史的时期之后"实现了一次韦伯式的复兴(a Weber revival)。因为 1964 年德国社会学家们在其全国大会上举办了一场与韦伯有关的庆祝活动。

普拉特(Platt)(1995)针对涂尔干在北美所引发的反响做过一项出色的研究。他颇有见地地指出了选择创始人这件事情背后复杂的影响力量，如广泛的历史背景、特定的学院派企业家(academic entrepreneurs)或院系，以及与该行业当前趋势的密切联系等。这些因素似乎对韦伯和涂尔干有效，但对帕森斯所提名的另一个人——帕累托——却不管用。尽管帕累托比别人更有资格做一名系统理论家，但或许他的嘲讽和悲观显得过于突兀，以至于他的作品无法充当这一复兴学科的基础。

最为戏剧性的变化发生在马克思身上。在帕森斯的《社会行动的结构》中，马克思并不起眼——书中认为他说到底就是个不大重要的实用

27

主义者。20世纪四五十年代的一些美国社会学教科书完全不关注马克思，却也照样大行其道。但马克思主义一直都对全球文化具有重大影响。例如，在非洲去殖民化运动的几十年间，马克思主义对非洲政治产生了非常关键的精神影响。当时进步的美国社会学家可以从中找到重要的精神寄托。1962年，米尔斯以他那种堪称典范的完美风格，出版了附带评论的马克思主义作品文集。

然而，直至20世纪60年代，社会学发生了学科扩张，以及宗主国的高校学生变得激进化之后，马克思才具有充分资格成为社会学的创始人。美国学生运动倡导以马克思和马克思主义者为核心的"激进社会学"（radical sociology）（Horowitz 1971），学术社会学对此作出了反应。1965年，美国社会学协会年度会议的其中一次全体会议就叫作"重估卡尔·马克思"。如今，马克思在社会学理论史的叙述中占据了更加突出的位置（Bottomore and Nisbet 1978），并且更加频繁地出现在本科生的教科书中。评论马克思的社会学文献也成倍增加。

因此，马克思、涂尔干和韦伯的三位一体是经典构建过程中的后期进展。涂尔干和韦伯在帕森斯那一代人制造经典的事业中存续下来，而马克思植根于下一代人中，其他候选人则半途而废。这三个人以创始人的角色出现在20世纪70年代的小学教科书中（例如 McGee 1977）。在理论社会学中，人们进行了大量诠释，试图理解马克思-涂尔干-韦伯这个集团如何创造了一种关于现代性的理论（例如 Giddens 1971；Alexander 1982，1983）。

在其他大多数有条件开展社会学研究的国家，这门学科在20世纪五六十年代得以创立或改造，这一切均是基于从美国引进的研究技巧、研究问题和理论话语，更不用提那些从美国引进的教科书和教员了（例如日本的 Tominaga，1994；澳大利亚的 Baldock and Lally，1974；以及斯堪的纳维亚的 Allardt，1994）。随着学科的重建，其创始故事也随之得到重建。因此，世界社会学便形成了本章开头几段所述的状况。

反思

我所秉持的观点是:首先,社会学元典主要起源于美国,是首个欧美社会学研究项目失败后的重建工作的一部分;其次,一种新的创始故事取代了早先迥异的社会学创始故事;再次,这整个历史进程只有放在全球史尤其是帝国主义史的框架下,才能为人理解。

在某种意义上来说,这并不重要;事实上,我所选择回顾的经典著作与近年来社会学的创作灵感关系不大。但是"古典社会学"的象征性力量依然存在,它歪曲了社会学的历史,以及社会学的范围和价值。尼斯比特(Nisbet)(1967)列举出的"社会学的单位观念"(unit-ideas of sociology)(包括社区、权威、身份、神圣、异化)是对历史的歪曲,但它描绘了在创造经典的热潮过去之后所剩下的狭窄领域,因此具有一定的合理性。最重要的是,内在主义的描述转移了社会学的注意力,使之忽略了宗主国之外的知识分子对于社会世界所作的分析。

有人已经建立了更好的联系。如伯克(Burke)(1980)所示,在涂尔干及其同事将帝国主义凝视建立在他们的社会学之上的同时,其他法国社会科学家则让伊斯兰世界的知识分子参与到关于现代性、殖民主义和文化的对话中。在同一时代,杜波依斯从关注美国内部的种族关系转向强烈的国际主义观点,他对非洲尤为关注。在 20 世纪上半叶,非洲黑人知识分子(如索尔·普拉特杰[Sol Plaatje]和乔莫·肯雅塔[Jomo Kenyatta])除了通过政治斗争,也通过社会科学,与宗主国展开对话(参见第五章)。主流的宗主国社会学很少利用这种联系;不过,关于这种联系的另类历史同样具有真实性,我们现在需要在其基础上继续发展下去。

第二章　现代普遍性理论及其隐含假设

不过,人们不应该忽视现实。

——弗郎茨·法农(Frantz Fanon)(1952)

在这一章,我会仔细研究一下在社会学领域最具威望的作品类型——普遍性理论——研究世界的方法。诚然,普遍性理论的著作并非一般人的床头读物。不过,它们对于界定一个学科应当关心何种话题和使用哪些概念方法而言,颇具影响力。

我所谓的普遍性理论是指这样一种理论学说,它试图形成一种关于社会性的开阔视野,其所提供的概念在适用范围上不局限于特定社会、地方或时间。这类文本所提出的观点或假说与各个地方均有关系,或者其提出的分析方法适用于任何条件。要做好这一点颇有难度。因此,普遍性理论方面权威可信的著作具有很大的影响力,也是无可非议的事情。

绝大多数的普遍性理论产生于宗主国。这一点重要吗? 知识社会学(sociology of knowledge)表明,这一点很重要。但另一方面,正是普遍性理论所具有的普遍性(generality)及其追求普适性意义的抱负,意味着这种作品类型能够摆脱地方性决定因素的影响。

我提议通过仔细考察关键文献来研究这个问题。我聚焦于上一代社会学思想家中最具影响力的三位,即詹姆斯·S.科尔曼(James S. Coleman)、安东尼·吉登斯(Anthony Giddens)和皮埃尔·布尔迪厄(Pierre Bourdieu)。在每个案例中,我均聚焦于那些以最明确的方式表达社会分析的普遍性观点的文献。尽管我会经常提及这些作家的其他作品以作为讨论背景,但是我的目标并不在于回顾他们的所有作品。相反,我希望通过考查这些文献的运作方式,深入梳理普遍性理论本身暗含的地缘政治假设。

诚然,光是这三本书并不足以代表整个领域,但它们看上去是相当好的起点。它们分别来自在社会学史上具有影响力的三个国家,且代表着截然不同的作品风格。第一本书建立起严密的观点体系;第二本书提供了详尽的分类方案;第三本书则为社会分析提供了实用的理论工具。这些书的作家均是享有盛名的大理论家。例如,他们的著作在查尔斯·卡米克(Charles Camic)和尼尔·格罗斯(Neil Gross)(1998)对"社会学理论的当代发展"所作的概述中占据显著地位。"科学网"(*Web of Science*)在线数据库所提供的确凿证据表明,这三本书广为人知,且被广泛使用。在过去10年间,吉登斯的《社会的构成》(*The Constitution of Society*)共有2279条引文记录,布尔迪厄的《实践的逻辑》(*The Logic of Practice*)共有1236条,科尔曼的《社会理论的基础》(*Foundations of Social Theory*)则有1860条。

北方的选择者:科尔曼的《社会理论的基础》

詹姆斯·S.科尔曼于1990年发表的《社会理论的基础》是对其非常杰出的知识分子生涯的总结。在长达30年的时间里,该作者是美国社会学的领军人物,他在青年研究、量化方法学(quantitative methodology)、教育不平等、理性选择理论等多个领域工作过。他研究种族和学校教育的

《科尔曼报告》("Coleman Report"),其知名度远远超出了社会学领域。除此之外,科尔曼还制定了一个重整该学科的议程。

《社会理论的基础》一书长达上千页,对社会学问题展开了大胆的探索。这些社会学问题从社会化(socialisation)、家庭、公司管理、国家到革命,不一而足。科尔曼在所有章节中均表明,我们可以使用"选择和选择者"(choices and choosers)这种单一表达方式来重写现有知识。在该书最后一部分,这种改写演变成为数学形式(mathematical formalisation),提出了社会过程的代数模型。这受到了博弈论(game theory)的强烈影响。一些评论者将这本书奉为自帕森斯的《社会行动的结构》以来最为重要的社会理论著作,并将科尔曼尊为与韦伯和涂尔干平起平坐的"社会思想大师"(Abell 1991;Fararo 1991;Hechter 1992)。

科尔曼用开篇第一句话宣告了自己的理论野心:"社会科学的一个中心问题是对某种社会系统的运作做出解释说明。"社会系统被定义为由交易联系起来的一组个体。这些个体必须参与交易以满足自己的利益,因为他们需要的资源在一定程度上掌握于其他个体手中。这种个体与系统之间的相互影响,或微观与宏观的联系,是一个对科尔曼的理论形成构成重大影响的问题,也在总体上是现代实证主义的一个中心问题。

科尔曼有一个不太起眼的理论假设,它在社会学理论中相当常见。该假设是,这套关于个体与系统、利益、控制与资源、微观与宏观的理论术语具有普适性意义(universal relevance)。这些概念可以适用于任何时空。这一点与实证派的认识论相符合,科尔曼正是出身于实证派。努力尝试提出一些经得起实践经验检验的普适性观点(universal statements)(或者是玛丽昂·莱维[Marion Levy][1970]所谓的"高度概括的论点"),这一直以来都是他们构建理论的关键策略。

科尔曼直截了当地表明自己的出发点是"个体"(the individual),又称"个人"(the person)或"自然人"(the natural person)。这些个体是社会理论中的"基本行动者"(elementary actors)，直到社会理论引入了"集体行动者"(corporate actors)。在为数不多的几段近乎雄辩的文字中，科尔曼坚持认为：即使在主权移交给集体的过程中，"个人也是至高无上的"。(1990：3，32，367，493，531)

尼尔·斯梅尔瑟(Neil Smelser)(1990)等批评家认为这是科尔曼作品的核心缺陷，他们认为这种基于个人主义假设构建社会科学的做法是自相矛盾的(paradoxical)。更为重要的问题是，发挥作用的是何种个体。科尔曼严厉批评了社会学中由于对个人的不同设想所导致的"知识混乱"(intellectual disarray)：

> 社会理论的正确路径是比较难走的：人们对于"何为个体"应保持单一的看法，他们不应该根据不同种类的生物，而应该根据这些生物所处的不同关系结构，生成不同的系统功能。(1990：197)

那么，科尔曼所主张的生物是什么样子的呢？在他的文本中，"自然人"追求自身的利益；他们计算成本和收益；与别人讨价还价；放弃或者接受权利；为了实现目标而采取有目的的行动。简而言之，这些行为就像是市场上的企业家——他们向来如此。

这并不让人意外。毕竟，这是边际学派经济学(marginalist economics)中的个体模式，科尔曼对此有所借鉴。不过这也表明，尽管科尔曼声称个体是其理论的出发点，但这一说法并不太准确。他的出发点同样是一个关于市场的概念——这个市场是催生了上述特殊类型个体的社会结构。就其基本推论而言，科尔曼比他自己承认的要更加具有社会学特色。他所创立的理论宏观地概括了现代新自由主义对人及社会关系的典型看法。

科尔曼遵照老法子，从（看似）简单的现象转移到（看似）复杂的现象上去。事实上，这种做法既为他的整本书提供了诸多策略，也为其提供了结构框架,例如这句话:"当然,两个人之间的社会关系是社会组织的基石"(1990:43)。这使他能够以极度的抽象和简化为出发点,构建一个不太简单的推导过程,然后把结果与某些实际事件作对比。这种理论策略导致他始终如一地将这些事件从它们的历史语境中剥离出来。

科尔曼笔下的行动者们(actors)忙着估算、谈判和做交易,就像在一个毫无特色的舞池里跳着活力四射的舞蹈。他给行为系统(action system)建立的视觉模型与那些狐步舞和爵士华尔兹的教学示意图非常相似,这并非完全出于偶然。舞池之所以毫无特色,是因为遵循了非历史的方法。在每一个推导过程中启用的都是同一套有限的元素集及可能关系。这种情况在理论逻辑上是行不通的,就像舞池由于先前舞者的践踏或他们的尸体而变得凹凸不平时,人们无法在里面跳狐步舞一样。

再打个比方,这次是用科尔曼自己的例子:科尔曼在论证的每个关键步骤上,都得要设想出这样一个空间,里面允许人们去建构社会系统(他一再提及"建构材料"[building blocks])。他的说法预先假定了该建筑工地上有一个被腾空的空间(cleared space)。在这个空间里,"一批独立的个体"得以孕育产生,这些独立个体成为他的"理论基础",但他在书中并未给这个空间命名。这是一种意味深长的缄默。正如稍后我将展示的那样,我们可以找到并命名这个空间。

"理论具有普适性意义"这一原则令科尔曼可以涉猎任一历史阶段。他所选择的例子包括:当代美国的人口统计、剧院的火灾、跨国公司(transnational corporations)、美国高中、南海泡沫事件(the South Sea bubble)①、学生游行示威、中世纪欧洲的土地所有制、苏联宪法、印刷工会和爱斯基摩人狩猎北极熊。在这方面,《社会理论的基础》极为传统。因为这就是萨姆纳的《民风》及其他一战前的著作使用论据的方式。亦

---

① 【译者注】南海泡沫事件指在 1720 年发生的英国历史上第一次金融危机,是史上最声名狼藉的金融泡沫之一。

即从任何地方、任何时间选取具有同样关联性的例证。事实上,对于科尔曼而言,**虚构的**例子和真实的例子具有同等地位。

书中的大部分例子出自 20 世纪的北美和欧洲。不过,科尔曼有几处谈到了"原始"社会。在书末,他带着开玩笑的口吻举了个例子:贝都因族(Bedouin)①的丈夫骑着骆驼,他妻子却背负重物徒步行走——美国人的妻子则乘坐家庭轿车。在书的前面部分,也有两个类似的案例:"撒哈拉沙漠的游牧部落"会把权利分给一只骆驼,而"爱斯基摩人"则会把一头熊分尸。看来,科尔曼的社会学中存在着一个中心地区,但也有一个充满异域风情的边缘地区。

深入到文本内部,到了第 20 章,科尔曼开始对"现代社会"展开讨论。科尔曼指出,现代性的独特之处在于,"有意构建的"关系要优于"自然的"关系。"这是一个长期的历史发展过程,在此过程中,原始、自然的环境被有意构建的环境所取代。这一变化既存在于物质环境中,也存在于社会环境中"(Coleman 1990:552)。这意味着,"新型的、有意构建的集体行动者"支配着"原始纽带以及基于此纽带的旧式集体行动者(如家庭、宗族、族群和社区)"。

此处,科尔曼是在重复他的一本早期著作《不对称的社会》(*The Asymmetric Society*)(1982)中的观点。该思想是他的社会学议题的核心,因为他认为"原始纽带"的丧失构成了深刻的社会危机。在这一点上,他的理论所依据的是非常传统的社会学思想形态,正是这种形态构建了现代与原始之间的全球性差异(参见第一章)。甚至于,科尔曼在回应《社会理论的基础》一书的批评者时,也重复了这种宏大民族志的做法。他的回应提到了"当前新兴的社会与所有以往社会之间的基本结构性差异"(Coleman 1992:268)。科尔曼不谈"资本主义",因为他并没有关于资本积累的理论。他笼统地将国家和公司混为一谈,将它们放到家

---

① 【译者注】阿拉伯、叙利亚及北非沙漠地区游牧的阿拉伯人。

庭的对立面。现代性既是新事物的创造，也是旧事物的消解。这就产生了一个由所谓"独立的"集体行动者所构成的流动世界，他们"与自然人或其他集体行动者之间没有固定联系"。这实质上就是一个市场社会（market society）。

前述中那些充满异国情调的案例如今都有了意义。那些狩猎熊、将骆驼分尸、让妻子步行的原始部落便处于现代的边缘之外。在文中有几处，让这个边缘几乎清晰可见。其中有一处探讨的是巴勒斯坦起义①（Palestinian revolt）（1992：484 - 486）。巴勒斯坦人在以色列经济引领下走向所谓的"繁荣"，却又转而反对它，并开始投掷石块和纵火。科尔曼感兴趣的并非这一冲突是如何产生的，而是事态发展多么符合"受挫与革命"的普遍性理论。

尽管他对社会系统结构的描述在很大程度上属于共识理论（consensus theory）（借鉴了社会契约模式，有着些许帕森斯的影子），但是科尔曼承认有些体系是强制性的。他把那些具有极度强制性的体系称作"无交集的结构"（disjoint constitutions），在这个结构中，一群行动者做好安排，该安排"将限制和要求强加到另外一群不同的行动者身上"。这听上去好像是帝国的定义，又好像是指美国银行和国际货币基金组织（IMF）强加给拉丁美洲的结构性调整政策。不过，帕森斯所举的主要例子（1992：327 - 328）是斯大林主义式的书面宪法（paper constitutions）如何将工人界定为受惠者，而把其他阶级当作靶子。

科尔曼忽略了帝国和全球统治的整体历史经验。他从未提及殖民地。他仅简要谈及奴隶制，但谈的是它对社会交换理论（exchange theory of society）造成的学术问题。（他提供的解决方式令人难忘，那就是，对于奴隶而言，如果另一个选项是死亡，那么接受奴役就是他明智的

---

① 【译者注】指 1987—1993 年间巴勒斯坦人民发起的一系列反对以色列军事占领的抗议活动，史称第一次巴勒斯坦大起义。

选择。)因此,尽管这个理论有着普适性的雄心,但是《社会理论的基础》一书并未理解,甚至歪曲了大部分的人类历史,忽略了当今世界大多数人的社会实践。

跳加伏特舞的施动者:吉登斯的《社会的构成》

1984 年,安东尼·吉登斯发表了《社会的构成》,该书的副标题是"结构化理论纲要"("Outline of the Theory of Structuration")。这也是一项长期项目的最终成果。吉登斯的研究方法有一个发展过程:在《社会学方法的新规则》(*New Rules of Sociological Method*)(1976)中,他描述了实际行动(practical action);在《社会理论的核心问题》(*Central Problem in Social Theory*)(1979)中,他详细论述了行动与结构间的关系;在《历史唯物主义的当代批判》(*A Contemporary Critique of Historical Materialism*)(1981)中,他批判了马克思的世界历史观,并提出了一个替代方案。

吉登斯在这一系列著作中为自己设定的任务就是:从整体上重新规划社会理论,调和互相冲突的知识传统,以及为社会研究和社会批评创造一个一致的概念框架。这个宏伟的工程需要耗费大量精力进行整合,其规模之大,在现代社会思想界恐怕只有哈贝马斯的研究可以与之相匹敌。吉登斯将许多研究纳入《社会的构成》一书,包括精神分析学如何解释信任(trust)的增长、戈夫曼(Goffman)对于日常接触(encounters)的剖析、关于国家起源的辩论、地理学方面的创新性成果,以及关于教育的经验主义社会学(empirical sociology of education),顺便还接纳了帕森斯、布劳(Blau)和福柯的理论。

这本书的参考范围如此之广是有道理的,因为其知识对象非常广泛。吉登斯在开篇说道:

> 根据结构化理论,社会科学研究的基本领域既不是个体行动者

的经验,也不是任何形式的社会整体存在,而是跨越时空的、组织有序的社会实践。正如自然界某些能够自我复制的事物一样,人类的社会行为也是循环的……人类是有目的的行动者,他或她有自己行动的理由,并且在被人问起时,能够对这些理由作出推论性的阐述。(1984:35)

总之,这个理论领域是无边际的。它涉及**总体上**的社会实践和人类。结构化理论囊括了所有社会关系、所有社会结构和所有社会。于是,吉登斯涉猎了各种故事,包括新儒家的中国、古代中国、伦敦市的金融大亨、汽车厂和集中营。由于该理论涉及一切可能的社会关系,因此,吉登斯像科尔曼一样,毫不犹豫地分析起想象的例子来。

不过,他和科尔曼一样,几乎没有使用任何来自殖民地世界的案例。他对自主发展的讨论就是一个鲜明的例子。吉登斯有效地运用了埃里克·埃里克松(Erik Erikson)关于人类发展的精神分析模型。不过,尽管他引用了《童年和社会》(*Childhood and Society*)这本书,却没有使用埃里克松在该书中所做的著名的跨文化分析。结果,吉登斯对人类发展做出了普适性的、完全抽象化的解释,这与现代儿童社会学(sociology of childhood)所揭示的多样性存在着非常大的矛盾(Erikson 1950;Orellana et al. 2001)。

吉登斯根据社会理论史和哲学史来界定他的任务,例如顺应“语言学转向”(linguistic turn)。他一再使用结构化语言去重写已为人所熟知的社会学或心理学概念,正如科尔曼使用市场和选择的术语进行重写一样。

另外,吉登斯承诺要超越现有理论中的二分法(dichotomies)。最为重要的是客观主义(objectivism)和主观主义(subjectivism)的二分法。超越这种二分法会引出吉登斯关于“结构二重性”(duality of structure)的基本原则。这个原则的产物就是结构化(structuration)本身,即“凭借着结构二重性,跨越时空的社会关系构建”。因此,吉登斯理论的基本概念源自他对于欧洲/北美思想传统的内在二律背反(antinomy)的反思。

《社会的构成》一书一方面对现存文献作出批判性评论,另一方面又频频提出定义和进行概念阐释。即便是像乔纳森·特纳(Jonathan Turner)(1986)那样对该书持肯定态度的评论家也忍不住诟病这本书有一种"定义型的组织结构"(definitional texture)。这完全不同于科尔曼的策略,即拿最小的一组类别,做最大程度的阐发。吉登斯的作品读起来,就像是该领域的广阔空间产生了真空,因此理论必须加以扩展,才能够填补这个真空。其成品往往热情洋溢而又平庸乏味:正如我们所见,这种社会变化模型非常笼统,以至于它虽然涵盖了世界历史上的每个事件,却等于几乎什么都没说(1984:244ff)。

但吉登斯的行动者理论(theory of the agent)一点也不平庸乏味,他对待该理论态度强硬,为之据理力争。吉登斯所说的"行动者"不仅具有主动性(这一看法与科尔曼和布尔迪厄一致),还拥有渊博的知识:

> 具备在社会生活的多样化语境中"进行运作"的能力,其前提是拥有与社会习俗、自我及他人相关的知识,这种知识非常详尽,令人眼花缭乱。任何有能力的社会成员都能够非常熟练地取得社会行为方面的实践成果,他们都是相当内行的"社会学家"。他们所拥有的知识并不是持续的社会生活模式的附属品,而是其不可或缺的一部分。……人类施动者总是知道他们自己在话语意识层面所做的事情……(1984:26)

吉登斯从结构二重性的普适性要求(universal requirements)的角度来理解能动性(agency)。试想一下,吉登斯曾以强有力的论据反驳在社会科学中寻找规律的实证主义做法,认为这种做法"炮制了一种无法忠实反映人类施动者真实特征的具体话语"。所谓"真实特征",指的是那些促使行动者通过日常活动和互动去构建与重构社会系统的能力。对于吉登斯而言,这些能力在任何时空看起来都是一样的,因为根据该理论,施动者要具备的东西总是相同的。

不过,科尔曼和布尔迪厄理论中的施动者都是些谋略家和交易者,他们总是目光敏锐,力图要进行交易;而吉登斯理论中的施动者则顺从和有秩序得多。事实上,吉登斯并没有一种关于个人的市场模型。他对于能动性的解读强调常规、信任和配合,不同施动者所进行的活动之间环环相扣。如果科尔曼理论中的谋略家们就像跳着狐步舞在舞池中穿梭而行,那么吉登斯书中的图表就像为庄严而优雅的加伏特舞(gavotte)①所绘制的示意图,由一整个舞厅训练有素的舞者来践行。

施动者可能是一个个体,但吉登斯强调他的理论并非始于个体。对他而言,社会同样是真实的。事实上,吉登斯的施动者概念取决于一种有关社会秩序的观念。但是,他的社会性概念也同样取决于能动性的观念。"结构的二重性"原则从**逻辑**上把两个层面锁定在一起。

吉登斯采用两种不同方式对社会性进行理论化。在第一种模式中,他关心社会是如何成为可能的,以及有组织的社会存在如何产生并存续下去。正如约翰·厄里(John Urry)(1986)所言,《社会的构成》这本书的大部分内容"主要是关于构建一种关于社会性的本体论"。"结构化"之类的概念与这些问题相关。这些概念极度抽象,因为吉登斯想要为任何已知或任何可能的人类社会存在形式提供一个有效的答案。于是他提出了一些宏大的概念范畴,如"共存背景下行动者之间的相互作用"(用大白话来说,就是"人们面对面地一起做事情")。

然而,吉登斯也意识到人类的社会经验非常丰富多彩。因为他博览群书,而且对历史很感兴趣。于是他又有了第二种理论模式,用于详细阐述社会情境和社会进程的类别:时间类型、区域化(regionalisation)类型、语境类型、限制类型、社会类型、资源类型等。

---

① 【译者注】发源于法国东南部多菲内省(Dauphiné)加普地区(Pays de Gap)加伏特族(Gavots)的民间舞蹈,17 至 18 世纪在法国和英国的宫廷流行。

这些类别也是抽象的,但方式不同。它们理应用于准确描述各种情境之间的差异方式,而不是用于描述一切社会进程所共有的必要条件。奈杰尔·思里夫特(Nigel Thrift)(1985)认为,吉登斯整个论点的核心是"社会理论必须变得更加语境化"。这些类别使他能够详细地描绘社会行动(social action)语境的多样性。

由于吉登斯热衷于定义,而且在阐释概念时有很多奇思妙想,因此这些概念组成了一个巨大的坐标方格(grid)。通过它,人们可以从高处注视人类历史,看看将每个事件纳于何处,以形成一个可理解的体系。这种从高处俯瞰人类文明始末的视角给《社会的构成》这本书一种宏伟感,让人想起斯宾塞和孔德,而不是那些与吉登斯同时代的社会理论界同行。

这个坐标方格中最重要的部分对社会类型做了定义。吉登斯的宏大民族志是一个由三个部分组成的体系,它区分了:

1. 部落社会(tribal society);

2. 阶级分化的社会(class-divided society)(大致来说,该社会有城市但没有工厂);以及

3. 阶级社会(class society),或是资本主义。

尽管吉登斯坚持说这不是一种"进化体系"(evolutionary scheme),但是这显然是用来作为一种历史秩序的,前者发生之后,后者才会出现。不同类型的社会以不同的"结构原则"(structural principles)来加以区分,并以不同的"矛盾"(contradiction)作为标志。吉登斯思想的传统特征在他界定的第一种社会类型中体现得尤为明显。部落社会更接近自然;它们是"真实客观的"(cold)——换言之,不适应变化;它们被亲属关系和传统所支配;它们是内部分化的;等等(1984:182,193ff)。

这些社会类型如何相互关联? 对吉登斯而言,最重要的一点是它们在逻辑上是截然不同的。如果一个社会属于其中一种类型,它就不属于

其他类型。然而,后续的社会类型一旦形成,不同社会类型就可以在一个社会间体系(inter-societal system)内共存。吉登斯发明了"时空边缘"(time-space edge)这个术语,用于定义一种结构化原则(structuring principle)被另一种结构化原则所取代的发生地。这种跨越时空边缘的关系可能是统治关系或共生关系。因此,吉登斯找到了一种方式,去指称那些他人以帝国的名义所探讨的事情。

《社会的构成》这本书并未对殖民化(colonisation)关系加以理论化,也没有明确命名帝国主义的结构化原则,其分类也并未包括殖民地这一社会类型。("殖民化"一词只在该书索引中出现过一次——是为了引用戈夫曼对精神病院的研究。)对于这样一部覆盖全球、创作于世上最伟大帝国之腹地的普遍性社会理论著作而言,这一点很耐人寻味。在吉登斯的一生中,去殖民化(de-colonisation)斗争无疑是全球范围内最激动人心和最重要的变化之一。结构化理论对此的看法是:"从一个角度看是'解放运动';而从另一个角度看可能就是'恐怖组织'"(Giddens 1984:337)。《社会的构成》用这句话对反殖民运动(anti-colonial movements)、去殖民化、新殖民主义(new-colonialism)和独立后斗争(post-independence struggles)一笔带过。

该书的问题不仅在于它缺乏有关世界上大部分地区的事实细节。这个关于社会类型的坐标方格作为吉登斯理论的一部分,体现了他是一个极其传统的社会学家。基于这个坐标方格的学说系统性地低估了帝国主义的意义和殖民地社会的实践。吉登斯在《社会的构成》一书的关键性段落中解释道,现代资本主义(亦即第三种社会形态)不同于其他社会形态,并非从其他社会形态中演化而来。相反,它是由"大规模的不连续性"(massive discontinuities)造成的:

> 始于18世纪以来政治革命和工业革命的紧密结合。现代资本主义阶级社会的独特结构原则可以在国家和经济制度之间相互脱节但又相互联系的关系中找到。利用可配置资源,使技术进步成为

一种普遍趋势,由此所产生的巨大经济力量与国家行政"范围"的巨大扩张相匹配……(1984：183)

也就是说,吉登斯把现代性看作是欧洲(或"西方")内部发生的变化,认为由此产生了一种**后来**被输出到世界其他地方的模式。当然,这是社会科学中标准的现代性起源观,它浓缩于"工业革命"的观念之中。与之形成鲜明对比的是世界体系法(world-systems approach),该方法认为资本主义从一开始就涉及殖民经济(colonial economy)。在沃勒斯坦(1979)的论述中,征服和中心/边缘关系并不是副产品,它们是现代资本主义体系的组成部分。

这是一个耐人寻味的差异。吉登斯暗示,西方之所以占据支配地位,不是因为它征服了世界其他地方,而是因为它具有"时间上的优先性"(temporal precedence)。西方首先实现了工业化和现代化。其他社会秩序(social order)即将消失,并不是因为欧洲人持枪闯进来要摧毁它们,而是因为现代性是不可抗拒的。关于这一点,吉登斯的看法始终如一,因为这也将是他全球化模式的核心。

南方的谋略家:布尔迪厄的《实践的逻辑》

皮埃尔·布尔迪厄的《实践的逻辑》也构思了很长时间。其雏形是1972年以法文发表的《实践理论大纲》(*Outline of a Theory of Practice*)(法文书名中的 Esquisse 一词也有概述或草稿之意);1977年为了翻译成英文而进行了修订;之后进一步修订为定本,在1980年以《实践的意义》(*Le sens pratique*)为题出版,并于1990年被译为英文。这一切只不过是20世纪50年代在阿尔及利亚开始的一个研究项目的后续工作,该项目研究的是卡比利亚(Kabylia)讲柏柏尔语(Berber)的农业社区(Bourdieu 2002；Yacine 2003，2005)。《实践的逻辑》(及《实践理论大纲》)的很大一部分内容以晦涩的民族志文本描述这些社区的日常生活,其中穿插着方法论的评论。

该书的重点是南半球。这并非随便选择的题材。布尔迪厄在阿尔及利亚的经历,对他从哲学家"转变"为社会科学家,以及形成他独特的社会科学研究方法,均有着重大的影响。年轻的布尔迪厄是一名田野调查工作者(field researcher),曾与来自阿尔及利亚的学生和同事(如阿卜杜勒-马利克·赛义德[Abdelmalak Sayad])密切合作。

布尔迪厄并未因为这个原因而成为传统意义上的人类学家。赛义德(1996)对他的评价是:一位"真正的科学型企业家"(véritable entrepreneur scientifique)。布尔迪厄早在 1958 年就已经发表了《阿尔及利亚社会学》(Sociologie de l'Algérie)。14 年后,《实践理论大纲》一书问世的同时,布尔迪厄还发表了在教育社会学和文化社会学方面颇具影响力的作品。当《实践的意义》问世时,他已经发表了研究阶级等级制度(class hierarchies)的著作《区分》(Distinction)。到《实践理论大纲》的英文版发表时,布尔迪厄已经成为法国最负盛名的社会学学术讲席教授①。布尔迪厄不断颠覆着"人类学研究原始社会而社会学研究先进社会"的分工模式,他这样做是正确的。

《实践的逻辑》试图以分析策略和概念语言的形式,为社会科学知识建立一个可靠的基础,它试图证明这种方法是管用的。布尔迪厄认为自己的研究具有文化、政治和哲学意义上的重要性。正如他在序言结尾处以其一贯的口吻所言:

> 通过迫使人们在内在性的核心发现外在性,在幻想杰出时看见平庸,在追求独特时看到普通,社会学所做的不仅仅是谴责一切自我陶醉的欺骗行为;它提供了也许是唯一的方法(即使只是通过了解其决定因素),以帮助构建一个主体之类的事物,否则这种事物会被丢给世俗的力量去构建。(1990:21)

---

① 【译者注】指布尔迪厄自 1981 年开始在法兰西学院(Collège de France)担任社会学讲席教授。

为了实现"主体之类的事物"这个目的,布尔迪厄认为有必要对社会性和主体性的现有论述展开探讨。因此,在开篇几章,他先是批判了以结构语言学、莱维-施特劳斯(Lévi-Strauss)、结构主义的马克思主义(structuralist Marxism)为代表的"客观主义"(objectivism),接着又以较短的篇幅,语带愤怒地批判了以萨特、理性选择理论(rational choice theory)为代表的"主观主义"(subjectivism)。他拒绝接受结构主义,因为它采取了上帝视角来看待社会现实。这些理论家并不存在于那个被理论化的世界中,因此,他们无法通过分析自身所从事的社会实践而有所领悟。另一方面,布尔迪厄拒绝接受主观主义,因为它拒绝承认社会行为所受的约束,认为人们可以纯粹从意志决定的角度来理解实践。

普适性的社会规律也许是一种迷信(fetishes),但布尔迪厄的研究无疑是基于这样一个假设,即人类历史存在**方法论上**的同质性(homogeneity)。他旨在让自己的一整套理论工具在任何地方、所有地方均能奏效。罗杰斯·布鲁贝克(Rogers Brubaker)(1993)对此有相当准确的描述,他认为布尔迪厄所提供的并非固定不变的命题方案(propositional scheme),而是一种理论惯习(theoretical habitus)①,一种**从事**理论化工作的明确方式。

布尔迪厄在《实践的逻辑》一书中对这套理论工具做了两次说明:在序言中简要提及,并在第3、7、8章有更全面的介绍。这些概念如今已经广为人知,它们包括实践与结构、策略、社会再生产、惯习、场域(field)、象征资本(symbolic capital)和统治(domination)。布尔迪厄教育社会学的核心,即象征暴力(symbolic violence)和文化专断性(cultural arbitrary)这两个概念,在《实践的逻辑》一书中体现得并不明显,不过他对现代社会学思想的其他贡献已经清晰可见。

---

① 【译者注】"惯习"(habitus)是布尔迪厄提出的概念,一方面指特定历史条件下,个人意识由于内化了社会行为的影响而形成的思维和行为习惯,另一方面这些思维和行为习惯又会影响个人的社会行为,影响个人对社会的感知和应对方式。

我现在的目的并不是要批评这些概念；我几十年前已经这么做过，而且自那以后，许多人也都做过（Connell 1983；Calhoun et al 1993；Robbins 2000；Swartz and Zolberg 2004）。相反，就像我面对科尔曼和吉登斯的概念时的反应一样，我想问的是，布尔迪厄的概念蕴含了他对世界及其居民的哪些看法？在某种层面上，布尔迪厄的理论化方式与科尔曼惊人地相似，而与吉登斯形成反差。布尔迪厄世界中的施动者——那个从事实践、运用实践逻辑，且拥有**惯习**的人——是一位十足的谋略家，他施展手腕（manoeuvre），想要在面对世界上其他施展手腕的谋略家时，能够抢占优势。

布尔迪厄在他的阐述接近尾声时表示："即使他们摆出各种大公无私的样子，实践也从未停止过遵循经济的逻辑。"策略总是在寻求这样或那样的"利润"。比起科尔曼的理性选择者，布尔迪厄笔下的农民是更为老练的谈判者，他会在社会现实的多个维度同时施展手腕，并使某些策略在很长一段时间以后才显现出来。布尔迪厄积极地将他对市场的设想扩展到社会生活中看似与市场无关的领域，包括人们自己蓄意否认市场逻辑的那些情况。这让布尔迪厄的社会学理论具有一种强烈的讽刺意味。

然而，布尔迪厄的施动者在进行谈判时所身处的世界，比科尔曼笔下的世界更加崎岖不平。这个观点显然受到了莱维-施特劳斯和马克思主义的影响。世上并不存在被腾空的空间；社会世界（social world）早已经被结构（尤其是阶级结构和亲属关系结构）所塑造。正是这些结构催生了**惯习**，即内化的行为原则。这些结构通过施动者所进行的交易得以再生，而这些施动者总是在**惯习**所限定的范围内施展手腕。这样，布尔迪厄的实践理论就成了一个关于社会再生产的系统理论。

那么，社会或社会形态在一个层面上是一套自我再生的结构，在另一个层面上则是一群施动者，他们参与了一场永无休止的"舞蹈"，如制定策略、进行谈判和做交易。这种舞蹈的规则由结构所规定，结构通过这种舞蹈进行自我再生。**惯习**具有的讽刺作用不断地将事件恢复到其原来的模式。布尔迪厄很清楚，现实生活中的事物肯定会发生变化，昔日的好**惯习**在新环境下会变得令人难堪。但结构性变化并不是他的理论所要解释的东西。

于是，实践之舞就成了一种死亡之舞(*danse macabre*)①，代表结构的幽灵使者照着写了一半的剧本表演出狂欢的样子，然后在每个实践周期结束时，重新沦入它们的坟墓——也就是它们在结构中的位置。时间对于舞步是至关重要的。但从总体上看，历史被冻结了。

为了使有关**惯习**的粗陋社会心理学成为一种再生产机制，布尔迪厄不得不对文化同质性(cultural homogeneity)作出有力的假设。对于这位把文化资本(cultural capital)的差异性作为教育社会学核心的社会学家而言，这种做法听上去可能有点奇怪。但是，在《实践的逻辑》一书中，布尔迪厄始终将社会秩序描述得具有文化同质性。玛格丽特·阿彻(Margaret Archer)(1983)指出，布尔迪厄的教育社会学也以类似的假设作为支撑。在《实践的逻辑》中，卡比尔人内部似乎没有任何争论，没有宗教冲突，也没有激进运动。

这在性别方面体现得非常明显。布尔迪厄在《实践的逻辑》中给予这个话题很多关注。他采用二分法，将男人的世界和女人的世界之间截然对立起来，明确表示他提到的那位精力充沛的进行讨价还价的"施动者"是一个男人。性别体系被描绘成简单的二分法和简单的等级制度。布尔迪厄曾用一段生动的文字解释**惯习**如何被建构在身体之上，在这段文字中，他描述了两性的姿态，分别是一个阳刚的男人(腰背挺直、行动机敏之类)和一个有教养的女人(弯着腰、目光低垂之类)。

这个简略模型是为卡比尔人制定的，不过，布尔迪厄显然认为它并不局限于此。在《男性统治》(*Masculine Domination*)(2001)一书中，他

①【译者注】指中世纪绘画中出现的一种由象征死亡的骷髅带领人们走向坟墓的舞蹈。

把同样的观点当作父权制的普遍模式,忽略了整整一代人的女性主义研究。布尔迪厄是一个颇有名望的理论家,所以他这种严重过时的表述对于当下性别研究的某些领域有着举足轻重的影响。

在书中的大部分内容里,布尔迪厄均认为卡比尔人的世界、法国本土的世界和其他社会环境在研究方法上具有连续性。这并不意味着他认为所有社会都属于同一类型。在《实践的逻辑》的几个章节中,布尔迪厄探讨了"前资本主义经济"(pre-capitalist economy)。论述"统治模式"(modes of domination)的那个章节尤为典型,布尔迪厄以非常传统的社会学方式进行了二分法分析。

这包括呈现现代和前现代两种社会类型的对立图景。在布尔迪厄所谓的前现代社会,物质经济(material economy)和象征经济(symbolic economy)是密不可分的。而在现代社会,随着"已沦为纯粹经济维度的自然世界被祛魅",它们被划分为不同的领域。在前现代社会,人们必须不断通过个人的专注和努力去重塑社会优势。在现代社会,这是通过制度化(institutionalisation)来完成的。

在《实践的逻辑》的序言(1990:3)中,布尔迪厄讲述了一个令人难忘的故事。有一次,他在欣赏以前做实地考察时拍摄的一些储物罐的照片。这些照片非常难得,因为他发现存放这些储物罐的房子是没有屋顶的。之所以没有屋顶,是因为法国军队驱逐居住者时将其摧毁了。我认为,这段话是《实践的逻辑》中唯一一次提及那场事关殖民压迫和解放的战争(那的确是一场极其惨烈的战争)。布尔迪厄在做研究期间,那场战争正在阿尔及利亚肆虐。

这一点很不寻常。像法国-阿尔及利亚战争这样的事件,怎么可能看上去和实践分析**没有**关系,而平行从表婚(parallel-cousin marriage)①的具体细节却与之有关系?布尔迪厄当然清楚这场战争的来龙去脉。

———————————

① 【译者注】平行从表婚指父方兄弟的子女和母方姐妹的子女间的婚姻。

他曾被派往阿尔及利亚服兵役,然后留在那个恶劣的环境里做研究和从事教学,在受到殖民主义顽固分子的暴力威胁后,最终离开阿尔及利亚。他曾与阿尔及利亚人共事,并曾在军方监视下,在"再安置营"(relocation camp)里搞研究;还曾在携带武器的农民中间做实地研究。在 20 世纪 50 年代末和 60 年代初的作品中,布尔迪厄写到了殖民主义和殖民战争的瓦解作用(disintegrating effect),在《实践的逻辑》中他提出了人类团结的伦理。但是,布尔迪厄依然没有把反殖民斗争看作他自己在表述普遍性理论或社会科学方法时的必要素材。

这场反殖民斗争中最著名的理论家是弗朗茨·法农。他在阿尔及利亚的时间与布尔迪厄相重合,非但如此,他还前往卡比利亚①考察,之后离开该国,公开为阿尔及利亚的民族解放阵线(National Liberation Front, or FLN)工作。法农的《阿尔及利亚革命的第五年》(*L'an V de la révolution algérienne*)于 1959 年问世;《全世界受苦的人》(*The Wretched of the Earth*)(有萨特撰写的著名序言)发表于 1961 年。当时,布尔迪厄还在埋头研究阿尔及利亚问题。法农的这些著作直接涉及当时改造社会的实践,布尔迪厄虽然写到了这个社会,但在《实践的逻辑》中却只字不提这些著作。《实践的逻辑》也没有提及阿尔及利亚斗争其他参与者的思想。布尔迪厄向来都对法国左派中流行的革命图式理论(schematic theories of revolution)嗤之以鼻。他把法农和萨特视为散布神话的人。他支持那些被殖民的人,但又希望自己远离民族解放阵线的教义。他似乎把自己早期的社会学研究看作一套冷酷的事实,要用它来教育阿尔及利亚斗争的敌对双方(Bourdieu 1979)。

然而,令反殖民斗争显得无关紧要的最深层原因,并不是布尔迪厄的政治史,而是他的理论概念。想要实现"主体之类的事物",欧洲的概念框架便已经够用。布尔迪厄自从早先研究哲学的时候便已认识到,在

---

① 阿尔及利亚北部多山的沿海地区。

这场辩论的中心根本没有来自非洲的声音。布尔迪厄自身的规划是创造一套普遍适用的理论工具,这令他没有理由去寻找来自殖民地的声音,因为他的规划会使得用于解释说明这些理论工具的具体社会历史变得无关紧要。他的理论工具也并不需要他把解放斗争看作一个社会过程。

结果,《实践的逻辑》一书的结构无疑是布尔迪厄无意中创造出来的,但是对于欧洲那些描写主体世界(majority world)的作品而言,这种结构实在太熟悉不过了。来自宗主国的作者获取了殖民地社会的相关知识,然后在宗主国进行的辩论中运用这些知识。殖民地内部的辩论受到忽视,殖民地社会的知识分子无人提及,社会过程分析则陷入了民族志的时间错位(ethnographic time-warp)中。布尔迪厄的早期研究中无疑存在着不同知识结构的可能性,但是在后期的理论建构中终究未能将其实现。

普遍性理论的北方性

现在该到反思这种作品类型的地缘政治假设的时候了。此处的观点借鉴了刚刚讨论过的案例,并试图超越它们。我认为,宗主国的地缘政治位置所造成的影响,体现在四种典型的文本语步①(textual move)中,分别是:宣称具有普适性(the claim of universality),以中心为出发点进行解读(reading from the centre),排斥的举动(gestures of exclusion),大规模的抹消(grand erasure)。

宣称具有普适性

前面讨论的每个文本都一再强烈地宣称自己具有普适性意义。对

---

① 【译者注】语步指书面或口头语篇中具有某种明确目的和特定交际功能的意义单位。

于这些作者以及其他许多作者而言,理论这个概念本身就涉及对普适性原则(universals)的探讨。他们假定所有社会都是可以认知的,其认知方式和认知视角也都相同。

该认知视角源自宗主国,这一点并非显而易见。事实上,人们对于这件事只能心照不宣——因为如果它变得明显的话,普适性意义会立即遭到质疑。边缘地区的知识分子无法使本土产生的视角具有普适性,因为其特殊性(specificity)非常显而易见。它被冠以"非洲哲学""拉美依附性理论"(Latin American dependency theory)之类的称号,人们问它的第一个问题会是:"这种视角与其他情境有多大关系?"

普遍性的说法也可以通过方法来实现。例如,运用自己的概念语言重写其他社会科学家的作品,科尔曼和吉登斯就是这么做的。这种重写不只是一种翻译:它是一种归类(subsumption),在此过程中含蓄地声称其所偏爱的理论具有普适性意义。

以中心为出发点进行解读

对于普遍性理论的贡献通常被表述为:为以往理论中存在的某些二律背反、问题或弱点提供了解决方案。我们谈及的三个文本都以这种方式进行自我表述。这是一项专业要求,即必须把自己的作品和文献资料联系起来。但这些文献资料又是谁写的呢?方才讨论的三个文本都要设法解决宗主国的理论文献中出现的问题,这是此类作品的常见做法。

例如,吉登斯和布尔迪厄都很关注客观主义和主观主义之间的二律背反。这是欧洲文化科学和社会科学的经典问题。然而对于殖民地知识分子而言,这并**不是**核心问题。原因很简单,我们只需看看客观主义和主观主义的共性。它们是人们想象自身存在于世界中心的两种方式,也是没有外在决定因素的两种行为模式或系统模型。围绕着客观主义/主观主义的对立问题而形成的一般社会理论,必然会构建一个通过宗主国的角度(而非通过宗主国对世界上其他地方所采取行动的角度)来加以解读的社会世界。

以中心为出发点进行解读的做法有一个非常重要的案例,它与时间有关。就小范围而言,这三种理论所假定的时间通常是抽象的(即没有具体日期)和持续的。就大范围而言,宏大民族志提供了一种可理解的关于历史演替的世界时间(即从前现代到现代,从前资本主义到资本主义等)。这是宗主国所感知到的时间。在殖民地社会和移住民社会(settler society),时间存在着根本性的断裂和难以理解的更迭。

让我从诸多例子中挑一个来讲。19 世纪初,大英帝国从南非的荷兰人手中接管了这个国家,并很快升级了暴力程度,开始对科萨人①定居点(Xhosa settlements)实施纵火和杀戮。一位历史学家如此描述科萨人的经历:"对于科萨人而言,全面战争是前所未有的、令人痛苦不堪的经历……殖民势力带来的浩劫不仅残酷,且让人无法理解……由于这个外国实体已经形成威胁,谁也无法预知它将于何处完全终结"(Peires 1979:53—54)。对于被殖民的文化而言,征服不是进化、合理化或是转型,而是灾难。殖民化导致社会经验的根本性断裂,宗主国理论的时间变化模型根本无法体现这类社会经验。

排斥的举动

理论家的阅读书目向来是一个有趣的文件。我注意到,在布尔迪厄的阐述中,明显缺少阿尔及利亚解放运动的相关内容。在关于普遍性理论的宗主国文献中,很少引用来自殖民地世界理论家的理论。鉴于伊斯兰世界对现代性做过大量探讨,上述文献也明显没有提及伊斯兰思想。

有时候,普遍性理论的文献会包括一些源自非宗主国世界的外来事物,但这样做并非为了从边缘地区引进**思想**以作为理论对话的一部分。

---

① 【译者注】科萨人为南非民族,聚居在南非开普省(Cape Province)东部,是讲班图语(Bantu)的恩古尼人(Nguni)的一支。

我称之为宏大民族志的那些方案,它们通过强调现代/前现代的区别,同样使殖民地文化中的社会思想变得与主流的理论对话无关。它们认为,那种思想属于一个已被宗主国超越的世界。

大规模的抹消

社会理论建立在其与经验性知识(empirical knowledge)进行对话的基础之上。这种经验性知识有时候来源于理论家自身的研究,但更多是源自他人的研究。当这种经验性知识全部或者主要来源于宗主国,且理论家的关注焦点产生于宗主国社会所面临的问题时,就会导致社会思想基础中抹去了大部分人的经验。

当理论家们参考来自南半球的经验时,抹消也可能通过这种**方式**发挥作用。因此,尽管布尔迪厄的《实践的逻辑》详述亲属策略(kinship strategies),却抹消了殖民战争的历史经历。通过采用民族志的现在时①(the ethnographic present)这种做法,它抹消了作为一种社会结构的殖民关系。无论是科尔曼的衍生物理论(derivations),还是布尔迪厄的再生产主义(reproductionism),均无法为内部分化的殖民主义文化建立模型。就此而言,常人方法论②(ethnomethodology)中关于"某种文化的合格成员"这个观念也无法为其建立模型。殖民地社会和后殖民社会的政治不可能采用吉登斯和科尔曼作品中非政治化的权力观来建立模型。这种不可能性在科尔曼身上得到充分体现:他有一个荒谬的企图,即在理性选择理论的框架内建立奴隶制理论;该理论认为,奴隶已经买下了自己的生存权。

除此之外,还可能会有更糟糕的事情。在讨论科尔曼的文本时,我

---

① 【译者注】指传统民族志研究中使用现在时描述研究对象的做法,它试图从超越时间性或否认历史语境的角度去描述社会的静态本质。

② 【译者注】社会学的一个分支,研究日常社会活动和社会交往的内在规律,以及人们对这些活动和交往的理解方式。又译为"俗民方法论""本土方法论""民俗方法论"等。

留意到他对社会系统建设的描述预设了一个毫无特色、被腾空的空间，我认为我们能够找到那个空间的所在。它肯定不在欧洲。不过，它确实存在于芝加哥和悉尼附近。

芝加哥是居留地殖民地中一个典型的新城镇，美国的"西进运动"（westward expansion）为其腾出了空间。这个过程消灭了此前存在于当地的社会及大多数人口。悉尼也是一个新城镇，是英国征服澳大利亚时的主要入境港口。对于英国人而言，澳大利亚被看作**无主之地**（*terra nullius*），即"不属于任何人的土地"。他们声称英王国对整块大陆拥有主权，殖民政府可以随意对其进行分配。当地居民与这块土地的深厚联系被抹消了。

无主之地作为殖民者的梦想，是社会科学的一个阴险的假设。每当我们试图对空白空间中的社会制度（institution）和体系（system）从无到有的形成过程进行理论化时，都会援引这个假设。每当我们在社会理论的论著中看到"建构材料"这个词时，都应该问一下谁曾经居住在这片土地上。

* * *

我们是否可以有这样一种社会理论，它并不宣称宗主国视角具有普适性（universality），不会只从一个方向进行解读，不会排斥大部分人类的经验和社会思想，也不是建立在**无主之地**的假设之上？

我相信我们可以。事实上，正如本书后半部分所显示的那样，我们已经有很多这样的理论。甚至在那些为人熟知的文献中，也有一些瞬间使人想到新的可能性。在这些瞬间，宗主国的边界闪现在眼前，阳光从屋顶透了进来。

本章所考察的三本书的内容都极度抽象，这让人想到另外一种思路。创建一个属于普遍性理论的独立领域并不是社会科学中进行概念化的唯一途径。在第九章，我会探讨这样一个想法，即社会思想存在着一种更为强大的(确切来说是真实的)基础。

因此,还存在着其他的理论化路径。在遵循这些路径时,涌现出一些问题。非宗主国的知识分子是否也在撰写北方理论呢? 当然如此。我这个说法是有一定根据的,我自己在《性别和权力》(*Gender and Power*)(Connell 1987)中也这样说过。正如我在第四章所展示的那样,当身处边缘地区的社会科学家采用来自宗主国的方式进行写作时,他们会遭遇视角甚至身份认同方面的难题。另一方面,宗主国知识分子能够摆脱本章所探讨的那些影响吗? 我相信他们能做得到,只是他们同样要付出专业上和文化上的代价。(第十章将会对此作出展望。)

因此,建设一个更具包容性的理论方案颇为不易,我们不应低估其难度。不过,我们还有什么选择吗? 在我看来,吉登斯、布尔迪厄和科尔曼的著作代表着宗主国社会理论方案真正顶尖的成果,但是如今这种社会理论方案已经走向穷途末路。在这种思想传统中,本章所描绘的问题无法得到解决。我们实在别无选择,只能直面以全球包容性的方式进行理论研究的困难。

第三章　关于全球化的设想

世界各地所有剩下的"中国长城般难以逾越的壁垒"(Chinese wall)正在遭到摧毁。在此过程中,那些束缚资本主义的文化和政治制度被抛到一边……

——威廉·I.鲁宾逊(William I. Robinson)(2001)

在新型的全球电子经济中,无数个人投资者,以及基金经理、银行和公司通过点击鼠标,可以将大量资金从世界的一头转到另一头。

——安东尼·吉登斯(2002)

现如今,人们再也不可能将一大片地理区域划分为中心和边缘、北方和南方。在拉丁美洲的南锥体或东南亚等地理区域,各个层级的生产可以同时并存……在宗主国,劳动也同样贯穿于资本主义生产从高到低的整个连续体:纽约和巴黎的血汗工厂与中国香港和马尼拉的血汗工厂之间不相上下。

——迈克尔·哈特(Michael Hardt)和安东尼奥·奈格里(Antonio Negri)(2000)

　　社会科学的大多数理论文本都创作于北半球,且大多数理论文本都假定这一点无关紧要。但是,正如第二章所言,对于普遍性理论而言,"何处"(where)确实很重要。最近珍妮弗·鲁宾逊(Jennifer Robinson)(2006)证实,"何处"对于都市理论(urban theory)也相当重要。除了少数例外,主流社会理论均从北半球出发进行观察和表态。

　　因此,全球化理论具有特殊意义。全球化理论把世界作为一个整体,并将其指定为知识对象。这些理论原则上把南半球也包含在内,从而为社会理论提供了一种克服自身致命历史局限性的方法。

　　这种可能性是否已经实现?在本章,我会关注以英语撰写且以全球化概念为核心的社会学文献,考察它们构建全球化社会(global society)概念的方法、它们的二律背反、它们的语言,以及表述行为的有效性。首先,我要回顾一下近期全球化理论的产生环境。

社会学与全球的接触

　　当社会学刚诞生的时候,整个有人类居住的世界和整个人类历史都是这门新科学的知识对象。以下书籍的细节充分说明了这一点:如斯宾塞的《原理》、萨姆纳的《民风》、滕尼斯的《礼俗社会与法理社会》(*Gemeinschaft und Gesellschaft*)、第一代社会学教科书,以及涂尔干为概述当时所有社会学知识所做的出色尝试,即《社会学年报》(*Année sociologique*)。如第一章所言,来自殖民地前沿的信息在早期社会学的理论化过程中起到关键作用。

　　在进化框架(evolutionary framework)崩溃之后,社会学失去了它的全球视野。在20世纪20年代和30年代,学术空间(intellectual space)中形成了一个迥异的项目,它仍被称作"社会学"。它聚焦于宗主国社会内部的社会分化和社会问题。这时候是芝加哥学派(Chicago School)以及那些发明现代调查法的定量研究者(quantifiers)的鼎盛时期。随之而来的是理论方面的变化——尤其是那些鼓励该学科将"社会"理解为一个独立体系的理论。塔尔科特·帕森斯（1937：3）恰如其分地以一句著名的嘲讽——"斯宾塞已死"——来赞扬这种巨变。

从20世纪40年代到70年代，把民族国家（nation-state）的边界当作"社会"的边界，这是很常见的做法。例如，当这门新学科在澳大利亚刚刚建立之时，澳大利亚本土编写的第一本社会学教科书被简称为《澳大利亚社会》（*Australian Society*）（Davies and Encel 1965）。"发展"（development）通常被表述为一种关于民族社会（national society）的比较社会学。社会学又向前迈进了一步，对代表着"工业社会"（industrial society）和"后工业社会"（post-industrial society）的民族国家集群（cluster）进行各种理论探讨。几年之后，这一领域又出现了各种争议，争论的话题包括后现代性（postmodernity）、"风险社会"（risk society）、"自反性现代化"（reflexive modernisation），诸如此类（Touraine 1971；Crook et al. 1992；Seidman 1994；Beck 1992；Giddens 1990）。

这些辩论的大多数参与者都没有注意到一个事实，即那个重要集群中的"工业"、"后工业"、"现代"或"后现代"国家同时也构成了全球宗主国。沃勒斯坦（1974）及其他以帝国主义为概念基础的学者（Amin 1974）均指出了这一点。他们的论点对于当时的主流社会学影响甚微。

但随着宗主国的福利制度（welfare state）发生危机，新自由主义兴起，以及世界经济结构进行调整，社会学的生存条件出现了变化。到20世纪80年代，社会学似乎遭遇到自身适用性（relevance）方面的危机。

20世纪80年代，"全球化"这个术语在商业记者和管理学理论家（management theorist）当中流行开来，并催生了一批经济学的研究文献。这个词描绘了那些把总部设在日本、美国和欧洲，但是在国际上进行经营的大公司（当时它们被称作"跨国公司"［multinational corporations］）所采取的战略。这些战略包括国际市场营销活动、制造公司的全球采购，以及在不同国家之间转移投资、就业和利润。"全球化"

在商业新闻和经济学中更为常见的意思是指资本市场的一体化,这种一体化既是那些公司战略所产生的效应,也是那些公司战略的前提条件。因此,早期关于全球化的文章出现在报纸的金融版面,而非普通版面(Fiss and Hirsch 2005:39)。经济变化很容易与世界舞台上的其他事态发展联系在一起:如 20 世纪 80 年代苏联共产主义的崩溃,新自由主义政治的兴起,以及从欧盟到跨国公司(transnational corporations)等跨国机构(cross-national institutions)的增长。

1990 年前后,一群主要来自英国和美国的社会学理论家也开始使用"全球化"这个术语。以"全球化"作为核心话题之一的著作数量激增,这重新确立了社会学在当代社会的适用性。突然之间,斯宾塞又复活了。社会学再次把世界描述为一个整体。

社会学家可以采用两种方式来回应这个话题。一个是从国际经济组织的新趋势出发,探讨其社会条件和社会影响。萨斯基亚·扎森(Saskia Sassen)(1991)的《全球城市》(Global Cities)这部严肃的杰作即采用这种方式。她以全球企业的控制需求(control needs)作为出发点,考察新型服务市场(service markets)和精英劳动力(elite workforces)的增长,并研究了城市不平等(urban inequality)的后果。

然而,大多数研究全球化的社会学家遵循第二条道路。通过一种构成性的物化①(reification)行为,"全球化是一种**新社会形态**"的观念取代了"全球化是一种经济战略"的观念。乌尔里克·贝克(Ulrich Beck)相当兴奋地宣称:

> 　　一种新型的资本主义、一种新型的经济、一种新型的全球秩序、一种新型的社会,以及一种新型的个人生活正在形成,所有这一切都不同于社会发展的早期阶段。因此,在社会学和政治方面,我们

---

① 【译者注】物化(reification),匈牙利马克思主义哲学家格奥尔格·卢卡奇(Georg Lukács)提出的术语,在社会学中指这样一种观念,它将人类活动的产物(如社会结构)当作存在于人类活动之外(即可以脱离人类实践而存在)的事物来看待。

需要一次范式的转换,一个新的参考框架。(1999:2)

由此引发了一个问题:我们应该如何理解这种"新型的社会"? 全球化理论为这个问题提供了不同答案。

如今有大量关于这个话题的论辩性和实证性文献。《社会学文摘》(*Sociological Abstracts*)最近列出了 7000 多个以"全球化"为关键词的文献。我的关注点则要具体得多。甘恩(Gane)认为,这一时期已经出现了"关于全球化的社会学**理论**"。我关注的是那些提出了全球化的整体概念,而非研究其特定过程或作用的英语文献。我会探讨这个理论在一些典型文本中的构建方式,以及这种建构与其宗主国根基之间的关联方式。

全球化社会和抽象联系

在第一波理论作品中,大多数关于全球化的社会学思想均基于全球化社会的概念(Turner 1989;Smart 1994)。马丁·阿尔布罗(Martin Albrow)非常清楚地阐述了其核心理念:"真正与现代决裂或断裂,并转向新时代,并不是来自于非理性对理性的胜利,而是来自于**社会性在民族社会设定的参照框架之外具有其他意义的那一刻**"(Albrow 1996:58)。

全球化社会的概念建立于这样一种观念之上:边界迅速瓦解,一种崭新的紧密联系跨越了各类人、各种社会实体或各个地区之间的距离。我们可以称这种观念为"抽象联系的概念"(concept of abstract linkage)。有关这种观念的陈述是社会学"全球化"文献非常典型的特征。在所有表达政治观点的文本中,都可以找到这种陈述:

······整个世界越来越快速地被压缩成一个单一的全球场域(global field)。(Robertson 1992:174)

······这一进程导致全世界的各种经济、政治和社会单元之间,以及各个行动者之间,更加相互依赖和相互感知(即自反性

［reflexivity］）。（Guillén 2001a：236）

　　全球化······正将世界统一为单一的生产模式和单一的全球体系，并将不同国家和地区有机融合为全球经济。（Robinson 2001：159）

抽象联系的概念通常与上一代社会学著作中对"方法论民族主义"（methodological nationalism）的批判（Beck and Sznaider 2006）结合在一起。于是，全球化的基本思想包含了"无边界的系统"这一概念，而这个概念从帕森斯的角度来看是一种悖论。那么，全球化理论家的首要任务就是说明如何界定这个没有边界的新社会系统。

鉴于社会学长期以来关注现代性转型，因此界定"全球化社会"的一个简单方法就是将它理解为传播至全世界的现代性。贝克（1999）在针对这个观点所做的经典陈述中，提出了一个简单明了的发展过程：以前是"风险社会"（risk society）；现在是"世界风险社会"（world rick society）。贝克承认，可预计的外部风险演变成了"自身产生且人为制造出来的不确定性"（self-generated manufactured uncertainties）。但从本质上讲，他所描绘的是在更大的地理舞台（geographical stage）上经常上演的风险政治（politics of risk）。

安东尼·吉登斯（2002）的《失控的世界》（*Runaway World*）中关于全球化的描述广为流传，里面包含着同样的想法。该书所描绘的全球化社会，其重点包括：风险政治、传统崩溃、家庭形式衰落、纯粹关系（pure relationship）的出现、民主的传播、积极公民（active citizenries）和公民社会（civil society）的兴起。对于那些读过 20 世纪 80 年代中期以来吉登斯其他著作的读者而言，这个单子再熟悉不过了。它概括了他对于**宗主国**社会现代性的论述。

现代性从欧洲和北美的腹地蔓延到全世界——这个想法可能是关于全球化社会的所有观点中最广为流传的一个。由于它具有环球市场（universal market）的概念，因此它接近于新自由主义的意识形态。它足够灵活,可以容许多样性。例如,彼得・伯杰(Peter Berger)(1997)认为,四种源自西方的亚文化(管理、学术、商业和宗教)传播开来后,形成了"全球文化"(global culture)。这种方式并不一定意味着宗主国的支配地位,因为理论家通常将人们对于文化的接受看作是自愿的,认为许多"热心参与构建普遍性全球文化的人们"具有能动性(Meyer 2000:240)。作为一种社会学概念,它和某些关于发展的流行观点很相似,如中国人所说的"与世界接轨",亦即参与到资本主义的现代性中(Zhang 2001)。

然而,从论述这个话题的早期社会学著作开始,这种解读就一直饱受争议(Robertson 1992;Albrow 1996)。迈克・费瑟斯通(Mike Featherstone)是最为内行的文化研究理论家之一,他极力批评全球化的理念,认为它就是普遍性的现代性(generalised modernity)。

> 因此,全球化进程似乎并没有产生文化上的一致性,而是让我们意识到多样性的新层面。假如存在一种全球文化,最好不要把它设想成一种共同的文化,而是设想成一个能够发挥差异性、进行权力斗争和争夺文化声誉(cultural prestige)的领域。(1995:13-14)

在20世纪80和90年代社会学领域充满理论争鸣的背景下,这导致了针对全球化的另一种解读在齐格蒙特・鲍曼(Zygmunt Bauman)(1998)的《全球化:人类的后果》(*Globalization:The Human Consequences*)一书中有着鲜明的体现。鲍曼描述了社会多样性的增长、形成社会规范的难度越来越大、合理规划的不可能性、消费超过生产、政治转化成奇观(spectacle)并受到媒体操纵等。这些主题都耳熟能详。它们不但曾出现在鲍曼关于欧洲的早期著作中,还存在于诸多论证后现代性是"先进"社会的前提条件的文献中(Crook et al. 1992)。

关于全球化社会还有第二种观点,它认为全球化社会是由世界范围的后现代状况(condition of postmodernity)所构成。费瑟斯通在分析消费文化和批判融合主义社会学(integrationist sociology)时就已经意识到,宗主国同样存在着他从全球文化中察觉到的那种复杂性和差异性(Featherstone 1995:80)。

第三种描述全球化社会的方法并非依据其特征,而是依据其构成动态(constitutive dynamic)。这是一种比较有趣的理论策略,不过它的内容很常见,因为大多数这样的观点都建立在马克思主义的剥削(exploitation)和积累(accumulation)概念之上。特蕾莎·布伦南(Teresa Brennan)(2003)认为,全球化由资本主义的内在需要所推动,这种内在需要包括占据更多空间、加速生产和流通,以及更加深入地开发自然和剥削劳动力。威廉·鲁宾逊(William Robinson)(2001)则以政治经济学为前提,关注资本的全球利益如何推动跨国国家(transnational state)的形成。

迈克尔·哈特和安东尼奥·奈格里(2000)的研究表明,资本针对无产阶级斗争破坏作用所做出的反应正在全世界范围内产生影响——这个观点将奈格里早年提出的意大利资本主义动态模型给原原本本地复制到了全世界范围内。道格拉斯·凯尔纳(Douglas Kellner)(2002)的"技术资本主义"(techno-capitalism)模型将资本主义结构调整(capitalist restructuring)与科技发展的交织视为全球化的核心进程。莱斯利·斯克莱尔(Leslie Sklair)(2002)更加详细地描述了制度结构调整(institutional restructuring),不过他同样认为,为了寻求企业利润,需要扩大市场和增加劳动力,这成为全球化的推动力。

这三种方法具有同一种知识策略(intellectual strategy)。它们直接跃升到全球层面,在那里,它们将感知到的趋势给物化(reify)为全球化社会的本质。经过如此物化的趋势基于先前提出的概念,其目的不是为了谈论殖民地、帝国或国际事务,而是为了谈论**宗主国社会**——亦即那个现代化、工业化、后现代化或后工业化的国家集群,这个国家集群从几十年前开始就已经成为社会学界理论争鸣的焦点。

关于全球化的文献并不总是以这三种物化策略为基本要素。斯克莱尔以资本主义积累的动态(dynamic of capitalist accumulation)作为假设前提,他也认为,只有通过考察各部分之间的实际关联才能理解全球化社会。他主张(2001:4),一个全球体系必须通过"跨国实践"(transnational practices)来构建,那就需要一项用于追踪这些实践的研究议程。

事实证明,追踪跨国实践是一项卓有成效的研究策略,该研究策略不只局限于企业界。扎森指出,另一个重要的实践关联是人口流动(population movements)。乌尔丽克·许尔肯斯(Ulrike Schuerkens)(2005:549)提到"由跨国移民(transnational migrants)联系起来的全球化世界"。如今女性主义理论家经常认为,全球化是一种性别化的现象(Chow 2003:446;Acker 2004)。不过,女性主义已经对由宗主国扩散至全世界的普遍性(generalistions)产生了某种程度的质疑(Mohanty,Russo and Torres 1991)。因此,其关注焦点变成了采用实证研究方法来记录各种实际关联,包括建立妇女运动的国际网络(Moghadam 2000)、涉及跨国流动或跨国施压(transnational movement or pressures)的性别关系(Marchand and Runyan 2000),以及全球舞台上新兴的性别形式(Hooper 2001)。

关联分析法(linkage approaches)表明,人们可以用比较不物化的方式去处理全球化问题。然而,与全球现代性或后现代性,或者与那些由延及全世界的动态所生成的方法相比,关联分析法尚未具备全球化社会构想的广泛影响力。上述争论就是迄今为止全球化社会学理论的主要特质。

全球化理论中的二律背反

该领域的争论采用了一种特有的形式,学者们通过揭示这种形式,尝试对相关文献的主题进行归类（Therborn 2000；Guillén 2001a）。在构建了全球化社会的物化概念后，主流的全球化社会学理论陷入了一系列无法摆脱的二律背反。我将选择最突出的三个进行探讨。

全球与本土

从最早期的全球化社会学著作开始，全球就被视为本土的对立面。这种二分法源自商业文献，而解决该二分法的流行方法亦是如此。"全球本土化"（glocalisation）这个术语译自日本商业术语（Robertson 1995），指的是本土力量和全球力量的融合，如跨国广告商所采用的具有本土特色的营销策略。

高谈阔论"全球本土化"并没有解决任何问题，而是同时维护了处于稳定对立状态的两个术语的权威性。本土/全球的对立尚未在概念上得到解决。它继续以各种形式（本土/全球、本国/全球）构成争论和研究（Therborn 2000；Sassen 2000；Schuerkens 2003）。为了使这个观念更具辩证性，一位知名社会学家还发明了"增长全球化"（grobalisation）这个更为耸人听闻的词汇，以代表那些试图超越本土并向外扩张的势力（Ritzer 2003）。不过，这重申了前述对立，并没有超越它。

从世纪之交开始，社会学家变得更加关注反全球化的抵制运动（Mann 2001；Eckstein 2002；Appelbaum and Robinson 2005），在媒体对全球化的探讨中也可以看到这个趋势（Fiss and Hirsch 2005）。这类运动通常被视为对本土性的重申，或者至少是重申了本土针对全球所做的思考（Auyero 2001）。不过，反全球化运动本身就极力强调全球化力量的系统性特征，因此往往重新确立了二分法。这一点在哈特和奈格里（2004：129）的著作中体现得特别明显。他们宣称，"一个由各种独一无二的事物所构成的开放网络"（an open network of singularities）是抵抗力量的本质。但是，他们的全球化社会模型的核心是"全球性资本主义统治"（worldwide capitalist domination）这一概念。他们对当代历史的整体描述基于诸众(multitude)和帝国这两股构成力量之间的绝对他异性(alterity)(Connell 2005b)。

同质性与差异性

全球化的话语以无边界(boundarylessess)、共同命运(common fate)和不断融合(growing integration)作为其主题,因此始终徘徊在(尤其是文化方面的)全球同质性这一主张的边缘。我们都使用同样的技术,我们有共同的消费风格,我们遵循同样的最佳实践,诸如此类。毛罗·纪廉(Mauro Guillén)(2001b:3)指出,像这样的强调重点反映出这个概念源自管理类和商业类文献。新自由主义理论和实践着力推进连接各国市场的方案,以创造出同质化的商业环境。

然而,社会学理论家们已经敏锐地察觉到了差异性。罗兰·罗伯逊(Roland Robertson)(1992:172)强调,"多样性(diversity)是全球化的一个基本方面"。纪廉(Guillén)主张制度多样性的重要性,但更受欢迎的主题是文化多样性。在 20 世纪 90 年代,社会学家普遍反对"西方文化的统治地位"(Western cultural domination)这个论点,亦即全世界变得"麦当劳化"(McDonaldisation)的观点。相反,大多数人把文化融合(cultural mixing)、马赛克(mosaics)①和杂交性(hybridity)作为主题(Tomlinson 1999;Nederveen Pieterse 2004:69)。

具有民族志研究背景的理论家尤其倾向于认为多样性是问题的核心。例如,阿尔琼·阿帕杜莱(Arjun Appadurai)(1990)创造的新词——"族群景观"(ethnoscapes)、"技术景观"(technoscapes)、"媒体景观"(mediascapes)、"意识形态景观"(ideoscapes)(以及"金融景观"[financescapes])——为世界范围内文化融合和分离(disjunction)的不规则构型(configurations)提供了名称。最近在关于抵制运动(如西雅

---

① 【译者注】比喻性的说法,指多元性。

图抗议运动[Seattle protest]、世界社会论坛[World Social Forum]、"基于互联网的"社会运动['internetworked' social movements])的探讨中(Mittelman 2004；Langman 2005)，再度出现"网络"(network)这个比喻，以及再次强调多样性、差异性和联盟(coalition)的重要性。然而，近期有一些作家选择了回头路。例如，凯尔纳(2002：292)对构成全球化的同质化力量和异质性两者间的"奇特融合"(strange amalgam)展开思考；而纪廉最近的研究表明，融合论点(convergence thesis)仍然具有生命力(Henisz，Zelner and Guillén，2005；Polillo and Guillén，2005)。

分权与集权

全球化商业话语从一开始就声称，民族国家(national state)的权力正在削弱，市场权力正在增强。一直以来，经济学家和政治学家为此展开了激烈的争论(Kalb 2004；Mittelman 2004)；社会学家也来探讨这个问题，这也就不足为奇了。

他们尚未就此答案达成一致意见。鲍曼接受国家衰落的论点，认为国家无法调控国际经济，事实上，当今的国际经济已经失去控制。阿里吉(Arrighi)认为，世界体系中的许多国家从来没有多少权力，这也是世界体系分析(world-systems analysis)的普遍观点。瑟伯恩(Therborn)则认为在世界大部分地区，国家依然强大。纪廉同意其观点，并强调它们可以选择不同的发展道路。埃文斯(Evans)认为国家的命运依情况而定，而非固定不变。曼(Mann)则强调政权形式的多样性。对斯克莱尔而言，与民族国家相比，国际经济的重要性与日俱增，但民族国家并未变得四分五裂。鲁宾逊赞同这个观点，他认为在跨国国家中，商业权力(business power)成为现实。迈耶(Meyer)则否认存在这样的事情。扎森认为，某些主权被去地域化(deterritorialisation)的案例反映了商业权力。吉登斯和贝克均同意经济正失去控制，但他们对于国家控制事件的能力持乐观态度——前提是这个国家的意志由于额外的民主(an extra close of democracy)和公民社会而变得强硬起来。阿尔布罗认为,全球化国家(global state)已经形成,它不是来自资本,而是来自公民所从事的、以全球社会(world society)的共同利益为目的的活动。

作为一门学科,社会学对"社会权力的中心"这个话题已颇有经验,但意见分歧如此之大,充分表明其存在着深层次的问题。分析该问题的最佳方法就是把这三方面争论综合起来考虑。这三方面困境均由同一种方案所导致,根据该方案,人们以宗主国视角构建世界模型,却又想象自己采用的是全球视角。

正如全球/本土之争所示,全球化理论的特点就是系统与个体(singularity)之间的持续对立。显然,这些概念必须共存于"全球社会"的一切物化模型中。这是因为全球观念由抽象联系(abstract linkage)的观念(即"压缩"[compression]、"连通性"[connectivity]、"网络"[network]、"影响范围"[reach])所构成,上文引用的一组定义即说明了这一点。界定这些概念的依据,亦即用于定义全球性的那种差异,是一种同样抽象的非联系(non-linkage)观念。它构成了本土或个体的概念,而这个概念只具有非全球化(non-global)这一种意义。在不同作者进行论证时,这个概念的实证内容(empirical content)可能大相径庭。

除非人们以别的方式来构建整个分析过程,否则他们无法消除这种对立。这种对立存在于全球化理论中,不是作为其动态的基础,而是作为一对二律背反。理论家们可以选择去强调对立的任意一方,也可以选择以某种形式将对立双方融为一体(即全球本土化),但所有这些选择在概念上皆具有随机性。

同质性/异质性之争也遭遇到类似的困境。乔纳森·弗里德曼(Jonathan Friedman)(1994)严厉批评了"文化融合"(cultural mixing)的全球化观点。他说得没错。杂交(hybridisation)模式得以维系的唯一途径,就是事先将文化给物化。根据这种观念,"文化"是一种事物,可以被混合或者镶嵌在文化马赛克之中。一旦文化被视为国际舞台上诸多行动者中的一员，上述观念便会不攻自破。另外有一种观点，认为普遍性的"全球文化"已经存在或者正在构建。该观点采用了"提喻法"（synecdoche）中的一种骇人做法，即把手机加上**动漫**电影（*anime* movie）当成经典民族志所说的那种可行的社会秩序。

同质性/异质性之争是没有定论的。这对二律背反的导因，并非矛盾的证据，而是"全球化社会"概念的各种预设（presuppositions）。其中最为关键的预设是，这是一种消弭边界和形式的融合过程。这意味着要克服无尽的差异。当观察者关注克服这一行为时，该过程就会表现为同质性；而当观察者关注差异时，该过程就表现为异质性。因此，观察者的选择依然具有概念上的随机性。

围绕着全球化的权力中心这个话题所产生的巨大分歧，为我们理解所有这些争论的内部情况提供了途径。20 世纪 90 年代的宗主国社会学主要通过扩大其现有概念工具的规模，而不是通过启用具有全球视角的新研究议程，来构建其对全球化社会的描述。

这种扩大规模的做法取决于一件头等重要的大事，即避免现有主要理论将全球规模的权力视作全球统治（worldwide domination）。这很符合逻辑，因为抽象联系的概念与被殖民的经验之间并无法兼容。全球化的社会学话语出现于 20 世纪 90 年代初，因此，它旗帜鲜明地与帝国主义和新殖民主义理论划清界限，顶多只是与世界体系分析保持着一种尴尬的关系。基于抽象联系概念的文献普遍不接受任何**指控宗主国**为权力中心、文化统治的代理人或积累场所（site of accumulation）的分析。鲍曼和贝克等作家肯定能够**认识到**全球富人和全球穷人之间的差异，但全球化概念并未给他们提供一种合乎逻辑的方式，用于**解释**这些差异。

因此，这种产生于宗主国的社会学全球化理论，其构成方式掩盖了自身的存在条件，并为自身的发展设定了内在限制。很久以前，格奥尔格·卢卡奇（Georg Lukács）（1971）分析欧洲资产阶级思想时就证明了这一点。在社会学全球化理论中,这些思想局限有时表现为二律背反,有时表现为巨大的不确定性。

并非所有关于全球化的著作都受限于这些问题。某些针对这一概念的论述对地缘政治作出了反思(特别是马丁和比特尔[Beittel] 1998;以及阿帕杜莱 2001)。但在概念层面,并没有太多真正"指控宗主国"的社会学作品。

全球化理论中的修辞和施为性

有些全球化文献采用社会学期刊那种十分无趣的文字写成,其唯一引人瞩目之处,就是暗示自己具有科学性。另一些文献则运用生动有趣的意象和修辞,以慷慨激昂的风格写就。例如,全球化涉及弱化边界和增加关联,人们通常以全景化方式(panoramic gestures)(Spann 1966)来表达这个观念,如下所示:

> 人们可以在非洲游猎旅舍(safari lodge)观看美国有线电视新闻网(CNN)的节目。德国投资者与中国官僚用英语交谈。秘鲁社工滔滔不绝地宣扬美国女性主义的那套花言巧语。新教牧师活跃于印度,而印度教克里希纳派(Hare Krishna)运动的传教士则在中美洲回报他人。(Berger 1997:23)

此类文段凭借的是象征性实例(emblematic instances),而非经过深思熟虑的证据,全球化文献中还有很多很多这样的例子。通过使用象征性意象,他们想要表达的观点是:无论我们身在何方,我们都处于同一条船上。我们同样受到电子技术的影响,我们同样面临着全球性的风险,等等。

但是,这条船上并没有船长。鲍曼(1998:58)以粗体字表明这个观点:**"眼下似乎无人掌舵"**。约翰·迈耶(John Meyer)说:"全球社会是一个无政府的政体"(2000:36)。即便是威廉·鲁宾逊这样笃信跨国国家确实存在的人，也认为并不存在"世界资本主义的唯一总部"（Robinson 2001：160）。"失控"也可能意味着无法阻挡。贝克（2000：11）以粗体字表示，"**新的全球性（globality）不可逆转**"。研究全球化的社会学著作通常不会赞同商业报章杂志中那种变革浪潮的意象，不过，一些研究文献有着近似的说法，且它们大多赞同这套关于不可逆转性（irreversibility）的说辞。

象征性实例和全景化方式盛行，表明其证据非常不足。在社会学其他领域，此类文献可能会遭到质疑；但在这儿，它们实质上是这个领域的特色。那么，全球化理论的主要企图，到底是分析某些事情，还是实现某些事情？延斯·巴特尔松（Jens Bartelson）（2000）在一篇颇有见地的文章中指出，全球化的理论化在某种程度上构建了事实。伊恩·罗克斯伯勒（Ian Roxborough）（2002）提供了一个令人吃惊的证据表明，美国军方在制定后冷战时代的战略方针时曾借鉴了全球化社会学，如今这种战略方针正在伊拉克发挥作用。

不过，大多数此类作品的目标读者是专业人士或"受过教育的普通读者"。这些文献本身就默认面向宗主国读者。它们强调宗主国的经验，参与宗主国的辩论，关注宗主国的焦虑。社会学家在专业期刊发表的作品也是以宗主国为默认对象，因为世界上绝大多数的专业社会科学家都集中于此。

J. L. 奥斯汀（J. L. Austin）（1961）是"施为话语"（performative utterance）①概念的发明者，他有句名言：在恰当的时机说出"我愿意"（I do）这句话，与其说是就这场婚姻做报道，不如说是在参与这场婚姻。从这个意义上说，许多全球化文献都具有施为作用。这些文本仿佛用手臂搂着读者的肩膀，在他耳边偷偷诉说着"我们"当前所面临的种种问

---

① 【译者注】英国哲学家 J. L. 奥斯汀的言语行为理论认为言语可分为表述句（constative）和施
　 为句（performative）两类。前者用来陈述事实和描述状态，后者用来实施行为。

题:"……我们所有人的生活方式变得越来越'全球本土化'……全球化并不像包罗万象的庞然大物,潜藏在外头,给人们造成威胁;它以喧嚣的方式填满了我们生活中最深处的空间。我们自己的人生就是全球本土化的中心"(Beck 2000:73 - 4;比较 Bauman 1998:77 - 8,Tomlinson 1999:108)。

作者和读者构成的施为统一体(performative unity)很大程度上导致了全球化文献中那种夸夸其谈的风格。这意味着一种共有知识(shared knowledge),而人们只记住了它的全景化方式和象征性实例。既然读者已经获知新闻,他就不大需要去辛苦查证。读者需要的可能是这些新闻条目的名称,而社会学文献中已经充斥着各种新词:"全球化时代"(Global Age)、"全球本土化"、"全球风险社会"、"技术景观"、"杂交性",诸如此类。

通过施为的方式,这些文献构建了一种政治能动性(political agency)。贝克笔下的"我们"意味着世界公民身份(cosmopolitan citizenship)、公民社会、对立集团(oppositional groups),以及为福利国家辩护。阿尔布罗、布伦南、吉登斯、瑟伯恩、凯尔纳、曼、埃文斯以不同的风格,展示了一群满脑子新思想的公民,这些"心怀善意的人"参与到"施为性的公民身份"(performative citizenship)、全球"规范形成"或者受全球化意识影响的、较小规模的局部改进中去。大多数人认为这种能动性(agency)是世界性的(埃文斯除外),贝克甚至为这种能动性撰写了"世界性宣言"(Cosmopolitan Manifesto),但其实质上还是属于宗主国。贝克(2000:129ff)所描述的"对全球化的回应"几乎全都跟欧洲相关,人们对此已经见怪不怪了。

宗主国理论家和宗主国读者的共同经验,并不包括全球社会进程中很多最为棘手的部分。其结果是,社会学文献一直以来都低估了系统性暴力(systemic violence)。20 世纪 90 年代的作品中,很少有人想得到不久后将会爆发的跨国暴力事件。贝克的《什么是全球化?》(*What is*

Globalization?)于 1997 年首次出版,书中几乎没有提及暴力。纪廉(2001a)对 20 世纪 90 年代全球化文献的概述中也没有提及。吉登斯于1999 年初次发表的"里斯讲座"(Reith Lectures)[1]演讲稿同样未提及。"9·11"恐怖袭击事件发生后,吉登斯(2002:xvi)显然大为震惊,他利用全球化的"阴暗面"那种宛若星球大战般的意象,探讨犯罪和恐怖主义问题。但他还是回避了宗主国逐步升级的暴力行为,毕竟我们不应忘记,在整个 20 世纪 90 年代里,这些宗主国一直在秘密轰炸伊拉克。

这并不意味着社会学理论必须与新自由主义全球化串通一气。许多文献(Kellner 2002;Robinson 2001;Sklair 2001;Chase-Dunn 2002)都对此表示公开反对。事实上,这类作品主要倾向于借助社会性的扩展概念去质疑纯粹的市场议题,从而重申社会学作为一种特定知识形式的重要性(Albrow 1996;Connell 2000)。然而它并未挑战社会性相关知识的构成方式。

全球化理论的北方性

至此,我在本章开篇提出的问题,其答案已经相当清楚。关于全球化的社会学理论蕴含着北半球的世界观,因此并没有给社会学开辟出一条新路径。北方观点被嵌入这些文献的主要方式,与第二章所讨论的那些机制密切相关。

最简单的机制就是排除其他观点。无论是鲍曼、贝克、鲁宾逊、凯尔纳,还是扎森,他们在提出全球化理论时,均未提及非宗主国的社会思想。罗伯逊也一样,尽管他从事发展研究(development studies)。彼得·埃文斯(Peter Evans,1997)在回顾全球化背景下的国家时,几乎毫

---

[1]【译者注】英国广播公司(BBC)的讲座,1948 年设立,初衷是为了纪念倡导公众传媒理念的英国广播公司第一任总裁约翰·里斯,由各界领军人物发表演讲,并邀请听众参与讨论。吉登斯于 1999 年受邀做演讲,讲稿于同年出版,题为《失控的世界》(*Runaway World*)。

无例外地采用了宗主国的资源。纪廉(2001a)对全球化社会学的概述亦是如此。阿尔贝托·马丁内利(Alberto Martinelli)(2003)在国际社会学协会大会上宣读的、关于全球化的主席发言论文(presidential session papers)的序言中,每一条引用都来自北半球国家。在《失控的世界》结尾处,吉登斯提供给读者一个带注解的阅读书目,内含两篇期刊文章和五十一本书。这五十一本书全部发表于宗主国。其中仅有一本集中关注非宗主国的观点,但即便这本书也未展示关于全球化的非宗主国社会思想。

尽管这一系列作品坚称社会进程具有全球规模,以及不同文化间存在不可逆转的相互影响,但是它们**几乎从未**引用非宗主国思想家的观点,也**几乎从未**借鉴宗主国之外所构思的社会理论。这一系列关于全球化的作品以韦伯的观点为主要参考依据,却罔故阿富汗尼的观点,这表明其非常具有局限性。

由于缺乏来自非宗主国的学术资料,人们常见的做法是,将那些已获得宗主国社会认可的特征投射(project)为一幅全球社会的图景。前述的三种物化策略实质上分别是现代性、后现代性和社会经济动态三者的投射。即便是对抵抗力量(forces of resistance)的描述也给人这样一种似曾相识的感觉。

某些全球化理论家确实去到边缘地区,并在那里开展或指导研究。这种做法带来了别具一格的全球化文献,即关于效应和策略的比较研究。有一些令人钦佩的例子,如埃文斯(1995)的《嵌入式自主》(*Embedded Autonomy*),论及韩国、巴西和印度政府在工业发展中扮演的角色;纪廉(2001b)的《融合的限度》(*The Limits of Convergence*)论述阿根廷、韩国和西班牙经济发展的制度模式(institutional pattern);扎森(2002)主编的论文集《全球网络,关联城市》(*Global Networks, Linked Cities*)聚焦圣保罗、上海和墨西哥城等城市。我们从这类文献中可以看到方法论的投射。来自边缘地区的数据被限定在宗主国的概念、争论和研究策略所设定的框架之内。这些文献并没有提及边缘地区的**社会思想**。

这个现象有着非常充分的制度原因。此类项目主要由美国大学组织，并由美国基金会资助。纪廉异常坦率地告诉我们，《融合的限度》一书的研究花费超过 25 万美元。无论这些作者和编辑多么关心边缘地区的社区，他们对于宗主国的同行和编辑毕竟负有专业责任。

全球化理论家很少以主体世界所产生的社会经验作为其观点的主要依据。因此，我们也可以说，这类文献抹消了非宗主国的经验。至关重要的是，全球化理论抹消了殖民主义。所有理论家都非常清楚一个事实，即主体世界曾有过被全球化强国征服的深刻体验。但是，在此处所提及的**任何**全球化理论都没有将这种被征服的体验当作核心问题。一些理论家明确否认旧帝国主义与现在有关联。至少在这一点上，吉登斯与哈特和奈格里是一致的。

但也有例外。戈兰·瑟伯恩（Göran Therborn）（2000：161）承认，殖民渗透对于非洲和美洲社会而言，代表着"全面的灾难"。然而，瑟伯恩在讨论全球化的后期浪潮时，并没有继续遵循这一观点。关于文化全球化中"杂交性"的探讨有时会借鉴后殖民主义理论，但大多数情况下仅限于颂扬多样性（diversity）。它们鲜少提及极具破坏性的、涉及强行扰乱（forced disruption）的殖民历史（Bitterli 1989），也很少提及这种扰乱所导致的持续影响。例如，针对澳大利亚土著"被偷走的一代"（the stolen generations）①的后代所做的、题为《把他们带回家》（*Bringing Them Home*）的报告即反映了这种影响（National Inquiry 1997）。

许多全球化文献所建构的由作者和读者构成的施为统一体同样抹消了非宗主国经验。也许最显著的例子就是贝克的《什么是全球化?》，

---

① 【译者注】又称"被窃一代"或"失窃的一代"，是指澳大利亚白人政府于 1910 年至 1970 年间所实行的"同化政策"所影响的一代人，

该书结尾是一篇关于"欧洲巴西化"(The Brazilianization of Europe)的短文(Beck 2000：161 - 3)。这篇短文根本没有讨论巴西,而是利用这个名头,唤起欧洲读者绝对不愿见到的,关于社会分裂、暴力和自私自利的可怕景象。贝克的观点并未涉及**巴西人**如何在结束暴力的军事独裁统治后,不顾企业权力(corporate power)的影响,在社会和教育重建方面做出了卓越努力。

关于南方的科学

宗主国社会科学有许多研究非宗主国世界的机制,并已经为此创建了若干学科或子学科。其中最重要的包括:人类学,人们对于非工业社会的民族志描述即源于此;发展经济学(Development Economics),该学科曾在冷战期间蓬勃发展,而后衰落,目前可能作为新自由主义的替代品而获得复兴;区域研究(Area Studies)(例如非洲研究、太平洋研究),最常见的是针对特定区域的历史、政治科学和语言等相关研究的综合体;国际关系研究,传统上涉及外交和战争,自从去殖民化以来,它研究的是西方的国家间体系(Western interstate system)下的非宗主国;政治经济学,这是马克思主义的帝国主义理论和沃勒斯坦的"世界体系"方法的基础。

从这个角度看,全球化社会学理论的北方性并不奇怪,因为一种共同逻辑构建了所有这些领域。自从上一个世代针对人类学的批判开启了"知识的地缘政治"话题(Asad 1973)以来,这一点逐渐变得清晰起来。这个共同逻辑便是,宗主国知识分子制造了范畴体系(system of categories),并对处于外部的边缘地区社会进行宣讲,这些社会则用经验去填充那些范畴。恕我直言,这种操作听上去很粗鲁,但它其实可以在尊重他人的情况下进行,并且可能具有重要的学术意义。让我举两个例子。

第一个例子是 20 世纪社会科学的一部伟大著作:克洛德·莱维-施特劳斯(Claude Lévi-Strauss)(1949)的《亲属关系的基本结构》(*The Elementary Structures of Kinship*)。这本书基于他对非西方社会的广泛了解,对它们社会结构细节的耐心关注,以及一种认同它们是一系列社会形态中平等成员的态度。这和斯宾塞、涂尔干和萨姆纳等人的见解有很大的不同。正如我们在莱维-施特劳斯的自传《忧郁的热带》(*Tristes Tropiques*)(1955)中所读到的那样,他的民族志建立在一种深刻的人文主义之上,这种人文主义承认迥异的文化之间存在着共同经验。二战结束后不久,莱维-施特劳斯的著作被联合国用于帮助构建反对种族主义的国际共识,也就不足为奇了。

然而,《亲属关系的基本结构》如同莱维-施特劳斯的其他结构主义人类学著作一样,无疑是宗主国的知识方案(intellectual project)。无论人们如何心怀敬意地去研究边缘地区社会,它的功能就是充当数据源,进而被纳入系统中。我在第二章提到,结构主义知识程序(intellectual procedures)的核心逻辑包含了宗主国的世界观。莱维-施特劳斯的理论从方法论上排除了"帝国主义影响下殖民地社会的转型"这一点。即使他在应用亲属关系制度的基本概念时,也会在概念上扰乱当地社会现实,并可能使原住民社区处于不利地位,例如压制了他们与土地的关系这个议题(参见第九章)。人类学植根于殖民结构之中,这是一个长久以来的事实(Asad 1973),莱维-施特劳斯抱持的人文主义也无法让它幸免于此。

伊曼纽尔·沃勒斯坦的世界体系法则在另一个层面上运作,提出了关于世界秩序的宏观社会学。在整整一代人的时间里,世界体系研究者为以宗主国为中心的社会学提供了另外一种主要选择。近来,他们又给流行的全球化观点提供了替代品。他们的方法使我们意识到,全球化并不是一种"新型社会",而是一个源远流长的、具有明确历史属性的**项目**。例如,具有世界体系研究背景的菲利普·麦克迈克尔(Philip

McMichael)在《发展与社会变迁》(*Development and Social Change*)
(2000)中,将"全球化项目"(the globalization project)视作接替开发项目
(development project)的事物。全球化项目是由新一代资本主义领袖所
制定的策略,用于克服福利国家对于企业权力的限制,以及度过发展期
的债务危机。

与结构主义人类学一样,世界体系法有许多值得肯定之处。它不
仅公开指责宗主国,还研究宗主国与边缘地区的关系模式及其长期变
化。沃勒斯坦的研究项目提供了资本主义的详细历史,把资本主义看
作一个基于核心与边缘之间劳动分工的跨国体系。在他那本颇具影响
力的著作《现代社会系统》(*The Modern World-System*)(1974a)中,以
及在越来越多其他同行合著的作品(Chase-Dunn 1995)中,对此均有着
详细阐述。

然而,这一模型的创设揭示了两方面的主要困境。首先,由于研究
者的理论工具来自马克思主义政治经济学,其基本范畴包括阶级、国家、
剥削和资本积累(参见霍普金斯[Hopkins]在 1979 年所做的清晰概括)。
世界体系研究无疑是这一理论工具的创造性应用,但是该理论工具与政
治经济学本身一样具有其思想封闭性(intellectual closure)。这在世界
体系分析所认可的社会行动者(social actor)清单中可见一斑:资产阶级、
无产阶级、中间阶级(intermediate classes)、国家精英——差不多就是这
样。这个理论框架在处理性别和种族问题时(有些人则认为是在研究殖
民主义的组成结构时)遇到了众所周知的困难。

第二个问题来自另一种封闭性。沃勒斯坦的重要贡献在于他将资
本主义带向了海外层面,他指出资本主义从一开始就涉及一种差异化
(differentiated)的多国经济(multistate economy)。然而,在构建这个观
点时,沃勒斯坦采用与后来全球化理论家一样的做法,将原本为宗主国
开发的分析模型变得普遍化。关于该理论方法的早期陈述清楚表明,他
的观点将社会**系统**的概念给普遍化了(Wallerstein 1974b)。同样被普遍

化的还有体系分析的其他概念，如边界（boundary）、功能的内部差异化（internal differentiation of functions）、子系统（subsystem）等。

这种强大的物化趋势导致了世界体系研究的一种潮流，即着眼于设计资本主义世界经济的脉动模型（models of pulsations），而它所导致的另外一种潮流是搜寻历史上大大小小的世界体系（Chase-Dunn and Grimes 1995）。受该趋势影响，很早以前就产生了一种观点，即人们可以从世界体系的运行规律中推断出未来。在沃勒斯坦（1999）和蔡斯-丹（Chase-Dunn）（2002）的后期作品中，这个曾经富有成效的研究范式变成了自命不凡的猜测。

本章所探讨的社会科学理论的根本问题在于其地缘政治逻辑。它们的学术工具（intellectual tools）和假设完全依仗宗主国，并据此将主体世界当作研究对象。这就断绝了社会科学在理论层面上共享学习过程和进行对话的可能性。

主体世界的居民不只是理论的研究对象，或者社会科学的数据宝库（data mine）。他们也是主体——亦即理论**生产者**，生产的是关于社会世界及他们在其中所处地位的理论。

我们在专门论述全球化的著作中可以看到这一点。例如，内斯托尔·加西亚·坎克里尼（Néstor García Canclini）的《想象中的全球化》（*La globalización imaginada*）（1999），米尔顿·桑托斯（Milton Santos）的《另一种全球化》（*Por uma outra globalização*）（2000），和维奈·拉尔（Vinay Lal）的《知识帝国》（*Empire of Knowledge*）（2002）。这三部新作超越了宗主国文献所设定的范围。以拉尔为例，他揭示了系统性暴力在制造和维护全球不平等的过程中扮演的核心角色，并论证了非暴力改革策略的系统性意义。

我们也可以在更为普遍的情形中看到这一点。每种殖民地文化都会产生对于帝国主义的诠释。与宗主国知识分子一样，主体世界的知识分子一直以来都在研究帝国、殖民化和全球化进程。这代表着一种被目前的宗主国社会科学所抛弃的庞大知识资源。由于宗主国在全球社会科学组织中占据着霸权地位(松塔格[Sonntag][1999]指出社会学领域即是如此),人们难以对这种资源浪费提出异议。至于这件事情有多难,人们可以看看那些富裕的边缘国家,它们虽然拥有可以生产出替代方案的经济资源,但却未必有欲望去这么做。在下一章,我将以我最了解的澳大利亚为例,来探讨这个问题。

第二部分

放眼南方

第四章　澳大利亚的发现

澳大利亚是英国殖民地。它的文化模式正是基于这个历史事实——或者更确切地说,基于这样两个事实:对英国的直接沿袭决定了我们生活的总体设计和细节,包括我们对板球的热爱,以及我们对自产优良葡萄酒的漠不关心。不过,我们被英国殖民的事实造成了深层次的心理影响,建立起一种亲密而又并不融洽的关系,就像青少年和他的父母之间的那种关系。

——A. A. 菲利普斯(A. A. Philips)(1953)

两个世纪以前,在失去了北美的 13 个殖民地之后,英国政府在尽可能远的海外设立了一个新殖民地,用作流放罪犯的居留地(penal settlement)。官员的回忆录和现存的罪犯自述均揭示了这个新环境给他们带来的古怪感受:会放声大笑但不会唱歌的鸟①;会蹦蹦跳跳但不会奔跑的动物②;到圣诞节了,还是夏天的气候;这里的土著居民在欧洲的社会秩序中根本不可能找得到立足之地。

随后,他们对这个陌生世界进行了无情的扩张。整个 19 世纪,他们

---

① 【译者注】指澳大利亚的笑翠鸟。
② 【译者注】指澳大利亚的袋鼠。

通过畜牧业、采矿业和贸易大发横财。羊毛、黄金、小麦、肉类和白银被运往欧洲（之后，他们还将煤炭和铁矿石运往东亚）。几代人以来，进口替代工业化（import-substitution industrialisation）使得城市里工厂林立，制造商在当地统治阶级中占据重要地位。一位诙谐的经济学家曾在其书中把澳大利亚称作"小型的富裕工业国"（Arndt 1968）。如今它依然富裕，但已经去工业化：其经济在 21 世纪以服务业和采矿业为主。20 世纪 60 年代以前，官方推行"白澳"政策（"White Australia" policy），从欧洲引进劳动力，禁止来自亚洲的移民。因此，人口多样性虽然有所增长，但绝大多数是欧洲后裔。政客们依然宣称澳大利亚与宗主国之间存在着密切联系：以前是与大英帝国，如今是与西方文明和美国盟友。

这段历史带来的文化困境引发了激烈的争论。这个坐落在亚洲边上的小型欧洲社区所怀有的种族焦虑，至今还能够左右其选举。移住民和原住民之间的关系成了一个引发众怒的、悬而未决的议题（参见第九章）。澳大利亚对宗主国的认同、地理位置偏远，以及经济依附性等因素，导致其长期的身份认同问题。文学评论家 A. A. 菲利普斯将这种盛行的态度称作"文化谄媚"（the cultural cringe），这一说法颇为有名。与这种态度针锋相对的是高涨的民族主义情绪和寻求本土立足点的行为，受其鼓舞，形成了极为优秀的澳大利亚文学艺术。不过，作为曾经的社会激进运动，澳大利亚民族主义已经逐渐被政治右派所掌控——右派本身就致力于投靠宗主国和国际资本主义。

在这个矛盾丛生的移住民殖民主义（settler colonialism）世界中，社会科学会有哪些变化呢？殖民地和宗主国的关系仍然至关重要，此外还有更广泛的文化问题反映在社会科学诸学科中。不过，这些问题的形态有所变化。在本章中，我再次以社会学为焦点案例，分析两个历史时期的殖民地/宗主国关系：19 世纪下半叶澳大利亚殖民地在社会学形成过程中扮演的角色，以及 20 世纪 50 至 70 年代澳大利亚诸大学社会学学科的形成。近年来还出现了其他的可能情况，我将在本章末尾加以探讨。

澳大利亚在社会学形成过程中的地位

19世纪下半叶,宗主国文献——尤其是孔德和斯宾塞的作品——传播的范围远远超出了宗主国。斯宾塞的作品在日本和印度有相当大的影响力;孔德的作品有伊朗的读者,在巴西也影响颇大。这种影响力有赖于当地知识界愿意使用这些观点。澳大利亚高等教育体系的创建与宗主国社会学的创立在时间上恰好重合。孔德的《实证政治体系》(*System of Positive Polity*)(副标题为《社会学论著》[*Treatise of Sociology*])出版于1851年至1854年间,当时正是路易·波拿巴(Louis Bonaparte)①执政初期,亦即马克思的《路易·波拿巴的雾月十八日》(*Eighteenth Brumaire*)一书的主题。而悉尼大学于1852年开始营业,墨尔本大学(University of Melbourne)紧随其后。

殖民地大学的课程原本是古典文学(classics)和技术培训构成的枯燥综合体,不过后来它逐步扩大范围,才得以将"社会科学"方面的主题纳入其中。当时的殖民地报纸比现在更加多样化、知识性更强,它们为讨论所谓"社会问题"、种族关系、女性地位及其他社会学主题提供了另一个场所。

19世纪下半叶,人们在墨尔本就这些问题展开热烈讨论。当时,墨尔本是移住民殖民主义世界里最大的城市之一,拥有着多元且激进的知识界,以及一所思想开放程度惊人的大学。W. E. 赫恩(W. E. Hearn)的作品就是这种社会环境中的显著成果。这位爱尔兰裔的古典学者于19世纪50年代成为墨尔本大学教授,并在30多年里创作了一系列令人印象深刻的书(La Nauze 1949)。赫恩是历史学、文学、逻辑学、政治经济学和法学教授,其中大多数是同时兼任,这一事实说明当时社会科学尚

―――――――――――――――

① 【译者注】他是拿破仑一世之侄,曾担任法兰西第二共和国总统,法兰西第二帝国皇帝,又称"拿破仑三世"。

处于没有组织结构的状态。他的书《理论经济学》(*Plutology*)于1863年在墨尔本出版,此书可谓澳大利亚首部重要的经济学著作。此外,他于1878年出版的《雅利安人家庭》(*The Aryan Household*)则是首部重要的社会学著作。

《雅利安人家庭》采用了广义比较的方式,因此显然属于社会进步研究(studies of social progress)这一体裁。19世纪70至80年代,英国的泰勒(Tylor)和斯宾塞、法国的勒图尔诺、美国的沃德,以及德国的滕尼斯均从事这方面研究。赫恩在引言中清楚说明了他的目的:

> 我打算描述雅利安民族国家所共有的主要机构的兴起和发展。我将尝试说明我们的远祖在何种社会组织的控制下生活。我将尽我所能,追溯那些影响他们行为的、相互联系的思维模式和情感模式。我将指出那些现已取得很高发展程度的机构有哪些根源;我将试图说明政治社会兴起的环境,以及它在西欧取代其古老竞争对手的步骤。(Hearn 1878:2)

这段文字有几处颇为有趣。它的语气是冷静的——它的目的是为科学做出技术贡献,而非做科普。赫恩完全把自己当成欧洲人("我们的远祖"),反映了"澳大利亚殖民者是移居的英国人"这种想法。文中明显有一个关于进步的假设("很高发展程度")。另外值得注意的是,赫恩开启了两种社会类型之间的对比。这是宏大民族志方法的早期案例(参见第一章),这种方法很快便成为宗主国社会学家表征时间和进步的核心手段。几页之后,赫恩对于这种用于表征变化的方式做出了非常明确的总结:

> 古代社会在所有主要特征方面(包括政治、法律、宗教、经济),均和我们所处的社会形成彻底的反差……它没有中央政府……没有国家教会……很少订立合同……人们根据习俗生活……他们受到亲属的保护,或者,如果需要的话,他们的亲属会帮他们报仇雪

恨。简而言之,既不存在个体,也不存在国家。宗族,或者基于宗族
模式的某种机构,以及其分支,充斥着我们先祖的整个社会生活。
(Hearn 1878:4-5)

该书的剩余部分扩充了这种对比。它详细考察了一系列社会学主
题:习俗的本质、女性的地位、家庭的社会组织、机构类型、权力类型,以
及国家和公民社会间的关系。但有一处颇为古怪。赫恩生活在殖民地,
但他总是一丝不苟地从欧洲"雅利安人"国家及其所谓祖先的早期历史
中寻找案例。

部分原因可能是赫恩早期的辉煌并未给他带来多少澳大利亚的追
随者;他根本没有创建本土的社会学研究学派。确切地说,他这部产自
殖民地的作品扩充了**宗主国**关于社会进步的推测性文献。在殖民地大
学里,"社会学"没有被制度化,这种情况和牛津或剑桥大学一样。19 世
纪 80 年代,悉尼大学开始对其严重过时的文科课程(Arts curriculum)进
行现代化改革,开设了现代史、哲学和政治经济学,但并未尝试开设社会
学(Turney,Bygott and Chippendale 1991:271ff)。

不久以后,北美的大学在这方面取得了进展。美国大学的本科社会
学课程、教科书、专业机构和研究成果出现爆炸式增长,这激起了整个北
大西洋地区对于社会学的浓厚兴趣,例如,英国在 1907 年设立了首个社
会学教授席位。

弗朗西斯·安德森(Francis Anderson)在悉尼大学文科改革期间被
任命为哲学系主任。他在 1911 年做演讲时,心里便惦记着上述那些事
情。这场演讲通常被视为澳大利亚社会学的起点。他在次年发表了《澳
大利亚社会学:关于开展其教学的呼吁》(*Sociology in Australia:A
Plea for its Teaching*),但这本十一页的小册子并非社会学著作,安德
森也根本不是什么社会学家。他是一个专业哲学家,对科学的结构持一
种实证主义的观点。根据这种观点,社会学是阐明普遍性原理的"科学
之母"(mother science),经济学等具体学科则是这些普遍性原理的例子。

社会学的任务是"确定社会发展所体现的自然规律"（Anderson 1912：10）。安德森抓住近期悉尼大学经济和商业教学拓展的契机，主张同样应该教授"科学之母"。

安德森的社会学观点在1912年就已经有点过时了。在不到十年的时间里，整个进化社会科学体系（system of evolutionary social science）及其关于进步的规律将会陷入绝境。像安德森这样的方案是不可能实现的。他的演讲标志着一个时代的终结而非开端：实证主义理论从未得到当地的认可。不过，殖民现实的另一个特征确实使得澳大利亚在19世纪社会学中发挥了重要作用。

正如我在第一章所示，来自殖民地世界的报告成为进化社会科学的主要数据来源。在其鸿篇巨著《原始文化》的序言中，爱德华·泰勒（1873）"除了对历史学家、旅行者和传教士，还对民族志及类似学科的作家的帮助一并表示感谢"（1873：I，Ⅵ）。这些观察者为社会学家提供了丰富的原始资料，宏大民族志试图拿这些资料与宗主国的发达社会进行对比。

英国对澳大利亚的征服也不例外。首位殖民地总督接到的指令是接触土著人（natives），并将他们置于他的保护之下。他尽职尽责地尝试着这样去做。他的报告使得英国殖民政府面对移住民与土著人之间不断增长的边疆暴力事件时，在安抚、胁迫和绝望这几种态度之间摇摆不定。这种情况一直持续，直至白人殖民者夺取了澳大利亚东部最富饶的土地，并说服白厅（Whitehall）①允许他们以责任政府（responsible government）（即准独立）的形式控制其余的土地。对于这一过程，以及该过程所涉及土著社区的描述，都传回了英国。

在当时一份伟大的科学文献中有个著名的例子。查尔斯·达尔文（Charles Darwin）的《研究日志》（*Journal of Researches*）（更广为人知的

----

① 【译者注】指英国政府。

名字是《乘小猎犬号环球航行》[*The Voyage of the Beagle*])中有一章讲述了他的悉尼之行和蓝山(Blue Moutains)之旅,以及他对范迪门地(Van Diemen's Land)(现为塔斯马尼亚岛[Tasmania])和乔治王湾(King George's Sound)(现为西澳大利亚州[Western Australia])的短期访问。在这里,他亲眼看见了白色鹦鹉土著人(White Cockatoo people)举办的"歌舞会"。他的描述是这样收尾的:

> 当两个部落在舞蹈中交融时,大地随着他们沉重的舞步而颤动,空气中回荡着他们狂野的喊叫声。每个人看上去都是兴高采烈的样子。这些几乎一丝不挂的身影,在熊熊火光的映照下,以一种丑陋而又和谐的方式舞动着,完美地展现了最低等野蛮人的节日庆典。(1839:426)

尽管这些文字含有贬损之意,但是达尔文并不敌视他所遇到的澳大利亚土著群体。他钦佩他们的丛林求生技巧和狩猎技能,同情他们易受外来疾病的伤害,也没有将边疆暴力事件归咎于他们。不过,他确实认为澳大利亚土著人是比英国人更为原始的民族;他预计他们会灭绝,并且认为,这是相对强大的人种遇到相对弱小的人种之后造成的一个无法避免的后果:"在欧洲人所踏足过的每一个地方,死亡似乎都在追随着土著人。"(Darwin 1839:411)

大量此类关于澳大利亚土著人的描述(其中一些比达尔文写的更具实质性内容)传回了宗主国,变成进化社会科学赖以建立的部分原材料。我本可以举出一些非常知名作家的例子,包括泰勒本人和威廉·格雷厄姆·萨姆纳,但我只打算引用其中一个人,那就是进步自由派人士莱斯特·沃德。沃德(1897)在《动态社会学》中对人类种族进行了调查,他宣称:

> 在其他一些非常低等的野蛮种族中,值得一提的是火地岛人(Fuegians)。他们尽管身材高大,在智力上却几乎不如动物;内陆地

区的澳大利亚土著人除了具备类人猿的其他特征之外,几乎没有构成小腿的丰满肌肉(**腓肠肌**和**比目鱼肌**)……这些部落和种族中的许多人几乎完全按照野兽的方式生活,没有任何可以称作政府、宗教或社会的东西。(1897:Ⅱ,418)

这些理论家都没有访问过澳大利亚或者见过澳大利亚的土著居民,也没有人试图去证实自己那些耸人听闻的(以及沃德和萨姆纳案例中那些无疑是错误的)说法。澳大利亚土著人在理论家们看来并不是实际存在的人类。他们只不过是象征物,被用来构建关于原始社会的科学幻想,而这种科学幻想又被用来证实社会进化的学说。

与殖民地世界的其他国家一样,澳大利亚在社会学形成过程中的作用是作为数据宝库,以及原始社会民族志案例的来源。在殖民地世界中,澳大利亚的不同之处在于它**最为原始**,是退化或者落后的极端例证。

这无疑是"经典"社会学文献中有关澳大利亚最为知名的记载背后的假设。在 19 世纪的最后几十年里,有计划的民族志观察逐渐取代"历史学家、旅行者和传教士",成为知识转型(intellectual shift)过程中关于非欧洲民族的重要信息来源,该知识转型造就了现代社会人类学(modern social anthropology)。这项开创性工作的一部分是在澳大利亚完成的,其中最具影响力的是 19 世纪 90 年代由鲍德温·斯宾塞(Baldwin Spencer)和 F. J. 吉伦(F. J. Gillen)在艾丽斯斯普林斯(Alice Springs)①周边的中央沙漠地区所进行的研究。

在巴黎,涂尔干和他的同事们满怀热情地阅读了斯潘塞和吉伦图文并茂的报告《澳大利亚中部的土著部落》(*The Native Tribes of Central Australia*)。该报告获得了《社会学年报》的热情评价,并在十年后成为涂尔干的最后一本书——1912 年发表的《宗教生活的基本形式》(*The Elementary Forms of Religious Life*)(以下简称《基本形式》)的主要实

---

①【译者注】一个位于澳大利亚中心的沙漠城市,四周被大沙漠所包围。

证依据。

这本书把 19 世纪末阿伦特人(Arrernte)的风俗和神话作为普通宗教社会学的基础。涂尔干和大多数写过"澳大利亚人"的社会学家一样,对于澳大利亚原住民文化的多样性或动态知之甚少。涂尔干知道有不同的社区,但他认为它们是"完全同质的",因为它们的社会"都属于同一类型"(Durkheim 1912:95)。阿伦特人被拿来做例子是出于这样的原因:涂尔干认为,他在斯潘塞和吉伦的民族志中发现了对于最原始宗教形式的详细描述。他认为自己可以通过研究这种最原始的形式来揭示最基本的宗教真理。这种做法没有任何含糊之处。涂尔干的确是这么说的:

> 在这本书中,我们建议研究已知的最原始和最简单的宗教……一个宗教体系若可以称得上最为原始……条件之一是,它出现在一个其组织结构的简单程度无人能及的社会中;条件之二是,人们无须从以前的宗教中借用任何元素,便能够解释它。(Durkheim 1912:1)

"澳大利亚的图腾崇拜(totemism)"符合这些条件,因为澳大利亚土著人拥有着文献记载中最为原始的社会。这种说法在一定程度上超越了沃德或萨姆纳作品中那种露骨的种族主义。涂尔干的偏见有着非常复杂的形式;不过他的社会学依然植入了根深蒂固的种族中心主义观点,而且它还掩盖了对于澳大利亚原住民文化的根本误解。

这一点在涂尔干的时代便已经为人所知。在次年发表的一篇针对《基本形式》的尖锐书评中,人类学家范热内普(van Gennep)(以研究"过渡仪式"[rite of passage]①闻名)指出,该书充满了可疑的、所谓有事实根据的主张(factual claims)。不过更为关键的是,它基于一个重大的概

---

① 【译者注】范热内普于 1909 年提出的概念,指为了庆祝从人生的一个阶段(如青少年)进入另一个阶段(如成年)所举办的仪式或庆典。

念性错误,我认为这个错误给整个进化社会学事业造成了不良影响:

> 他(涂尔干)从它们(民族志文献)之中获取的关于原始人……
> 和"简单"社会的观点是完全错误的。人们对澳大利亚人了解得越
> 多,以及越不把澳大利亚人的物质文明发展程度等同于其社会组织
> 的发展程度,就会发现澳大利亚社会非常复杂,远非简单或原始,而
> 是在自己的发展道路上达到了相当高的水平。(van Gennep in
> 1913,quoted in Lukes 1985:525)

澳大利亚学术社会学的诞生

在安德森发出呼吁和涂尔干提出伟大幻想之后的四十年里,尽管宗
主国社会学发生了深远的变化(参见第一章),澳大利亚社会学却几乎没
有什么结构性变化。新福利国家社会学(new welfare-state sociology)的
零星内容会在一些出人意料的情况下突然出现——如工人教育协会
(Workers' Education Association)、大学哲学课程、进步自由主义者的政
治猜想,或者针对教育不平等的调查等。但是,仍缺少一个像芝加哥学
派(Chicago School)那样的组织(更不用说澳大利亚版的帕森斯之类的
人)将它们统合到一起。

澳大利亚最杰出的社会科学家维尔·戈登·柴尔德(Vere Gordon
Childe)对工党背叛工人的行为感到失望,所以在1921年离开澳大利亚,
前往欧洲开创了科学的史前史(prehistory)[①]。澳大利亚的年轻一代几
乎完全无视他惊人的创造力,在澳大利亚,人们只知道他是个共产主义
者(Gathercole, Irving and Melleuish 1995)。其他一些才华横溢的社会
研究人员也都离开了澳大利亚,比如埃尔顿·梅奥(Elton Mayo),他后
来成为美国工业社会学(industrial industry)的创始人。

---

① 【译者注】指文字产生以前的历史,主要包含石器时代、青铜时代和铁器时代。

当新社会学知识型（episteme）的研究方案终于在澳大利亚出现时，它们其实是社会人类学和社会心理学的副产品。悉尼大学的人类学教授 A. P. 埃尔金（A. P. Elkin）以研究土著文化而闻名，他于 20 世纪 40 年代初开始指导他的一些学生对"我们自己的社会"（亦即白人移住民社会）进行民族志研究。他自己也根据调查数据对战时社会融合（wartime social integration）展开了研究。这项倡议的显著成果包括：艾伦·沃克（Alan Walker）（1945）撰写的关于一个矿业小镇的民族志研究著作，该著作观察到位，但写得很谦逊；琼·克雷格（Jean Craig）（1957）所做的一项更为出色的、针对乡村亲属关系和家庭生活的民族志研究。琼·克雷格（Jean Craig）也就是后来被澳大利亚社会学家们所熟知的琼·马丁（Jean Martin）。

20 世纪 40 年代末，墨尔本大学新任心理学教授奥斯卡·厄泽尔（Oscar Oeser）启动了一个关于"社会行为"的研究项目，该项目也在不经意间进入了新社会学领域。他的研究团队分别对维多利亚州的一个乡村小镇、墨尔本郊区以及七家工厂进行了细致的观察和访谈研究，主题包括阶级意识、工作满意度、劳资关系和家庭生活。这种社会现实主义的实地观察方式很快被澳大利亚心理学界所抛弃，因为他们被行为主义（behaviourism）迷住了。不过，共三卷本的《社会结构与人格》（*Social Structure and Personality*）系列丛书（Oeser and Hammond 1954；Oeser and Emery 1954；Lafitte 1958）为第一批社会学方面的大学课程提供了关键的实证材料，该丛书出版后不久便开设了这些课程。

20 世纪 50 年代，对白人社区进行社会调查的想法变得司空见惯。澳大利亚市场调研公司罗伊·摩根研究所（Roy Morgan Research）自 20 世纪 40 年代开始便使用"盖洛普民意测验"（Gallup Poll）进行抽样调查。这项由摩根研究所提供的民意调查结果作为对舆论的科学评估，被媒体所报道，并且越来越受到从政者的关注。接着出现了基于大学和福利事业的调查，它们描述了特定的社会群体及他们的问题。其中包括墨尔本大学研究小组对维多利亚州老年人的调查(Hutchinson 1954),悉尼大学研究小组对悉尼年轻人的调查(Connell,Francis and Skilbeck 1957),以及圣劳伦斯兄弟会(Brotherhood of St Laurence)①对墨尔本郊区住宅区的休闲问题的调查(Scott and U'ren 1962)。另外,学术研究人员还将全国人口普查(national census)视为社会分析的数据来源。乔治·祖布里茨基(George Zubrzycki)(1960)就是采用这种方法对澳大利亚移民进行了"人口统计调查"(a demographic survey)。

这一代社会研究者与宗主国社会学之间建立了一种新型的关系。澳大利亚不再是一个数据宝库,不再是一个输出事实(或想象性事实)的经济体。这些研究大多发表于澳大利亚,在宗主国并不为人所知。不过,新一代研究者采用了美国对于社会学主题的新定义,并采用了宗主国研究人员的方法。

例如,沃克的《煤城》(Coaltown)没有提到任何理论,也没有将其研究结果与任何其他研究进行比较。但它显然是在仿效林德夫妇(Lynds)的《米德尔敦》(Middletown)和沃纳(Warner)的"扬基城"系列("Yankee City" series)等社区研究模式。悉尼教育家们所撰写的《在澳大利亚城市长大》(Growing Up in an Australian City)与美国青年社会学(sociology of youth)中的模式有着更为明显的联系。对于《现代澳大利亚社区中的老年人》(Old People in a Modern Australian Community)一书而言,其学术和商业赞助商实际上从英国引进了"一位经验丰富的社会问题研究者"来管理这项研究(Hutchinson 1954:V)。

这种立场在当时澳大利亚人的精神生活中很常见。A. A.菲利普斯(1953:85)将"澳大利亚人思想中一直存在着殖民地时代的投降心态"诊断为文学中也存在的一个主要问题。因此,澳大利亚社会学非常轻易地把自己定位成宗主国社会学的一个分支机构,通过引入宗主国的方法和

———————————————

① 【译者注】澳大利亚福利机构。

主题,向本土听众介绍本土的社会问题。

从 1950 年开始的 30 年里,澳大利亚社会学报告最常见的标题是
"澳大利亚的 X",此处的"X"是一个已经被宗主国定义好的现象,有现成
的宗主国研究范式可使用。"X"可能是"宗教""地位和威望""社会分层"
"离婚""婚姻和家庭""城市化""卖淫""政治领导""女性""大众媒体""移
民"或"社会学"本身(这些都是当时真实存在的标题)。澳大利亚社会学
家的任务是运用宗主国的研究方法,证明该现象同样存在于澳大利亚,
并且从经验上说明它在这里所采取的形式。其中的部分作品带有一种
隐约的传教意味,就好像社会学家给这些不谙世故的本土人民带来了启
蒙之光。

这些针对"我们自己的社会"所进行的、带宗主国色彩的研究构成了
知识基础,澳大利亚日益扩大的大学系统据此建立了一个名为"社会学"
的学科。整个过程非常迅速。从 1959 年到 1965 年的 6 年里,人们见证
了第一位受到任命的社会学主席、第一批社会学教学计划、第一本教科
书、第一个专业协会的成立,以及该协会出版的最早的几期学术刊物。
在这段短暂的时间里,甚至出现了第一本热门的社会学畅销书《幸运之
国》(*The Lucky Country*),其作者是一名记者(Home 1964)。在接下来
的十年里,全国各地又涌现出了十个社会学系。

不过,一系列社会调查还不足以作为一门新学科在大学里占据一席
之地。正如戴维斯(Davies)和恩塞尔(Encel)在他们的教科书《澳大利亚
社会》(1965)第一版中所指出的那样,新学科也需要有思想。有一篇关
于"社会学的范围和目标"的论文曾引发激烈争论,在文中,哈罗德·福
尔丁(Harold Fallding)(1962)坚持认为,有鉴于其知识对象(即社会行动
体系[systems of social action])和理论逻辑,社会学现在是一门已经确
立的学科。由于澳大利亚没有土生土长的社会学理论,因此不得不从宗
主国引进。福尔丁的解决办法是把帕森斯的功能主义一股脑地引进来。
其他人则引进了经验主义(empiricism)、韦伯主义(Weberianism)、解释

社会学(interpretive sociology),以及不久之后的新马克思主义(neo-Marxism)。

结果,这门新学科便具有了混合性的知识结构。澳大利亚社会学家将宗主国理论和方法论与当地数据和受众结合起来。一个值得注意的例子是索尔·恩塞尔(Sol Encel)(1970)的专著《平等与权威》(*Equality and Authority*)。恩塞尔的书先是详细考察宗主国(主要是英国和美国)关于阶级和阶层的争论,然后采用了经过修正的韦伯主义立场,逐一汇报了其汇编的关于澳大利亚精英阶层的数据,给人留下深刻的印象。另一个例子是康奈尔(Connell)和欧文(Irving)合著的《澳大利亚历史上的阶级结构》(*Class Structure in Australian History*)(1980)。这部作品先在第一章讨论宗主国的阶级理论,然后才开始详细阐述澳大利亚的实证材料。

伴随着宗主国理论一起被引进来的是宗主国在"社会是什么"以及"我们应该如何谈论它"等问题上的想法,不过当时人们几乎没有察觉到这一点。"澳大利亚社会"被简单地设想为**同一类型的事物**,对于这种事物,同样的概念范畴无疑是适用的。

由于澳大利亚研究的质量不断提高,使得这种模式变得根深蒂固。随着澳大利亚社会学家在运用宗主国工具方面越来越精通,他们开始在宗主国刊物上发表论文。这种做法有着充分的理由:除了渴望寻求更大的读者群体,国际出版物所带来的声望也非常有利于他们在澳大利亚大学获得晋升。然而,澳大利亚人想要在这些平台发表论文,就必须以宗主国编辑熟悉的形式进行写作,这包括使用宗主国的概念,设法了解宗主国的文献,并以具有说服力的方式介入宗主国的争论。总之,通过宗主国视角对澳大利亚社会进行专业描述,这样便产生了澳大利亚社会学。

因此,1950至1980年间澳大利亚社会学的学科建设,彻底颠覆了一百年前澳大利亚与宗主国社会学之间的关系。此前,澳大利亚被视为一个与宗主国先进社会有所不同（事实上是截然不同）的地方。如今，澳大利亚被看作相似之地。

当然，这就需要研究者将其实证研究的兴趣（empirical interest）从土著社会转移到移住民社会。然而，在这门新学科中，澳大利亚社会并未被当作移住民社会而加以理论化，它仅仅被视为现代性的一部分。原住民文化如今被看作归人类学管的事情。在澳大利亚的大学里，人类学是一门更为古老、更有声望的学科。社会学家并未质疑这一学科界限。原住民社会和移住民/现代社会之间的**关系**曾经对于进化社会学非常重要，但这种关系作为一种学术主题已经完全消失了。

土著**居民**对于社会学家而言至关重要，不过是以一种崭新的方式，即作为现代性典型进程中的主体。他们可以被看作社会分层体系中的弱势群体（Ancich et al. 1969）。更为常见的是，他们被归在北美"少数民族"（ethnic minority）的类别之下。例如，鲍多克（Baldock）和拉利（Lally）（1974）的《澳大利亚和新西兰的社会学》（*Sociology in Australia and New Zealand*）一书的概述部分就以这种方式看待土著居民。这本书里面，土著居民出现在关于"少数民族研究"的章节中，而该章的主要焦点是战后的非英国移民。社会学知识的新结构所导致的讽刺性后果就是，原住民群体被理解成与最新的移住民相同的群体。

由于本土社会学完全依赖于宗主国的概念和方法，人们开始对身份之谜产生疑问。本土社会学到底有哪些方面是澳大利亚所特有的？或许澳大利亚社会学有一个独特的实证焦点（empirical focus），比如移民。但事实上，琼·马丁、乔治·祖布里茨基和其他社会学家在构建多元文化主义（multiculturalism）话语方面发挥了重要作用，这种话语为澳大利亚的族裔和移民政策设定了框架，直至 20 世纪 90 年代种族主义卷土重来为止。

又或者，澳大利亚社会学有一种独特的讽刺意味，因为社会学家关于阶层分化、精英和排外的记载与澳大利亚的平等主义（egalitarianism）

背道而驰。打破关于澳大利亚的"神话"是 20 世纪 60 年代澳大利亚社会学作品(例如:塔夫脱[Taft],1962 年)中一个偏爱的比喻。但是,人们在澳大利亚出版的社会学书籍或者在《澳大利亚和新西兰社会学杂志》(*Australian and New Zealand Journal of Sociology*)上发表的论文中,很难看到一种独特的文化形态。因此,事实证明澳大利亚社会学的身份非常难以定义,即便在该学科发展势头最好的时期也是如此。

新的可能性

殖民地和宗主国的关系对澳大利亚社会学的形成产生了重大影响,不过这种关系的条件已经有所变化。这些条件还会再变化吗?

澳大利亚社会学在很大程度上继续沿着已经规划好的道路前进。宗主国理论仍维持着霸权地位。帕森斯主义(Parsonianism)和韦伯主义被结构主义的马克思主义所取代,而后者又被后结构主义(post-structuralism)的强大浪潮所取代。在 21 世纪,福柯和布尔迪厄的追随者欣然取代了功能主义者(functionalists)曾经安享的地位。

当然,澳大利亚社会学家们把这些理论运用得更加老练娴熟,因此,他们能够从事一些具有国际开创性的工作。这让人想到约翰·布雷思韦特(John Braithwaite)(1989)关于重新融入社会(reintegration)的犯罪学研究,以及迈克尔·普西(Michael Pusey)的《堪培拉的经济理性主义》(*Economic Rationalism in Canberra*)(1991)。普西结合对联邦公务员的调查数据、对政治和机构变革的分析,以及受哈贝马斯影响的社会愿景,开创了新自由主义社会学(sociology of neoliberalism)的先河,影响甚广。

澳大利亚人也做过社会学理论方面的研究,不过并非作为宗主国理论的边缘国消费者,而是作为宗主国论争的参与者。著名的例子有:克莱尔·伯顿(Clare Burton)(1985)对女性主义和社会理论的综合研究,杰克·巴巴莱特（Jack Barbalet）（1998）的情感宏观社会学（macro-sociology of emotions）研究，以及保利娜·约翰逊（Pauline Johnson）（2006）对于尤尔根·哈贝马斯（Jürgen Habermas）思想中公共领域观念变化的研究。这些作品往往在宗主国发表，无论是否使用澳大利亚的任何研究或经验，其焦点都放在宗主国文献上。实际上，这些作家都遵循了与 W. E. 赫恩相同的策略，即在新条件下研究北方理论，并放弃身份认同问题。

　　不过，在文化环境和政治环境发生变化的情况下，他们也可能采取相反的策略：关注澳大利亚作为移住民殖民主义产物所具有的特殊性。那些研究边疆冲突（frontier conflict）的历史学家、反思自己与殖民主义之间联系的人类学家，以及至关重要的土著地权运动（Aboriginal Land Rights movement），重新唤起了人们对原住民社会和移住民社会之间关系的兴趣（参见第九章）。所以像薇薇恩·约翰逊（Vivien Johnson）（1996）这样的社会学家对土著艺术运动（Aboriginal art movement）产生了浓厚的兴趣，他们不仅注意到了为数众多的土著艺术作品，还注意到主流文化对于它们的挪用方式（包括广泛的商业开发和侵犯版权行为）。约翰逊（1980）在《电波鸟人乐队》（*Radio Birdman*）①一书中运用一些土著人的社会概念来分析"新浪潮摇滚乐队"（new wave rock band）这个最具宗主国特色的社会现象，从而彻底转变了学术思想关系。

　　如今，以澳大利亚为出发点思考全球结构和联系也已成为可能。奇拉·布尔贝克的《同一世界的女性运动》（*One World Women's Movement*）（1988）便做到了这一点，该书是在全球化成为一个流行的社会学主题之前创作完成的。该书延续了"联合国妇女十年"（United

---

① 【译者注】电波鸟人乐队是澳大利亚最早的独立乐队之一，1974 年成立于悉尼，在澳大利亚音乐发展史上具有重要地位。

Nations Decade for Women)①(1975—85)提出的问题,探讨在不同国家的女性处境存在差异,以及在西方白人女性主义支配地位遭到抵制的情况下,是否有可能建立统一的国际女性主义。在该书的续篇《重新定位西方女性主义》(*Re-orienting Western Feminisms*)(1998)中,布尔贝克更加深入地研究了普适主义(universalism)和文化差异的问题,并提出了一种复杂的相对主义(relativism),作为各种女性运动之间开展政治合作的基础。在这个研究方向上,很少有人能像布尔贝克一样走得那么远。尽管如此,在 20 世纪 90 年代,澳大利亚社会学家更为普遍的做法是将他们的分析置于更开阔的国际背景下,或者基于对殖民主义更为宽泛的理解之上(例如,博顿利[Bottomley][1992]对于移民和文化的研究,吉尔丁[Gilding][1997]对家庭的研究,以及康奈尔 [Connell]对社会性别[gender]的研究等)。

以上做法均没有对"澳大利亚特有的社会学流派"作出界定。不过这些做法确实意味着,澳大利亚的社会学家已经意识到,在这个富裕的边缘国家所处的地缘政治形势中,以及在移住民殖民主义历史的内部,一直都蕴含着更为广泛的**可能性**。通过认识这些可能性,澳大利亚社会学也许能够实现比创造本土思潮更为重大的目标。布尔贝克的作品清楚表明,人们有史以来第一次有望超越与宗主国的传统关联,并与其他边缘地区的知识方案建立联系。

---

① 【译者注】联合国自 1957 年起开展的一系列国际年(也称世界年)以及国际十年活动。1975 年,联合国在墨西哥市举行的第一届世界妇女大会中,宣布 1975—1985 年为"妇女十年"。

第三部分

南方理论

第五章　本土知识与非洲复兴

作为社会科学家，我们必须走出校园，与民众面对面地交谈。对于非洲的社会科学家而言，这一点或许更为要紧。原因是，他们只有适应自己国家人民的语言，人民才会倾听他们的话。另一方面，只有通过接触本土知识，他们才能够获得当代在发展政治学（developmental politics）问题上至关重要的见解。

——马马杜·迪亚瓦拉（Mamadou Diawara）（2000）

从约鲁巴口头诗歌到社会学理论

1986 年，新刊物《国际社会学》（*Intenational Sociology*）发表了尼日利亚社会学家阿金索拉·阿基沃沃（Akinsola Akiwowo）题为《一首非洲口头诗对于知识社会学的贡献》（"Contributions to the Sociology of Knowledge from an African Oral Poetry"，以下简称《贡献》）的论文。这是《国际社会学》及其主办机构国际社会学协会（International Sociological Association，ISA）所共同举办的世界社会学（world sociology）研讨会收到的最引人注目的稿件之一。当时，"原住民社会学"的概念引起了很大轰动,而阿基沃沃的稿件似乎是个很好的例子。

阿基沃沃曾在国际社会学协会执行委员会任职,因此是位知名人物。早些年,他写了一份题为《今日非洲社会学》("Sociology in Africa Today")的详细调查报告,探讨国情差异以及非洲社会学家在彼此沟通上的困难。他希望,无论如何,他们应能够"结合非洲与欧洲的思维方式和社会实践,制定出一套由概念方案、理论和方法技巧构成的综合性体系,从而使该学科重新定位于非洲现实"(Akiwowo 1980:67)。1986 年的论文《贡献》想要实现这个提议,于是它彻底背离了后殖民国家常见的知识结构。阿基沃沃并未从欧洲和北美引进概念并将其套用于本土数据,而是提倡在尼日利亚寻获概念,并将其输出到世界其他地方。具体而言,他提议人们在宗主国社会理论未使用过的资源——社群的祭祀性口头诗歌(ritual oral poetry)——中寻获相关概念。

《贡献》是一篇简短而态度坚定的论文。在其 15 页篇幅中,大部分内容是对来自尼日利亚西部奥约州(Oyo state)的一首约鲁巴语(Yoruba-language)祭祀诗(ritual poem)的逐行翻译,并附有对其含义的同步评论,以及术语表。人们会在新定居点落成时吟诵这首诗(严格地说,是一组诗加上一首歌)。这首诗讲述一个创世故事,描绘了不同的造物如何聚集成各种社群。阿基沃沃在评论中强调**"阿苏瓦达"**(*asuwada*)这个概念,将其当作创世原则(principle of creation)以及我们当今这个世界的关键。他把**"阿苏瓦达"**定义为"形形色色的**伊哇**(*iwa*)(即生物[beings])有目的地聚集成群"。这首诗还简要讲述了一个从神母(divine mother)处盗取种子的神秘生物如何违背公共利益(common good)的故事,并强调了社会和谐的重要性。

在简短的结论部分,阿基沃沃总结了他在文本中发现的本体论原则,以及他从文本中得出的九个社会学命题。后者举例如下(353):

1. 社会生活的单位是个体的生命、存有(being)、存在(existence)或品德(character)……

3. 从本质上讲,肉体性的个体(corporeal individual)无法在脱离社群的情况下存续下去。

4. 群聚的个体生物(individual beings)在社会生活方面依靠伙伴精神来维系。因此,从道德上讲,为了追求一个纯粹自私的目标而采取任何形式的自我疏离(self-alienation),都是一种错误或罪过……

6. 一个真正的社会生物(social being)会日复一日地劳作,并心甘情愿地以各种方式牺牲他或她所珍视的自由和物质所得,以求既服务于公共利益,又可以提升自我。因为这两者若少了任一方,另一方便无法实现……

作为一名来自另一种文化背景的读者,我觉得这并不容易理解。这个创世神话的语言和人物角色,以及它所表达的世界观,是我完全不熟悉的。那很好——原住民社会学本来就应该这样子。阿基沃沃几乎没有提供任何关于该文本的背景资料。我从其他作家(尤其是佩恩[Payne],1992年)处了解到,这首诗与占卜预测和规劝开导的社会精英传统有关,因此严格来说并不算民间诗歌(folk poetry)。据我所知,阿基沃沃试图从约鲁巴社群长者和知识分子积累的智慧和对社会的观察中提炼出社会学原则,而这些原则都浓缩在口头文学传统中。

这种方法在1986年尚未成型。20世纪80年代,阿基沃沃一直在伊费大学(University of Ife)与该校的一群年轻学者合作开发这种方法,接着,在非洲及其他地方,该方法变成了更大规模运动的一部分,这个运动旨在重估口述材料(oral sources)对于历史和社会分析的价值(Vansina 1985;White,Miescher and Cohen 2001)。

1988年,《国际社会学》发表了一篇后续论文,题为《阿苏瓦达原则:从非洲视角分析阿基沃沃对于知识社会学的贡献》("Asuwada Principle:An analysis of Akiwowo's Contributions to the Sociology of Knowledge from an African Perspective"),作者是阿基沃沃的一位前同

事摩西·马金德(Moses Makinde)。马金德支持从"非洲文化和哲学"中汲取社会学思想的意图——加上"哲学"一词颇为重要,我将在后文说明这一点。

马金德试图将《贡献》一文中的社会学思想给系统化。他把阿基沃沃的一系列观点归结为与**阿苏瓦达**原则相关的三个基本"原理"(axioms),其他原理均出自这些原理:

1. 社会生活的单位是个体的生命、存有、存在或品德。

2. 尽管在形而上学的意义上,每个人都是神(Divine Being)的独特造物(emanation),即**艾米**(*emi*),但每个个体生命作为肉体性的自我(corporeal self),均需要其他肉体性自我的友爱之情,才能感受到并变得完整(whole)和完美(complete)。

3. 肉体性的个体无法在脱离社群的情况下存续下去。

马金德论文的核心是从这些前提条件转移到更为实质性的议题上,特别是阿基沃沃关于不同形式社会关系(social connection)的观点。最为关键的是**阿若比**(*ajobi*)(即有血缘关系的亲属之间的关系)和**阿若格比**(*ajogbe*)(即住在一起或彼此相邻的人之间的关系)两者之间的区别。**阿若比**,即血缘或亲属关系,被视为非洲社会的基本单位。它与**阿若格比**式的关系一并创造了社会和谐。

不过,社会关系也可能会破裂。马金德援引阿基沃沃的描述,即随着欧洲人出现在西非、个人主义抬头、采用新的货币形式、贫富不均,以及同胞之间互相竞争而非团结一致,**阿若比**式的亲属关系受到严重削弱。于是,只剩下**阿若格比**式的同住关系。但马金德认为,这种关系也可能会失败,在此情况下,**阿苏瓦达**的一般原则便已经失效。马金德认为,这种社会性的危机现在已经变得很普遍,尤其是在第三世界国家。

讲到这里,马金德介绍了阿基沃沃的"**伊佛戈邦塔耶斯**"(ifogbontaayese)概念,即"用智慧改造世界"。仅靠技术发展是不够的——事实上，技术发展是其中一个难题。马金德认为，不同学科（尤其是社会科学各学科）的知识分子怀着"使全世界各个社会变得更加宜居"的目的而团结起来，便可以共同对抗这场危机。这样一来，他们便遵循了**阿苏瓦达**的原则。

两年后，《国际社会学》发表了由伊费大学（即现在的奥巴费米亚沃洛沃大学［Obafemi Awolowo University］）两位学者撰写的第三篇后续论文，标题为"迈向非洲社会学传统：对阿基沃沃和马金德的回应"（"Towards an African Sociological Tradition：A Rejoinder to Akiwowo and Makinde"）。该文的语气迥然不同。两位作者是人类学家奥拉通德·巴约·劳鲁伊（Olatunde Bayo Lawuyi）和哲学家奥卢费米·塔伊沃（Olufemi Taiwo），他们并不反对"使用非洲特有用语（African idioms）进行社会学研究"的想法。但他们认为阿基沃沃和马金德并没有做到这一点。

劳鲁伊和塔伊沃以礼貌而坚定的语言指出，阿基沃沃和马金德对于口头诗歌传统的解读产生了一些意义不确定的概念。**阿苏瓦达**概念的用法本身就模糊了三个截然不同的观念（即创世原则、万物倾向于聚集成群的特性，以及人类为了共同的目的而聚集在一起）。**伊哇**（即生物）的概念同样模糊不清，此外，阿基沃沃使用了**阿若比**概念中两个相互矛盾的含义。**阿若比**（即亲属关系）和**阿若格比**（即同住关系）有时被视为可以共存的两种社会生活形式，有时又被视为一个序列，在前者崩溃后，后者随之出现。

此外，劳鲁伊和塔伊沃指出，尽管阿基沃沃和马金德分析的是同一首口头诗歌材料，但却产生了不同的理解。马金德将**阿若格比**的意义变换成"社会整体"（society-as-a-whole）的概念，从而使**阿若比**成为其中的一个单位。而根据阿基沃沃的说法，这两者是并列的社会关系形式。

这种逻辑批判相当猛烈，不过这还没完。劳鲁伊和塔伊沃认为，阿基沃沃并未成功地做到用约鲁巴语进行社会学研究。相反，他的精力很大程度上被用于寻找与英语中的社会学术语相对应的约鲁巴语。他的研究实际上并未创造出一种原住民社会学,"有人宣称,阿基沃沃的发现表明约鲁巴语中存在着社会学的常见要素,对此我们没有异议。我们所否认的是,这两位说话者给我们提供了一种约鲁巴语的社会学理论"(Lawuyi and Taiwo 1990:67)。

劳鲁伊和塔伊沃提出了另外一个与阿基沃沃和马金德的研究相关的重要问题。"**伊佛戈邦塔耶斯**"(即用智慧改造世界)的概念曾出现在阿基沃沃早年于尼日利亚发表的作品中,这个概念表明了他的政治意图。阿基沃沃曾关注个人主义对非洲社会的瓦解作用,他认为非洲人应该回到原住民文化去寻找相关知识的标准。劳鲁伊和塔伊沃认为,这必然会产生一种具有文化局限性的知识观念。此外,劳鲁伊和塔伊沃认为,该论点过分简化了非洲的现实,忽略了塑造知识本身的各种社会力量,因为对知识的社会评价"总是反映着权力的分配和社会控制的原则"(1990:72)。

阿基沃沃在1991年和1999年针对这些批评发表了两篇回应。第一篇是《对马金德/劳鲁伊和塔伊沃的回应》("Responses to Makinde/Lawuyi and Taiwo"),篇幅很短,在文中他对这些批评嗤之以鼻。阿基沃沃对劳鲁伊和塔伊沃的指责包括:他们未能对他的文章做出正确解读;未能理解约鲁巴的话语体系,尤其是这些诗歌背后的哲学思想;未能意识到约鲁巴语的句子有着许多细微差别。阿基沃沃援引约瑟夫·坎贝尔(Joseph Campbell)关于神话普适性(universality of myth)的说法,明确否认他在使用神话材料的过程中所涉及的知识存在着文化局限性。

第二篇回应是《原住民社会学:扩大论据的范围》("Indigenous Sociologies:Extending the Scope of the Argument"),发表于阿基沃沃搬到美国之后。虽然他显然仍受到那些批评的困扰,但是该文章的篇幅更长,也更有分寸。他以一位运用当地神话来理解精神问题的约鲁巴精神病医生为例,来为原住民思想的独特性辩护。

在这篇文章中,阿基沃沃重新审视,并在一定程度上修正了他的概念体系。他从马金德提到的**阿苏瓦达**原则的崩溃问题入手。阿基沃沃如今的看法是:这个问题牵涉到人类精神;人们必须承认社会关系中的精神因素;精神性(spirituality)方面的个体差异会影响到**阿苏瓦达**原则的运作。随后,阿基沃沃提供了与理解**阿苏瓦达**原则相关的约鲁巴语术语表,阐述了其中一些术语,并重新讲述了另一个神话故事,用来解释各种生物如何汇聚在一起还变得和谐融洽——这次是一个关于身体各个部分的故事。

阿基沃沃选择了一组特定的口头诗歌作为原住民概念的来源,该做法并不是这场争论的焦点,不过也许它本应成为焦点。这种来源意味着,他的社会学概念取材于尼日利亚社会中的一个相对享有特权且极度传统的狭隘群体的观点。

如果我们有一批约鲁巴语的文化材料可以使用,那么我们如何才能从中真正获得社会学概念? 在阿基沃沃或马金德的论文中,这种方法从来就不是很清楚。人们从整个争论过程中可以清楚地看到,并没有一种清晰明了的方式来完成这项工作。阿基沃沃先是提出一组概念,之后又提出一组修正过的概念;接着马金德对这些议题做出了稍微不同的阐释;而在阿基沃沃看来,劳鲁伊和塔伊沃误解了这整个过程。

在其他文化环境中,这是一个常见问题。作为一名澳大利亚人,我很熟悉我们当地有关澳大利亚身份,以及澳大利亚神话与象征之含义的争议。但在眼下,事情的关键并不仅仅是对于本土文化的民族志阐释。问题在于这些概念的基础。这些概念旨在传播到约鲁巴文化之外,并且正如阿基沃沃在 1986 年的论文中所言,它们为全世界的社会学"提供了一套普遍性的解释原则"。如果这四位讲约鲁巴语的专家无法就"如何从这些文本中获取社会学意义"这个问题达成一致意见,那么作为世界上另一个地区的社会学家,我应该如何理解它们呢?

1999 年,阿基沃沃在为他的理论体系辩护时,从其他口头资料中搬来了更多的神话材料,这使问题变得更加复杂。让我们假设一下:我在澳大利亚做社会学研究时,想要运用**阿苏瓦达**原则,以及**阿若比**和**阿若格比**这两个概念。但我无从了解约鲁巴语言和文化的整体背景,特别是伊发占卜仪式(Ifa divination ritual)①,更不用说阿基沃沃所知道的另外一些文本。正如阿基沃沃认为与他对话的那些本地学者已经误入歧途一样,我在阐释这些术语时可能也会走错方向,甚至可能会错得非常离谱。与其说我用的是来自尼日利亚的原住民社会学,倒不如说我在构建自己的融合体系,这个体系对于澳大利亚或尼日利亚的其他社会学家来说几乎毫无意义。

据我所知,其他国家的社会学家实际上并没有在实质性研究中使用过阿基沃沃的概念。1992年,美国社会学家马克·佩恩(Mark Payne)发表论文赞扬阿基沃沃的想法,并为口头文学传统和占卜实践进行辩护,认为它们是社会学见解的有用资料来源。但实际上,他并没有运用这些概念**从事**过任何社会学研究。在这一点上,情况还是与劳鲁伊和塔伊沃所描述的一模一样:以约鲁巴为基础的社会学,其**可能性**已得到证明,但其**实质**上尚未实现。

如果我们根据这个例子来判断,那么把原住民社会学放到其他文化背景下使用,或者甚至放到阿基沃沃所谓原住民社会学的"母体文化"(parent culture)中使用,似乎都存在着一个问题。二十年前,人们对原住民社会学寄予厚望,希望其能够挑战宗主国社会学的概念体系,如今似乎已经无果而终。

此外,还有一些事情值得一提。阿基沃沃提出的大胆计划也许并没有产生多少在全球话语中能够派得上用场的概念,但是他道出了一些关于非洲的要义。这些要义体现在他所选择的约鲁巴术语中,尽管它们可能并不需要以这些术语为依托。阿基沃沃的作品意味着他对当代尼日

---

① 【译者注】伊发(Ifa)是西非的一种宗教和占卜系统。

利亚的关键问题乃至于对同一地区其他国家存在的问题做出了**社会诊断**(*social diagnosis*)。像这样的分析并不依赖于原住民社会学的术语,尽管它肯定可以从这些术语中汲取一些见解。任何一位国际读者都可以从中学到一些东西。

具体而言,在殖民主义和后殖民经济的冲击下,基于亲属关系的社会发生了变革,阿基沃沃所使用的**阿若比/阿若格比**这对概念显示了他对于这一进程的解读。他强调**阿苏瓦达**原则本身,表明他对于至关重要的社会融合及其所面临的威胁感到担心。即便是在他发表于 1986 年的那篇文章中,相关"命题"的说教口吻也表明他很担心这些威胁,并暗示了抵制这些威胁的必要性。

从国际社会学的角度来看,这似乎是一个激进的认识论方案。但如果我没理解错的话,这同时也是从一个寻求恢复社会融合与平衡的传统主义长者的角度,对西非社会变革所作出的保守主义回应。他与劳鲁伊和塔伊沃之间的争论本身含有代际因素(generational element)。阿基沃沃试图采用原住民的文化材料构建一种非洲社会学,这对于他那一代的知识分子而言,并不是什么不寻常的方案。只不过,像这样的大事件并不是发生在社会学领域。

从"非洲哲学"到后殖民知识社会学

在 1986 年的《贡献》一文中,阿基沃沃引用了一部哲学著作。这部著作对于《国际社会学》杂志而言是无关紧要的(它如此不重要,以至于《国际社会学》拼错了作者的名字),但是它对于非洲知识分子却意义重大。这部著作是比利时传教士普拉西德·坦普尔斯(Placide Tempels)(1959)所写的《班图哲学》(*Bantu Philosophy*),最初于 1945 年以法语出版。该书标志着一场关于非洲文化与哲学的大规模辩论的开端。这场辩论值得探讨一下,因为与任何一种原住民社会科学相关的基本问题,在这场辩论中均有所提及。

有关于比利时入侵和剥削中非的故事，如今已经广为人知。这是殖民征服（colonial conquest）的血腥历史中较为可怕的故事之一。进步记者将其残忍暴行一步步地透露给欧洲和北美的读者。其中一位进步记者是罗伯特·E.帕克（Robert E. Park），他后来成为芝加哥社会学派的关键人物（Lyman 1992）。

19世纪末，一些天主教的传教修道会（Catholic missionary orders）来到刚果（Congo），着手改变土著人的宗教信仰。瓦伦丁·穆迪姆贝（Valentine Mudimbe）在其杰出的概述性著作《非洲的发明》（*The Invention of Africa*）（1988）及其续篇《非洲的概念》（*The Idea of Africa*）（1994）中描述了这一过程。这个过程的任务既是变革文化，也是改变信仰。被穆迪姆贝称为"统治机构"（apparatus of rule）的"殖民结构"（colonising structure），其职责包括对空间的统治、将地方经济融入资本主义制度，以及重塑土著人的思想。

在进入20世纪后的几十年里，大部分人口至少在名义上是基督徒，原住民当上了牧师，问题也随之发生了变化。有件事情变得很重要，那便是证明本土文化能够作为基础，让基督教建立在其之上。这就是坦普尔斯的《班图哲学》一书所承担的任务。

为了理解该书的影响力，人们有必要认识到欧洲对于非洲人的诋毁曾经有多么猛烈。殖民者对于被殖民者的蔑视是帝国主义的一个共同特征。殖民者曾诋毁北美原住民奸诈，诋毁孟加拉人娘娘腔，诋毁中国人堕落，诸如此类。非洲作为世界上最后一个被完全殖民化的主要地区，遭到宗主国的全方位蔑视。正如澳大利亚土著被当成极端原始的代表，非洲也被欧洲人看作蛮荒之地的缩影，欧洲人认为它无法靠自身努力改善现状。

坦普尔斯认为，殖民地之所以无法崛起，是由于欧洲人把非洲黑人当作头脑原始的野蛮人，从而没有看到非洲人已经拥有成熟的**内隐**哲学（implicit philosophy）。《班图哲学》详细阐明了这种哲学。班图思想基于一种本体论,一种将存有(being)等同于"生命力"(vital force)的存有理论。欧洲人看到的是一个物体或一个人,而非洲人看到的是一股生命的力量。这些力量相互作用,它们之间通常是有等级的。因此,社群中的个人要生活在首领的领导之下,因为首领代表着一种更为强大的生命力;生者必然与逝者有关系(因此要祭祀祖先);此外,一种生命力可以支配或破坏另一种生命力(因此有了巫术)。该本体论带来了某种哲学心理学的人学理论(theory of the person),即**蒙图**(*muntu*)[①],以及某种具有强烈公共性(communal)的伦理。所有这些看法都基于一种对于最强大的生命力——上帝——的深层信仰。

60 年后读到坦普尔斯的这本书,我很难理解为什么它会产生如此大的影响。他进行哲学形式化(formalisation)的方法如此混乱,以至于人们无法重建(reconstruct)或验证他的论证过程。他的说法——如"在班图人的心目中……"或"在非洲人眼中……"——均过于笼统(1959:46,76,124)。坦普尔斯充其量是个民族志研究的外行。他提供的佐证是些奇闻轶事,而且他根本不考虑原住民生活中的很多领域,比如经济和社会制度。在这方面,他遵循的是他那个年代法国人类学的理想主义风格(Copans 1971)。坦普尔斯的研究明显不如二战前出版的非洲其他地区的民族志研究,如乔莫·肯雅塔的《面对肯尼亚山》(*Facing Mount Kenya*)(1938)。

尽管如此,这本书的亮点在于,坦普尔斯强烈反对那种欧洲中心主义的看法,即认为非洲人既没有任何有价值的文化,也没有伦理。他的书是写给白人中那些"**心怀善意**[②]且生活在殖民地的宗主国居民"看的(1959:184)。坦普尔斯希望比利时人停止破坏原住民文化,并"帮助班图人建设他们自己的班图文明,一个属于他们自己的、稳定而高尚的文明"(1959:174)。事实上,坦普尔斯属于殖民者中间的一个捍卫土著人权利的异议派

---

① 【译者注】班图人的语言中把人称为"蒙图"(muntu,单数)和"班图"(bantu,复数)。
② 此处粗体由坦普尔斯自己所加。

别(Houtondji 2002a：212 - 16)。为了说服他的同胞,坦普尔斯充满热忱地书写非洲思想的条理性和深刻性,谈到欧洲人也可以借鉴这种"崇高智慧"。《班图哲学》中有一种含蓄的暗示,即认为班图人比欧洲人更接近上帝。鉴于欧洲人在刚果的所作所为,谁会不同意这种看法呢?

不过,这种赞美只适用于某些非洲人——那些坚守传统文化的非洲人。坦普尔斯对于像巴卢巴人(Baluba)那样"倔强、保守和充满哲理"的群体赞不绝口(1959：161),但他公开蔑视欧化的非洲人,即比利时和法国殖民主义所称的"**进化者**"(évolués)(字面意思是"已进化的人"——这个词浓缩了殖民主义态度的变迁史)。在坦普尔斯看来,这些人无根无蒂、痴迷金钱,是"空虚而不知足的灵魂""道德和智力上的流浪汉""一帮没有原则、个性、目的,或理智的伪欧洲人"(1959：180，184)。

坦普尔斯的这部分论点与其他一些在他南边不远处的知识分子的观点相类似。他们也有一套关于班图人的理论。杰弗里·克龙涅(Geoffrey Cronje) 在 20 世纪 40 年代为南非新兴的种族隔离制(Apartheid) 政权提供了社会学方面的正当性理由 (Cronje 1947；Coetzee 1991)。在诸如杰弗里·克龙涅这样的荷兰裔南非白人(Afrikaner)学者的思想中,班图人和欧洲人之间存在着根本性的文化差异,这个观点成为所谓"正当的种族隔离"(rightful race-separation)的一部分理由。不过,这些看法并非普遍存在于南非白人知识分子当中。种族隔离制度的批评者和支持者之间爆发过一场激烈的争论,他们对于反抗该政权的策略也争论不休——娜丁·戈迪默(Nadine Gordimer)的小说《博格的女儿》(Burger's Daughter)(1979)即以此为主题①。

毫无疑问,坦普尔斯的书为殖民主义——或者说净化过的(purified)殖民主义——提供了正当理由。依照这种净化过的殖民主义,传教士和

---

① 【译者注】娜丁·戈迪默于 1979 年出版的长篇小说,该书写的是一个南非白人共产党领袖的女儿继承父志勇敢抗争的故事。

教育者会将基督教的精华与班图本体论的精华结合起来,以提升非洲人。坦普尔斯并没有预见到即将改变非洲的去殖民化(decolonisation)浪潮的到来。这股浪潮正是由他所鄙视的那些**进化者**(比如像夸梅·恩克鲁玛[Kwame Nkrumah]一样的激进分子[1957])所引领。夸梅·恩克鲁玛在黄金海岸(Gold Coast)①和美国都接受过教育,1951 年,他在这个后来改称加纳(Ghana)的地方所举行的选举中取得了压倒性胜利②。坦普尔斯那种家长式的变革模式随即变得过时了。在二战后 20 年间反对殖民主义的政治斗争和文化斗争中,坦普尔斯思想上的另外一面——对非洲哲学的赞扬——产生了显著的影响。

《班图哲学》的出版催生了 20 世纪 40 至 80 年代的整个民族哲学(ethnophilosophy)产业。坦普尔斯的业余民族志研究很快被更为复杂的作品所取代。在《班图-卢旺达人的存在哲学》(*La philosophie bantu-rwandaise de l'etre*)(1956)一书中,来自卢旺达的亚历克西斯·卡加梅(Alexis Kagame)基于对当地语言中词形(word forms)的深入分析,并辅之以谚语、寓言、传统故事和朝代诗歌(dynastic poems),从而对原住民的本体论作出了详细描述。接着,卡加梅对 180 种班图语言和方言进行了大规模的对比研究,并以此为基础创作了《比较班图哲学》(*La philosophie bantu comparée*)(1976)这本概述性著作。他为"班图文明"的概念辩护,并声称自己揭示了它的形式逻辑、本体论、人学(doctrine of the person),以及初始起源观(ides of a prime cause)。

与此同时,在东非,约翰·姆比蒂(John Mbiti)发表了题为《非洲宗教与哲学》(*African Religions and Philosophy*)(1969)的概述性著作。这本书对整个非洲大陆的原住民思想做了更为全面的评述,不仅涵盖本体论和神学,而且涵盖了族裔、生命历程、婚姻、知识分子、巫术和伦理。

①【译者注】黄金海岸是西非几内亚湾(Gulf of Guinea)地区的名字,从 1867 年到 1957 年为英国殖民地,1957 年独立,改称加纳(Ghana)。
②【译者注】1951 年,英国被迫宣布黄金海岸在英联邦内自治,恩克鲁玛出任政府事务领导人。

虽然他在开篇处表示自己认可多样性，但是他也在无意间对非洲的世界观作出了过于笼统的概括。其中最有名的是他的这个说法：

> 根据传统观念，时间是一个二维现象，它有着悠久的过去，有现在，但实质上没有未来。西方思想中的线性时间概念则具有不确定的过去，有现在，还有无限的未来。这种概念实际上与非洲思想格格不入。(1969：17)

20世纪80年代，这种风格的研究仍在延续。夸梅·格耶克耶（Kwame Gyekye）的《论非洲哲学思想：阿坎人的概念模式》（*An Essay on African Philosophical Thought：The Akan Conceptual Scheme*）(1987)就是一个很好的例子。格耶克耶采访了加纳的阿坎族社群中的一些"智者……或传统智慧方面的权威"，收集了一些谚语和传说，并对于存有、人、命运、伦理、逻辑及个体与社群的关系等方面的"阿坎观念"(the Akan conception)作出解读。像卡加梅和姆比蒂一样，格耶克耶从本土材料出发，进而对非洲文化的共同基础作出普遍化的归纳，他主张现代哲学家们应该关注这些"非洲文化和实践的思想基础"，并在此基础上做进一步发展(1987：212)。

由于民族哲学的兴起与去殖民化刚好是同一个时代的事情，因此，发掘以原住民文化为基础的哲学成为重申非洲尊严的一种手段。格耶克耶(1987：33)引述了一份极为有趣的文件，它是1959年黑人作家和艺术家大会(Congress of Negro Writers and Artists)的一项决议。该决议指出，非洲哲学应该基于人民的"传统、传说、神话和谚语"，并应从中汲取"真正非洲智慧的法则"。从事这项工作的哲学家应该消除他们对西方的任何自卑情绪。

因此，有关非洲哲学的构想和20世纪三四十年代的**黑人特性**运动（*négritude* movement）①对于非洲创造力的重申在思想上有类似之处，

---

① 【译者注】20世纪三四十年代由生活在巴黎的非洲和加勒比海法语作家发起的文学运动，旨在抗议法国殖民统治和同化政策。

不过后者更加广为人知。当时，利奥波德·桑戈尔（Léopold Senghor）和艾梅·塞泽尔（Aimé Césaire）等诗人颂扬被欧洲白人文化定义为"他者"并加以否定的那些人的经历。该运动在宗主国获得极大关注，乃是得益于让-保罗·萨特（Jean-Paul Sartre）的文章《黑皮肤的俄耳甫斯》（"Black Orpheus"）。这篇文章在坦普尔斯的《班图哲学》和艾伦·佩顿（Alan Paton）①的著名小说《哭泣的大地》（*Cry, the Beloved Country*）发表之后几年发表，它标志着白人知识分子在黑人意识发展过程中的巅峰时刻。随着殖民地独立斗争的发展，该文学运动变得日益政治化，影响到包括弗朗兹·法农（Frantz Fanon）和史蒂夫·比科（Steve Biko）在内的许多人。

因此，"非洲哲学"在反对帝国主义文化和使非洲独立变得合法化方面发挥了作用。但它真的是哲学吗？坦普尔斯本人也提出过这个问题。到了 20 世纪 60 年代，人们对此产生了更多的疑问。1976 年，年轻的达荷美（Dahomeyan）②哲学家保兰·洪通吉将这些疑问凝聚成一本精彩、诙谐且愤怒的书，书名叫作《非洲哲学：神话与现实》（*African Philosophy：Myth and Reality*）。

洪通吉严厉批评了"内在的非洲哲学"这种观点，即一种认为可以在习俗、祷文（chants）和神话中发现非洲哲学的观点。他指出，民族哲学家们的解读缺乏明确的文本依据，而且他们提出的学说是自相矛盾的。这种所谓的"哲学"并非通过严谨的、可检验的方法来构建；事实上，它是民族哲学家自身想法的一种随意投射：

　　……（民族哲学）的文献是真实存在的、不容置疑的已知事物。至于它声称要恢复的对象，顶多只是一种说法，一项口头上的发明，一个神话。我所说的非洲哲学，是指这些文献。我试着去理解

---

① 【译者注】南非作家，该书发表于 1948 年。
② 【译者注】西非的一个共和国，1976 年改称贝宁（Benin）。

为什么迄今为止，非洲哲学要如此煞费苦心地躲藏在一道内隐"哲学"的屏障背后。这道屏障由于是虚构的，因此显得格外模糊不清。该种内隐"哲学"被想象成一种不假思索的、自然而然的、集体所有的思想体系，它被全体非洲人所共有，或者至少被过去、现在和未来某某非洲族群的全体成员所分别拥有。我试着去理解为什么迄今为止，大部分非洲作家在尝试与哲学打交道时，都认为有必要将他们自己话语中被误解的现实投射到如此显而易见的虚构之物上。（1976：55）

正如他后来所说的那样，这种做法是在逃避责任：

（民族哲学家们）以第三人称来阐释一种近似于哲学的东西，它是由这样的句子组成的："他们认为这样那样"，"他们说了某某事情"，诸如此类。在某种意义上，他们放弃了以自己的名义进行发言或展开争论。他们放弃了知识分子的责任。（1996：83）

此外，民族哲学以糟糕的社会分析作为基础。它提出了一个令人难以置信的假设，即非洲文化内部存在着共识，"这种关于原始一致性的荒诞说法暗示着，在'原始'社会——亦即非西方社会——中，每个人都同意其他人的观点"（Hountondji 1976：60）。它还做出了一个错误的假设，即非洲社会在文化上是静态的，因此可以从中发现一种不变的世界观。民族哲学非但没有使真正的非洲哲学作品得到广泛传播，反而重演了殖民者对非洲文化的凝视。

简而言之，洪通吉认为，自坦普尔斯以来的整个民族哲学学派都是一个基于"巨大的误解"之上的、"疯狂而无望的事业"（1976：52，75 - 76）——它缺乏科学性，主观武断，如今在政治上又很反动。

洪通吉明白，民族哲学和**黑人特性**运动是针对殖民主义者蔑视原始思想（primitive thought）这一做法的回应。这种蔑视不仅体现在头戴遮阳帽、身上晒得黝黑的种植园主身上，也体现在巴黎的杰出知识分子身上。不过,关于非洲文化独特性的主张尽管在反殖民斗争时期具有进步意义,在新殖民主义(neocolonial)时代却改变了它的政治色彩。如今,它成为独立后独裁国家意识形态的一部分。洪通吉对这些政权及其自私的文化正统观念提出了尖锐的批评。他曾有过在扎伊尔(Zaire)教书的亲身经历,当时正是蒙博托(Mobutu)实施独裁统治及其"真实性"(authenticity)信条广为流行的时期。①

洪通吉并不是唯一一位提出这种批评意见的人。例如,加纳哲学家夸西·维雷杜(Kwasi Wiredu)在《哲学与一种非洲文化》(*Philosophy and an African Culture*)(1980)中,对"民间思想"(folk thought)和哲学做了清楚的划分,后者是一种基于理性和论证的批判性实践。维雷杜认为,如果非洲哲学仅仅意味着传统文化,那么哲学家们将不得不放弃"非非洲的"(un-African)现代逻辑和认识论,而"满足于重复我们祖先的谚语和民间观念"。

在经历过这场真正毁灭性的批判之后,非洲哲学还剩下什么? 在洪通吉和维雷杜看来,一切都还在。他们只不过是清除了一个已经对思想发展构成障碍的、具有不良影响的神话而已。正如维雷杜(1980:30)所言,"有别于非洲传统世界观,非洲哲学是一门当代非洲哲学家正在缔造的哲学。它仍在酝酿过程中。"

这些观点并未获得普遍的赞誉。特别是洪通吉,他得罪了很多人,以至于《非洲哲学:神话与现实》这本书在其自身所引发的争议当中,成为众矢之的,其中有些看法很恶毒。左派指责洪通吉是小资产阶级的个人主义者,右派指责他背叛了非洲人民和文化。民族哲学家认为他致力于一种欧洲中心主义的哲学观。洪通吉被指控为新殖民主义者、精英主义者、理想主义者、写作拜物教徒(writing-fetishist)、势利小人、冒牌知

---

① 【译者注】"真实性"是蒙博托政权的官方意识形态,旨在使扎伊尔这个国家摆脱殖民主义和西方文化的影响,创造更为真正独立的民族身份。扎伊尔是中非一个共和国的旧称,现称刚果民主共和国,简称"刚果(金)"或"民主刚果"。

识分子。难怪在回顾这场争议时,洪通吉称其为一场"被玷污的讨论"(Gyekye 1987;Serequeberhan 1991;Houtondji 1990,2002a:162ff)。

然而,随着时间的推移,对民族哲学的批判占了上风。评论家们并不是要放弃非洲议题,而是采取不同的方式来思考这些议题。维雷杜和洪通吉都很关心非洲文化的**重建**。洪通吉的第一本书《自由》(*Libertés*)(1973)集中论述了知识分子的操守、自由和民众参与政治变革之间的联系。

洪通吉并不希望放弃本土文化知识,但他坚持认为,民族哲学和民族科学(ethnoscience)(即一个试图重建非西方文化对于植物、动物、自然世界、数学等看法的学科)代表着欧洲人对于非洲本土文化知识的凝视。因此,遵循这些方法的非洲知识分子采用的是欧洲视角;他们的作品是"外向型的"。相反,人们需要采取一种符合实际的做法,将本土知识与其他知识联系起来看待,并采用与非洲社会发展相关的形式,对本土知识加以批评和重新利用。通过表明这些观点,洪通吉由传统哲学逐渐转向了知识社会学。

这种方法的成效在《内源性知识:研究路径》(*Les savoirs endogènes: pistes pour une recherche*)一书中可见一斑,该书由非洲社会科学研究发展委员会(Council for the Development of Social Science Research in Africa,CODESRIA)在达喀尔(Dakar)出版(Hountondji,1994)。这部论文集收录了各种研究,包括内源性技术(如铁加工)、概念结构(如数字系统)、医学和药理学、知识传播形式等。

洪通吉为该书撰写的导言,连同他一些同时期发表的文章,概括了他对非洲科学外向性(extroversion)的看法。他的分析基于一种唯物主义的知识观,认为知识是整个社会生产过程的一部分。洪通吉明确地将其论点与萨米尔·阿明(Samir Amin)在《世界范围的积累》(*Accumulation on a World Scale*)中所做的经济分析联系起来。在殖民主义统治下,自给型经济(subsistence economies)融入世界资本主义市

场,产生了一种独特的知识生产模式:

> 就现代科学而言,这一过程的核心既不是数据收集阶段,也不是将理论发现应用于实际问题的阶段。相反,它介于两者之间,是理论构建的阶段、解读原始信息的阶段,以及对所收集数据进行理论加工的阶段……在殖民地时期的非洲从事科学活动的一个主要不足是,缺乏这些具体的理论构建程序和基础设施。(1995:2)

在殖民地,科学的**理论化**阶段被省略了。因此,殖民地变成了收集原材料——科学数据——的领域,这些原材料被送往宗主国,在那里生产理论。这一过程的实例在欧洲科学史上比比皆是。看看约瑟夫·班克斯爵士(Sir Joseph Banks)就知道,他曾在位于伦敦的皇家学会(Royal Society)担任会长达数十年之久。班克斯一直保存着他和库克船长(Captain Cook)于 1770 年的著名航行①期间从澳大利亚"植物学湾"(Botany Bay)采集的原始生物标本(O'Brian 1987)。除此之外,他还收到了从扩张中的大英帝国各地采集的大量标本和观测报告。

殖民地时期的知识关系通过博物馆和大学变得日益制度化。洪通吉(1995,2002b)表明,这种结构在后殖民时期仍持续发挥作用。他提供了 13 个"外向指数"(indices of extroversion),对当今边缘地区知识分子的困境作出了讥讽性的却又相当让人信服的诊断。举一个例子就足以说明问题:来自边缘地区的科学家们试图在宗主国的学术期刊上发表他们的作品。这些期刊并不指望南方国家会生产理论。因此:

> 特别是在社会科学领域,非洲学者往往在怂恿之下,局限于对自己社会最奇特的特征作出经验性描述,而不对这些特征进行任何持续性的解读、阐述或理论化。通过这种做法,他们默许为西方科学和科学家充当资料提供者,哪怕这些资料提供者本身就很有学

---

① 【译者注】1770 年,航海探险家库克奉英国海军军部密令,带人乘船前往寻找南方大陆(即现在的澳大利亚),其间驶入一个植被茂盛的大海湾,库克将之命名为植物学湾。

问。(1995：4)

这恰恰是原住民社会学运动试图解决的问题。洪通吉对非洲哲学的深刻批判无疑也适用于这一运动。该运动在方法上同样含糊不清；同样作出了不合情理的假设（即存在着同质的、静态的文化）；同样与民族主义串通一气；同样难以与国际对话接轨，除非以不平等交换作为条件。

然而，洪通吉后来的作品开辟了一条更为积极的思路。本土知识在经济和社会发展过程中确实很重要，但洪通吉认为，若要利用本土知识，除了有必要关注本土知识与神话、魔法如此紧密相关的原因，还有必要关注本土知识的**真实性**，以及本土知识有效性的成因。

当我提出阿基沃沃的作品——尤其是其对西非社会变化作出的诊断——值得人们留意时，我心中想到的就是这个论点。关于本土社会的非宗主国话语中所蕴含的**社会情境知识**（*knowledge of social situations*），与关于宗主国社会的宗主国话语是同样类型的知识——两者一样详细、微妙、基于经验，且具有可争辩性。

根据洪通吉的科学观，在把非正式的社会情境知识转化为正式的社会科学话语的过程中，宗主国和边缘地区会遇到同样的问题。在这两种情况下，都必须有一个批判的过程，以克服社会结构的决定性作用。正如迪亚瓦拉所言，本土群体的知识：

> 正是通过本土性知识与普适性知识之间的冲突、对话，以及它们的传播过程而形成的知识……这种本土性知识并不是均匀地分布在整个社会，而是随着社会群体、地位、族裔和性别的不同而变化。因此，这种本土性知识的拥有、传承和协商，与社会差异和权力关系有着密不可分的关系……这种知识远非一个一成不变的整体，而是根据不同的情境和利益，不断得到重新阐释的对象。(2000：368-369)

不过，宗主国和边缘地区的知识生产所各自面临的问题，尽管具有相似的类型,但**在实践中**有着不同的结构。这源于全球的不平等,这种不平等把宗主国构建为理论(或真正意义上的"科学")的发源地,而把边缘地区构建为数据来源或者应用宗主国知识的场所。

非洲复兴与非洲知识分子

1996 年 5 月,南非副总统塔博·姆贝基(Thabo Mbeki)在即将正式通过民主宪法的国民议会上发表讲话,他在开场白中宣布:"我是非洲人!"次年,姆贝基用"非洲复兴"(African Renaissance)一词来形容他对于新一轮文化与经济发展浪潮的展望。自从姆贝基接替纳尔逊·曼德拉(Nelson Mandela)担任总统以来,这个想法为南非的外交政策提供了框架。已经有好几本关于"非洲复兴"的书,至少有一个推广这个想法的研究所,还有一场日益扩大的、关于这个想法的辩论。

不过,有关"非洲复兴"的言辞虽然极具感染力,但却缺少计划,需要加以充实。1997 年的一份文件列出了南非与非洲大陆其他地区建立密切关系的五个优先领域:文化交流,解放非洲女性,动员青年,促进民主,以及可持续的经济发展。显然,对许多当地人来说这个想法非常鼓舞人心。例如,实事求是的科学教育工作者博斯莱尔·泰马(Bothlale Tema)(2002:129)称之为一个"奇妙的时刻";瓦尔(Vale)和马塞科(Maseko)(2002:130)这两位冷静的政策分析师则论及"姆贝基所描述的解放时刻"。

非洲人国民大会党(African National Congress)在经历了与前政府、南非商业和全球资本的一系列妥协之后上台执政,他们逐渐放弃了以前信奉的社会主义,采取了温和的新自由主义国内路线(Jacobs and Calland 2002)。瓦尔和马塞科(2002)所谓对于非洲复兴的"全球主义"(globalist)阐释,其核心是对非洲经济发展的展望。这种展望的重点包括自由市场、国营部门的缩减、良好的治理、吸引私人投资,以及更好的基础设施。批评者认为,这只不过是新自由主义全球化的一种区域性版本。即便如此,该议程实施起来也并非易事。泰勒(Taylor)和威廉斯(Williams)(2001)指出,1998 年,在几个邻国的参与下,刚果再次爆发了毁灭性战争,这与非洲复兴的假设前提相悖。中非的政治精英们非但不是非洲团结、改革和发展的潜在盟友,反而从战争和不稳定中获取巨大利益,这样他们就可以经营恩庇网络(patronage networks)①,以巩固自己的统治。

然而,"非洲复兴"还有另外一种解读,瓦尔和马塞科称之为"非主义者"(Africanist)的解读。根据这种解读,姆贝基的想法属于文化重振(cultural reassertion)传统,该传统可追溯至**黑人特性**运动和恩克鲁玛倡导的泛非主义(pan-Africanism)(Ahluwalia 2002)。非洲复兴思想的一些坚定支持者采用了这种解读方式(Makgoba 1999;Ntuli 2002)。例如,皮蒂卡·恩图利(Pitika Ntuli)提出了"西方方式"(the Western Way)和"非洲方式"(the African Way)的二分法。恩图利的观点在风格上与民族哲学极为相似,他认为非洲的宇宙观(cosmo-vision)是全面性的,与社会、仪式、重生和繁殖融为一体。不过,他的版本带有政治色彩。恩图利认为,那些西化的知识分子正在背弃非洲方式,比如,他们批评针对女孩的"贞操测试"(virginity testing),而恩图利认为该测试是道德复兴的标志。(姆贝基关于解放非洲女性的原则好像在某种程度上已经被人遗忘。)显然,恩图利认为非洲复兴大计是一个可以迫使持不同政见的知识分子回归正轨的正当理由。

从文化意义上讲,非洲复兴与重新认可原住民知识(indigenous knowledge)息息相关。如凯瑟琳·奥多拉·霍普斯(Catherine Odora Hoppers)(2002)所述,南非议会曾要求该国科学委员会(science councils)

---

① 【译者注】指在特定地区或社区运作的恩庇关系结构。"恩庇关系"(patronage)指恩庇者(patron)和多位侍从(clients)之间,以及多位恩庇者之间相互依赖和互惠的不平等关系,其等级取决于权力、财富和社会地位。恩庇关系是一种非正式的政治结构。

重新考虑原住民知识这个主题，并为此启动了一项研究议程，以纠正本土人士"被剥夺认知权利"（epistemological disenfranchisement）的错误做法。雷蒙德·苏特纳（Raymond Suttner）（2006）同样主张原住民知识是真正的知识，他认为南非需要一种包容性的文化，以实现非洲人民久被压抑的创造力。阿里·西塔斯（Ari Sitas）（2006）则追溯了阿基沃沃等社会学家对原住民知识的"收复之旅"（reclamation journeys），并对普遍性知识和特定知识之间的互动表示支持。因而，他从非洲复兴思想中看到了能够促进新型社会学发展的因素。

不过，并非所有人都不加批判地支持这件事。西塔斯承认欧洲传统的内部复杂性，以及将当代知识建立在关于独特传统文化的可疑观念上的危险性。心理学家利文斯通·姆库茨（Livingstone Mqotsi）（2002：170）直言不讳地批评了非洲中心主义（Afrocentric）思想和当权者"复兴部落主义（tribalism）和原始制度的政策……非洲并没有住着一种天生具备特殊属性的特别人类"。

帕尔·阿卢瓦利亚（Pal Ahluwalia）（2002）同样告诫人们，不要让非洲复兴模式朝着种族本质主义的方向发展。此处，关于知识形式的争论以棘手的方式与身份政治交织在一起。在这种将"非洲人"等同于原住民族裔身份的二分法话语中，无处容纳某些重要的知识分子群体，因为他们的非洲身份以其他事物作为依据。这些人包括曾参与非洲文化复兴和反种族隔离斗争的白人作家（例如戴维森、富加德），散居海外的非洲黑人（如杜波依斯、法农），来自阿拉伯非洲（Arab Africa）①的知识分子（如阿明），以及许多在当前改革和发展方案中发挥着作用的、本土出生但具有欧洲、印度或其他种族背景的脑力工作者（Connell 2007）。

解决这些困难的方法，并不是作出更为复杂的分类，而是更加认真地

---

① 【译者注】撒哈拉沙漠以北的非洲地区，大致相当于北非一带，主要生活着阿拉伯人，讲阿拉伯语，信奉伊斯兰教。

思考一下脑力工作的环境。马哈茂德·马姆达尼（Mahmood Mamdani）
(1999)在对非洲复兴思想所做的深入探讨中,回顾了在种族隔离制度下,
实行种族隔离的大学"更多是作为黑人知识分子的拘留中心,而不是作为
培养知识分子思想的中心"。马姆达尼指出,种族主义思想在后种族隔离
时代依然存在,现在关键是要尝试着"将知识生产(intellectual production)
去种族化(deracialisation)"。这意味着去种族化的机构,以及知识自由
(intellectual freedom)。不过,去种族化后的非洲知识只能由"以非洲为中
心的知识界"(Africa-focused intelligentsia)来生产。这在南非很难做到,因
为那里的科学和高等教育机构仍然"对以非洲为中心的思想怀有敌意"。
在非洲的其他地区,例如,达喀尔文化研究学院(Dakar school of cultural
research)和达累斯萨拉姆政治经济学院(Dar es Salaam school of political
economy),人们已经取得了更大的进展。

因此,马姆达尼所指出的,与洪通吉所担心的是同样的问题,即在全
球经济和宗主国文化霸权的背景下,非洲脑力工作者的生存状况问题。
这无疑是一个痛处。桑迪卡·姆坎达维雷（Thandika Mkandawire）
(2000)在其辛辣评论中,追溯了整个黑非洲地区(black Africa)①的知识
分子和独立后政府之间的关系史。在 20 世纪五六十年代,知识分子大
多支持国家建设,但专制政权关闭了辩论的空间,常常要求意识形态上
的一致性。非洲社会科学家尤其被排除在决策过程之外。随着 20 世纪
八九十年代新自由主义和结构调整计划(Structural Adjustment
Programs)的出现,这种疏离现象再次出现。政府求助于外国顾问,而非
政府组织(NGO)需要的仅仅是咨询公司,而非基础研究项目,因为他们
认为"对穷人而言,蹩脚的研究就已经足够好了"。

那些研究过马姆达尼所提到的各类机构的人强调,为非洲社会科
学的发展寻找基础确实是一件难事。彼得·克罗斯曼（Peter

①【译者注】撒哈拉沙漠以南的非洲地区。

Crossman)和勒内·德维施（Rene Devisch）（2002），以及比伊特·布罗克-乌特内（Birgit Brock-Utne）（2002）在查阅撒哈拉沙漠以南的非洲地区各大学的课程后发现，政治独立40年后，这些课程在内容上几乎都没有进行非洲本土化，也很少以原住民语言授课。与非政府组织的资助一样，直接用于社会科学的援助也倾向于支持小规模、实践导向的研究。东非和南非地区的社会科学研究组织所资助或报告的项目就是证据。这些项目包括有关青年领导能力、艾滋病风险、公务员压力、食品安全、社会性别与小型企业、性虐待等话题的本土研究（*OSSREA Bulletin* 2005）。所有这些都是值得讨论的话题，但正如洪通吉所言，缺少了理论构建的阶段。

迄今为止，非洲复兴好像还未引发一场能够激励社会思想新发展的**知识**变革。不过，以前早已发生过这样的事情。穆迪姆贝（1988）在其大型概述性著作《非洲的发明》中，追溯了有关非洲的思想所发生过的认识论断裂（epistemological ruptures），特别是其中一次断裂挑战了将非洲视为欧洲之"他者"的做法。这一次认识论断裂从20世纪20年代开始加剧，直至50年代结束，它包括新的非洲历史编纂学（historiography）、对民族志的批判、**黑人特性**运动，以及关于非洲独立的政治思想。这次认识论断裂使得"以非洲为中心的知识界"的想法成为可能，而这些人正是马姆达尼在很久之后所求助的对象。

本着这种精神，我回想起早在肯雅塔和坦普尔斯之前的那一代人所做的一项研究。1916年，所罗门·特谢基肖·普拉特杰（Solomon Tshekisho Plaatje）在伦敦出版了《南非土著生活》（*Native Life in South Africa*）一书。这本书不是游记，不是民族志，也不是关于非洲农场生活的故事。它描述了1913年"土著土地法"（*Natives' Land Act*）所造成的影响。这个法案是南非的英属殖民地与阿非利卡人（Afrikaner）①殖

---

① 【译者注】指南非的荷兰白人移民后裔，旧称布尔人。

地联合之后,由全白人组成的南非议会强行通过的。该法案的目的是迫使黑人佃农离开他们的土地,以形成一批雇佣劳动力(wage labour force)服务于白人业主的利益,并成立黑人家园(black homelands)①(这是后来的叫法)。简而言之,这就是一项遵循种族主义路线的圈地法案,是迈向种族隔离的关键一步。

普拉特杰是一名由法庭翻译转行而来的记者,时任新成立的"南非土著人国民大会"(South African Native National Congress)(不久后变成了"非国大"[ANC])秘书长。他骑自行车周游全国,研究该法案对那些因被迫离开故土而流离失所的家庭所造成的影响。该书描述了他的实地考察案例,还记录了当时的演讲、议会辩论和报纸报道。普拉特杰在开往英国的船上开始创作这本书,旨在呼吁帝国政府干预此事。他的主旨包括:对该法案所酿成社会后果的愤怒报道,对南非统治者的基督教主张的讽刺,对于种族仇恨和无情的布尔(Boer)政客的批判,对帝国公民身份的诉求,以及对种族隔离路线可能造成的流血事件的含蓄预测。

英国人深表同情。但是,当代表团 1914 年抵达英国时,帝国政府还有更重要的事情要做。正如劳埃德·乔治(Lloyd George)后来告诉普拉特杰的那样,英国人很难干涉一个他们刚刚给予自治权的英联邦自治领(dominion)的内部事务。

因此,代表团和这本书都没有达成其政治目的。但是,该书的重要性却经久不衰。如果我们想要寻找世界社会学的经典著作,那么《南非土著生活》肯定就是其中之一。它不仅仅是作者顶着极大困难完成的一项开创性的实地考察工作,还对种族主义作出了令人印象深刻的剖析。该书在这两方面都可以和同代人 W. E. B. 杜波依斯的作品相媲美。普拉特杰的作品还对政治和社会方面的重大关头进行了敏锐分析。它表

---

① 【译者注】在南非种族隔离制度时期,黑人具有一定自治权的地区。

明,在殖民情境下,对土地的控制和对土地保有权的破坏,是统治模式、利益博弈、群体意识和社会变革进程的核心。这是一个社会诊断方面的显著案例,它突显了一个宗主国社会学几乎完全忽略的议题。我将在第九章回到这个议题上。

第六章　伊斯兰世界与西方支配地位

> 伊斯兰教先知被任命完成一项贯穿历史的运动,该运动反对欺骗、谬误、多神教、不和、伪善、贵族和阶级差异。宣告全人类属于同一个种族、来自同一个源头、具有同一种性质,以及信仰同一个神,该做法就是以此为奋斗目标的。
>
> ——阿里·沙里亚蒂(1972)

在本章中,我将介绍我所接触到的三位伊朗知识分子的著作,他们都在设法解决西方在伊斯兰世界中的支配地位的问题。研究这个问题的伊斯兰教文献还有很多;什叶派教义(Shi'ism)虽然是伊朗的多数派传统(majority tradition),但在整个伊斯兰教中却是少数派①。我之所以关注这一传统,一方面因为我对伊朗历史的背景资料的了解比阿拉伯历史或印度尼西亚历史要多;另一方面因为1979年伊朗革命在重塑伊斯兰世界与宗主国关系方面具有重要意义。与媒体上的刻板印象和"文明冲突"思想的追随者相反,伊斯兰教正在经历巨大的变化和革新,而这些作者是这个进程中的重要一环。

---

① 【译者注】目前,什叶派约占整个穆斯林人口的10%—15%,是伊斯兰教中最大的少数派。

当我说接触到他们的作品时，其实我应该说接触到译本。我不懂波斯语或阿拉伯语。我不仅依赖于译者对文本的翻译，而且依赖于他们对翻译源文本的选择。幸好阿富汗尼和艾哈迈德（Jalal Al-e Ahmad）的关键著作已经被完整地翻译出来，沙里亚蒂（Ali Shariati）的一些关于社会问题的讲座亦是如此；否则这一章根本不可能完成。

我试图通过研究传记、通史、文集和专业文章来填补这些空白。不过，我要强调的是，本章并不是我对他们全部作品的技术性研究，而是我对社会理论的一次特别体验。我认为其他以英语为母语的社会理论家也应该要体验一下。

驳唯物主义者

19 世纪后半叶，我们称之为"社会科学"的事物在西欧和北美成型。与此同时，伊斯兰世界开始了一次更为揪人心弦的转型，它同样涉及关于社会的知识和道德话语——不过它的结构方式不同。这次转型中的一个核心人物是赛义德·哲马鲁丁（Sayyid Jamal ad-Din），他被誉为"阿富汗尼"（al-Afghani）。[1]

阿富汗尼最著名的作品创作于 19 世纪 80 年代，当时他已是中年；他比同时代的赫伯特·斯宾塞和弗里德里希·恩格斯（Friedrich Engels）年轻，比费迪南德·滕尼斯稍微年长一些。不过，他的生活状况与他们截然不同。他成年后的大部分时间都在旅行，从加尔各答（Kolkata）走到开罗（Cairo），其间也在基督教国家待过，靠他的才智和学问过活，但他很少能在一个地方定居超过几年。他深入参与精英政治

---

[1] 致各位不熟悉这些命名习俗的人："赛义德"是一种尊称，表示此人的家族是先知家族的后裔。"阿富汗尼"是个人名字的一种常用替代形式，它或多或少意味着"阿富汗的"，哲马鲁丁在担任他人生的首个政治要职——阿富汗埃米尔（Emir）的顾问后，开始使用"阿富汗尼"这个名字。伊朗什叶派教徒（Shi'ite）中也有人使用这个名字，以表示与逊尼派（Sunnis）团结一致。【译者注】埃米尔是伊斯兰教国家对上层统治者、王公、军事长官的称号。

(elite politics),曾在不同时期担任过阿富汗、伊朗和奥斯曼帝国君主的顾问。他还参与了数个国家的政治改革,并帮助激发了埃及和伊朗的重要社会运动。他在不同时间分别被四个国家驱逐出境,或者被迫逃离这些国家。他可能是一位出色的演说家和教师;他还创办了首批在整个伊斯兰世界被广为阅读的报纸之一。他拥有一批忠实的追随者,可能还曾驱使他人刺杀了某位沙阿①(Shah)。英国人视他为俄国间谍,俄国人也同样不信任他。最后,他被有关政权抓捕,并在关押期间去世,该政权曾是他所倡导的泛伊斯兰主义运动(pan-Islamic campaign)的最大受益者。

这并不是一种适合进行安静的学术反思的人生。阿富汗尼只写过一本书,即《关于自然主义教派的真相以及对自然主义者的说明》(*The Truth about the Neicheri Sect and an Explanation of the Neicheris*),其更广为人知的名字是《驳唯物主义者》(*Refutation of the Materialists*)(这是阿拉伯语译本的标题)。他的大部分书面作品是写给报纸和杂志的文章。他的影响力无疑主要来自面对面教学,这并不奇怪,因为当时主要还是属于口传文化(oral culture)。虽然有一些关于他的教学和谈话的记载,但是人们对于他的确切观点仍存在争议。尽管如此,阿富汗尼无疑是一位独树一帜的思想家,具有强大的思想影响力。他并没有像斯宾塞或恩格斯那样创建体系,而是开创了文化变革的起点。他提出问题并建立了论证模式,这些模式被后来的思想家们以不同方式发扬光大。

我们应该像看待欧洲的社会科学家一样,把阿富汗尼看作历史上的新型知识分子,帝国主义所导致的文化、教育和政治制度剧变使其成为可能。阿富汗尼是两种文化——帝国主义者的文化和被殖民者的文化——的实践者,并在两者交汇处工作。他是全世界第一批试图调用**两种**文化资源,

---

① 【译者注】"沙阿"是波斯语中的古代皇帝头衔,在历史上为伊朗语民族和很多非伊朗语民族所使用。

并从实践和思想两个层面对帝国主义者作出有力回应的思想家之一。

他所面临的问题非常严峻。阿富汗尼走向成熟的时期,正是被人们恰如其分地称作"欧洲权力巅峰"的时期(Bury 1960)。在他居住的地区,有一部分被欧洲军事力量占领,其余则被欧洲的政治压力和经济渗透席卷。当时大多数残存的伊斯兰政府都是帝国列强的傀儡,或者完全受其胁迫。1857 年印度大起义(great rising)[①]被镇压不久,阿富汗尼访问印度,亲眼看见了这一切。他还看到伊朗软弱无力的卡扎尔(Qajar)政权[②]被夹在俄国和英国之间任由摆布,他试图推进英国和苏丹马赫迪运动(Mahdist movement)[③]之间的和平谈判,但没有成功。

对于一个关心伊斯兰教尊严的人来说,这是无法容忍的。当时,大英帝国是影响伊斯兰世界的超级大国(就像现在的美国一样),而阿富汗尼成了它的终生反对者。他的大部分政治作品都涉及巩固伊斯兰政权和缔造反英抵抗组织的各种尝试,而这些尝试在短期内大多以失败告终。不过,他也探究了导致伊斯兰社会如此极度脆弱的原因。

阿富汗尼对于这个问题作了几个方面的思考。他看到了从内部削弱伊斯兰力量的趋势,例如破坏了文化资源的暴虐统治者。他看到穆斯林的神职知识分子,即**欧莱玛**(*ulama*),用乏味的烦琐哲学(scholasticism)取代了现存宗教。他看到穆斯林内部的分歧——其中包括什叶派和逊尼派之间的分裂——这为来自外部的征服打开了方便之门。

他还发展出了一套更为复杂的文化分析法,为此我开始关注他篇幅最长的作品《驳唯物主义者》。从表面上看,《驳唯物主义者》根本与帝国主义无关。它旨在为宗教辩护,以抗衡反宗教(irreligion),尤其是以唯物主义哲学为代表的反宗教形式。

---

① 【译者注】指 1857 至 1858 年在大英帝国东印度公司服役的印度士兵(或雇佣兵)反抗英国的起义。英国政府镇压起义后,解散了东印度公司并直接控制了印度,结束了莫卧儿帝国。
② 【译者注】18 世纪末,伊朗东北部的土库曼人卡扎尔部落统一了伊朗,建立了恺加王朝。19 世纪初沦为英、俄的半殖民地。
③ 【译者注】指 19 世纪苏丹的伊斯兰教派运动和反抗英国、埃及殖民统治的民族武装起义。

阿富汗尼以大量夸张的修辞，将唯物主义描述为一种蓄意的反宗教阴谋。更耐人寻味的是他对过去及当下的唯物主义者所提出的具体指控，即他们的想法导致放纵、无政府状态和共产主义。也就是说，他关注的是"错误学说"的**社会**影响。除此之外还有他为宗教进行的辩护，他称赞宗教使人们道德高尚，社会团结。阿富汗尼对此作了详细阐述。宗教提倡三个重要的信念（人是最高贵的生物；自己的社会是最高贵的；来世是存在的），以及人和国家应具备的三种品质（羞耻感；可靠；诚实）。一旦这些信念和品质得到确立，社会就会繁荣昌盛；缺少了它们，社会就会衰落。因此，宗教是进步的关键："既然众所周知，宗教无疑是人类幸福的源泉，那么，如果宗教建立在坚实的基础和正确的依据之上，它自然会成为全然幸福和纯然安宁的整个源泉。最重要的是，它将是物质和道德进步的导因"（1968：169）。

其他宗教也可以产生这些影响，但他认为最好的宗教是伊斯兰教。阿富汗尼给出的理由依然很有趣。他认为，伊斯兰教优于其他宗教，因为它是最理性的。它没有任何基于非理性信仰或教士权威的教义：

> 伊斯兰教是唯一一个采取下列做法的宗教：它谴责缺乏依据的信仰和追随猜想的人；斥责盲目的顺从；试图向信徒证明事实；处处致力于理性；认为一切幸福都源自智慧和明达，将毁灭归因于愚蠢和缺乏洞察力；并为每个基本信念建立依据，使其对所有人都有用。（1968：172）

尽管阿富汗尼作出了如此铿锵有力的声明，他并未放弃对当代伊斯兰社会的批判。他以此方式应对明显的反对意见：

> 要是有人说：如果伊斯兰教就像你说的那样，那为什么穆斯林处于如此悲惨的境地？我会回答：如果他们是真正的穆斯林，他们就是他们自己，并且世界会见证他们的优秀。至于现状，我会以这段神圣的经文自勉："真主必定不变更任何民众的情况，直到他们变

更自己的情况。(1968：173)①

在《驳唯物主义者》这本书中，有两种社会分析的方式交汇在一起。第一种是关于社会凝聚力(social cohesion)的社会学。根据这种学说，经济福祉(well-being)和政治福祉取决于人类行动的文化基础——阿富汗尼使用道德语言和宗教语言介绍了该文化基础。与此完全一致的是，阿富汗尼在其他作品中强调帝国主义对伊斯兰教的威胁，以及伊斯兰教是抵抗运动的基础。

《驳唯物主义者》这本书是1881年阿富汗尼在印度时创作的，它批判了穆斯林面对征服时作出的一种截然不同的回应——阿里格尔运动(Aligarh movement)②。在赛义德·艾哈迈德汗(Sayyid Ahmad Khan)的领导下，这一运动注重寻求现代性、西式教育、伊斯兰教的理性主义改革，以及与英国的政治和解(Malik 1980)。艾哈迈德汗明确支持女性的平等地位，他认为这是伊斯兰教的原则，尽管它不被穆斯林实践认可。阿里格尔运动是一种现代化逻辑的早期表述，后来被殖民地世界的许多地区仿效。对于阿富汗尼而言，该运动代表着对帝国主义强国作出的灾难性妥协，确切地说，这代表着对伊斯兰教的破坏。阿富汗尼也是个现代主义者，但他想要立足于伊斯兰教的优势——而非弱点——以实现现代化。

他晚年致力于以伊斯坦布尔(Istanbul)的哈里发制(Caliphate)为中心的泛伊斯兰运动(pan-Islamic movement)，就体现了这一点。此外，他开始将**欧莱玛**视为这个旨在巩固伊斯兰社会的运动中的潜在盟友。1891年，在反对伊朗卡扎尔政权将烟草专卖权让渡给一家英国公司的斗争中，阿富汗尼向**欧莱玛**的领袖哈吉·米尔扎·哈桑·设拉子(Haj

① 《古兰经》第13章第11节。本书选用了一个比较现代的译本。【译者注】这句经文的中译采用了马坚的译本。参见《古兰经》，马坚译，中国社会科学出版社1985年版，第187页。
② 【译者注】阿里格尔是印度北方邦的一个城市，又可译作"阿利加尔"。阿里格尔运动指1857年印度民族大起义失败后印度穆斯林发起的教育和文化改革运动，中心在阿里格尔。

Mirza Hasan Shirazi)发出了"加入反对派"的著名呼吁。在这场冲突中，世俗的现代主义者、**欧莱玛**和民众合力抵抗，击败了沙阿和英国人，为未来的政治开创了一个重要的先例。

另外一种关键的思维方式与理性有关。阿富汗尼继承了伊斯兰哲学中的理性主义传统，该传统在伊朗一直颇有影响。（对西方人来说，它远没有苏菲教派①[Sufism]的神秘主义传统那么广为人知。）在他的文章《哲学的益处》（"The Benefits of Philosophy"）中，阿富汗尼援引"**陶希德**"②（*tawhid*）——真主的独一性（the absolute unity of God）——这个关键的伊斯兰教神学概念，主张知识的独一性。对他来说，并不存在独立的伊斯兰科学。过去，穆斯林知识分子曾自由地吸收希腊、罗马和波斯的知识；如今，伊斯兰教应该积极地与普适性科学的进步联系在一起。

因此，他呼吁**欧莱玛**们也跟上潮流：去研究电力、蒸汽动力、留声机、照相机，以及"新科学、新发明和新创造的整个领域"（1968：121 - 122）。阿富汗尼紧跟技术发展的步伐，并亲自加以利用——例如，他将报纸作为一种创建伊斯兰国家公共领域的新工具加以推广。在他的一部分职业生涯中，他使用了最传统的政治手段，如担任伊斯兰国家君主的私人顾问；但在另一部分中，他采取一种远程政治（distance politics）的激进手段，即生活在欧洲，并通过印刷品在整个伊斯兰世界传播他的想法。

对于阿富汗尼而言（讽刺的是，对于阿里格尔运动中的艾哈迈德汗而言亦是如此），伊斯兰教的复兴在很大程度上是一个教育问题。在他的时代，唯物主义和帝国主义交织在一起，它们所产生的瓦解作用必须通过良好的教育来加以应对。这就需要摆脱宗教学校那种典型的枯燥重复。他在《驳唯物主义者》及其他文章中指出，知识是社会财富和生产力的关键。如果现在哲学的重大问题是："什么导致了穆斯林的贫穷、困

---

① 【译者注】公元8世纪创立于波斯的教派，奉行禁欲主义及神秘主义。
② 【译者注】"陶希德"是音译，意译为"认主独一"，是伊斯兰认知体系中认识真主独一性的学问。

苦、无助和痛苦？是否有办法解决这个严重问题和巨大不幸？"（1968：120），那么，任何拥有知识资源（intellectual resources）的穆斯林都有责任关注这个问题，并为此做些什么。

阿富汗尼的英文传记作者认为，他的影响力来自其在**伊斯兰教内部**发现了理性主义思想和现代化思想的基础（Keddie 1972）。因此，他的现代化议题并不会被想当然地视作从异族那里引进的事物。换句话说，阿富汗尼拒绝了西方社会思想中常见的"现代性/传统主义"（modernity/traditionalism）的二分法。

这使他的思想从更广泛的角度来看同样具有重要意义。阿富汗尼凭借其多年的经验，敏锐地感受到了他那个时代的全球权力关系。意识形态把帝国强权构建为文化价值的体现，这种思想深深植根于19世纪的"进步"概念中，但他并没有被这种思想欺骗（参见第一章）。他直截了当地把英国人看成一群强盗和暴君。

不过他也认为，帝国强权具有重大的文化影响，因此，人们需要对其作出新反应，而不是仅限于模仿。捍卫和净化被殖民者的文化，**与此同时**，从帝国主义者那里获取科学、技术和社会技能——从而通过殖民地社会内部的文化/政治复兴来改变全球权力的平衡——这就是阿富汗尼认为人们现在必须要经历的艰难道路。

阿富汗尼的言论对于我来说是陌生的，他的一些看法与其同时代欧洲人的看法一样缺乏吸引力。但我尊重他的奉献精神，他表现出的勇气，以及最重要的是他的创造力。在他的生平和著作中，人们看到了一种具有广度、洞察力、道德力量和实践优势的世界观，这在任何一代人中都是罕见的。

西方毒化

1962年，一部由知名文人撰写，并经过审查删减的短篇著作在德黑兰进行秘密印刷。政府查禁此书,但其副本泄露给了散居海外的伊朗人。1964 年,该书作者贾拉勒·艾哈迈德准备了一个未经审查的完整版本。政府在印刷期间没收了这本书,导致出版商破产。该书全文直到 1978 年才得以出版。与此同时,该书的审查删减版本已在伊朗境外出版,此书遂成为伊朗反对派知识分子的象征。当这本书在伊朗开放购买之时,正值革命前夕,它成了畅销书。

这本书的标题是《加尔布扎德吉》(*Gharbzadegi*),这是一个译者们绞尽脑汁想要用英语翻译出来的生造词汇。比较好的译法包括"西方毒化"(Westoxication)和"被西方所祸害"(Plagued by the West);比较差的译法则包括"西方苦难"(Westafflictedness)和"西方氧化"(Occidation)。译者约翰·格林(John Green)和艾哈迈德·阿里扎德(Ahmad Alizadeh)更喜欢"西方侵袭"(Weststruckness)的译法,他们指出,该词的波斯语词根含有"接触传染"(contagion)和"所受打击"(a blow being delivered)的意思——艾哈迈德在该书开篇处无疑使用了疾病的隐喻:"依我说,西方毒化就像霍乱一样"。不过,该词根也有"迷恋"的意思。我将会使用"加尔布扎德吉"指称这本书,并用"西方毒化"指称其概念。

对于外人来说,《加尔布扎德吉》是一本难以理解的书。它是以一种特别为伊朗读者量身定做的流行文体写成的。书中有一些典故、笑话和讽刺,它们可以增加该书在当地的受欢迎程度,但却无助于它在其他地方的传播。

该书的正文部分也很难理解,因为坦白讲,它太杂乱无章。艾哈迈德(1982a)会与读者聊天,为自己辩解,打断自己的话,想到一个新话题后就匆忙奔着它而去,接着又重复自己说过的话。他固执己见,以尖刻的评论猛烈抨击学校、军队、**欧莱玛**和知识分子,但他并没有在任何观点上坚持到底。他对于西化女性的嘲讽近乎"厌女症"(misogyny)。他是一位充满活力的作家,眼光犀利,且富有幽默感,但绝不是一个有系统的思想家。(在另一篇文章中,艾哈迈德[1982b:98]对于他那一代的伊朗作家提出了同样的批评:"我们很仓促。我们写得太多。我们太不小心。")恼怒的伊朗批评人士指出了《加尔布扎德吉》中存在的事实错误和解读错误,其中一些错误甚至连外人都看得出来。

尽管《加尔布扎德吉》很混乱,但它包含了一个强有力的观点。从国际上看,它是最早尝试剖析新殖民主义(neocolonialism)文化层面的作品之一,它提出的想法在之后会变得耳熟能详。值得注意的是,它还提出了抵抗文化统治(cultural domination)的可行策略。《加尔布扎德吉》被认为是伊朗反对派历史上的一个重要时刻。我觉得它应该得到更广泛的认可。

1905至1911年的"立宪革命"(Constitutional Revolution)打破了卡扎尔君主政体的统治,建立了一个摇摇欲坠的议会政权。它被内外势力——尤其是从一战期间便开始依赖伊朗石油的英国人——推翻。伊朗经历了一段动荡时期,直至军方接管才得以平息。在英国的暗中支持下,礼萨·汗(Reza Khan)将军掌权,并于1925年自立为沙阿。礼萨汗仿效土耳其的凯末尔(Kemal)政权实施现代化战略,他创建了一个世俗国家,并开始工业化。但他跟德国人走得太近。二战期间,英国人和俄国人将他赶走,从而完全控制了伊朗的石油以及通往苏联的补给路线(Keddie 1981)。

战后伊朗开始了民主化进程,结果主张改革的莫萨德克(Mossadeq)政府当选。该政府试图寻求中立和发展,最终将石油工业收归国有。这引发了西方列强的强烈反弹,于是他们在1953年支持了反对莫萨德克的右翼政变。美国随即取代英国,成为伊朗石油和政治的主要控制者。到了1955年,伊朗政府成为穆罕默德·礼萨·沙阿(Mohammed Reza Shah)统治下的个人独裁政府。该政权成为冷战时期的亲美独裁政权之一,专制而残暴,不过其绝对无法和印度尼西亚的苏哈托(Suharto)政权相比,后者踩着50万人的尸骨,才得以在1965年夺得政权。

穆罕默德·礼萨·沙阿重启他父亲从上至下的世俗现代化政策,他利用石油收入和美国援助,为军事建设、经济和教育发展,以及大坝等大型开发项目提供资金。但是,伊朗基本上没有出现自主工业化的现象;相反,进口激增。日渐攀升的消费水平和富人们的西化生活方式——这在阿米尔沙希(Amirshahi)(1995)关于上流社会家庭生活的故事中被温和地嘲讽了一番——并没有惠及工人阶级。因此,不平等现象日益严重,失业的农民大量涌入城市,加剧了这种不平等。不满的民众遭到武力镇压,反对派人物被监禁、流放或杀害。

这就是《加尔布扎德吉》所要应付的局面。该书写于1961年,是针对关于教育目标的官方调查而提交的一份报告。撰写这些批判性的想法需要很大的勇气,更不用说要向沙阿政府展示这些想法。

艾哈迈德出生于礼萨·沙阿掌权之时,他来自一个宗教家庭——他的父亲和一个哥哥都是**欧莱玛**的成员。因此,他掌握了什叶派的思想和实践,但是却投身于世俗的激进政治。20世纪40年代,年轻的他曾接受教师培训,后来成为左翼人民党(Tudeh party)的积极分子。在其中一次党内分裂后,他离开了人民党,成了莫萨德克的支持者。1953年政变后,他告别党派政治,专心从事文学创作。在此之前他早已是一位多产的作家,在他的余生中,他继续创作关于文化、宗教和社会的短篇故事、小说、散文和评论(Al-e Ahmad 1982b)。

《加尔布扎德吉》在开篇处勾勒了东西方之间的分歧,认为这是全球富人和全球穷人之间的冲突,并在接下来的几章中讲述了伊斯兰世界(主要是伊朗)的历史。艾哈迈德认为,东西方之间的竞争由来已久,但在过去的300年里,它的性质发生了改变,变成了一种支配关系:"如今,竞争精神被遗忘殆尽。目前它已经被一种无助感和依赖感取代"(1982a:34)。

艾哈迈德评论道,在萨非王朝(Safavid dynasty)统治下,伊斯兰教什叶派成为国教,伊朗人开始想要得到西方游客和外交官的认可。这开启了《加尔布扎德吉》的一个重要主题，即对西方国家的东方主义（orientalism）展开批判。当时距离爱德华·萨义德关于这一题材的著名作品问世还有大约 20 年时间，但艾哈迈德早就已经把研究伊斯兰社会的西方学者视为统治体系（system of domination）的关键代理人。这些东方主义者与企业和政府串通勾结，以搜集情报。但这些东方主义者也会产生文化效应，因为他们对伊朗文化的诠释凌驾于本土诠释之上："受到西方毒化的人甚至使用东方主义者的语言来描述、理解和解释他自己！……他把自我这一想象之物放置在东方主义者的显微镜下，然后他依赖于东方主义者所看到的东西，而非依赖于他之所是以及他所感受到的和所经历过的东西"(121)。这一批判与赛义德的不同，但在某种程度上更令人后怕：西方的思想统治（intellectual domination）维持了新殖民主义主体的不真实性（inauthenticity）。

伊朗现代性中的空洞自我是《加尔布扎德吉》的另一个中心主题。上面的引文来自该书极为重要的第七章。在这一章中，艾哈迈德提供了一个"受到西方毒化的人"的特写。此处的"人"，按照字面意思理解，就是"男人"的意思①。女人在这场争论中几乎没有任何立足之地。就此而言，艾哈迈德对于"西方毒化"的描述是新殖民主义条件下所形成的异化和无能的男性气质的写照，即"一头披着狮皮的驴"。

这个写照是一种讽刺，不过是一种令人不安的讽刺。艾哈迈德指出，这些新式男人有着受过西式教育的假象，但却缺少其深度；与此同时，他们已经失去了在本土文化——确切地说是宗教——方面的根基。其结果并非一种反宗教的态度，而是纯粹的疏远。这些受到西方毒化的社会精英，其整个思想观念是以漠不关心为标志的：

> 这个国家的惯例是，即便不将权力授予那些残忍无情和贪污腐败的人，也是将其授予那些无所寄托、缺乏个性的人……如果我们

―――――――――

① 【译者注】英文中，man 既可以指人，也可以指男人。

打算好好追随西方,这个国家就必须交由这种人来领导——他容易
受人左右,不诚实可信,不讲道德,没有根基,也不属于这片土地。
(1982a:116)

在这种情况下,人们得要圆滑识趣、百依百顺、听任摆布;要随大流;
要毫无激情、不忠诚于人,以及没有知识深度。他们有的只是恐惧、对西
方物质产品和消费生活方式的渴望,以及(如差不多同时期的澳大利亚
文学批评家菲利普斯[Phillips]所说的)对欧洲的"文化谄媚"态度。就像
艾哈迈德所描述的那样,受到西方毒化的人会关注西方新闻、阅读西方
文学,甚至从西方书籍中学习东方哲学。

艾哈迈德对于接受现代化的伊朗世俗知识分子感到特别愤怒。他
在书中多处狠批他们是西方毒化的代理人,就像阿富汗尼曾批评参与阿
里格尔运动的人都是"唯物主义者"一样。艾哈迈德对于外国顾问也同
样没有好印象。在沙阿政权统治时期,大批外国顾问——尤其是来自联
合国机构的外国顾问——来到伊朗,推动了经济现代化和机构现代化。
(他对于这一群体的批评在1962年那时候听起来一定很怪异,不过这预
示着20世纪90年代国际货币基金组织和世界银行将在全球范围内遭
受到的批评。)

造成这种文化状况和心理状况的原因,无疑是西方为了石油资源而
对伊朗施加的政治控制;不过还有更深层次的原因。《加尔布扎德吉》中
最为鲜明的形象之一就是机器的形象。受到西方毒化的社会被机器支
配。社会被支配的具体意思是,该社会依赖于各种机器——从拖拉机和
汽车,到电视机、炼油厂和武器——但是它并不知道如何设计、生产,甚
至维护这些机器。

对于艾哈迈德来说,机器既是事实,也是象征。作为事实,它揭示了
伊朗新经济对进口的依赖、技术教育的薄弱,以及旧生产体系的瓦解。
他用生动的意象描绘了他的乡村和城镇之旅,以及途中所见到的许多静
止和废弃的风车。这并不是他偶然间观察到的。艾哈迈德以创作社会

现实主义短篇小说而闻名，他曾经花时间在乡村游历，对乡村生活进行民族志观察，并鼓励其他城市知识分子也这样做（Mirseposi 2000：104）。作为象征，机器代表着伊朗社会中失去控制的变革，还代表着伊朗人的欲望，他们所欲求的恰恰是那些正在扰乱他们社会的事物。

艾哈迈德意识到了这种欲望，这让他在全球文化统治问题上的看法有别于当时以及现在的大多数评论人士。在伊朗社会，人们渴望融入全球主流文化、拥有其器物、遵循其习俗，并受到其文化使者的尊重，这种欲望既强烈又多变。艾哈迈德以避邪物或护身符作比喻——"机器对于我们受西方毒化的人来说是护身符"（1982a：97）——护身符的所有者在不知其如何起作用的情况下仍佩戴着它，就是冲着它的神奇功效。艾哈迈德从未借鉴精神分析的观点，但是从他对欲望和财产拜物教（fetishism of possessions）所作的描述来看，他和宗主国那些信奉弗洛伊德学说的左派非常相似。

《加尔布扎德吉》也包含了对社会变革较为保守的评价，即"无序的社会"："它是田园经济和乡村经济的混合体，带有一种新形成的都市风格，且由大型外国经济利益集团——如托拉斯（trust）[①]或卡特尔（cartel）[②]——统治。我们是新旧社会机构的活体博物馆。我们同时拥有着这一切"（1982a：129）。艾哈迈德勾勒出了游牧牧民、乡村农民、城乡流动人口等群体的生活变化。他还一度论及女性生活的变化。在一段观点非常矛盾的文字中，他似乎在抨击女性解放是西方毒化的一部分，认为它在城市里制造了一种"虚假的解放"；但他同时认为，农村女性长期以来一直背负着"主要的生活负担"。他表现出一种居高临下的态度，但并不像阿亚图拉·霍梅尼（Ayatollah Khomeini）那样充满敌意。霍梅尼在《加尔布扎德吉》出版的那一年登上国内政治舞台，他对女性投票权进行了猛烈的攻击，并成功实现了目的。

[①]【译者注】译自英语 trust。垄断组织的高级形式。由许多生产同类商品的企业或产品有密切关系的企业合并组成。

[②]【译者注】法语 cartel 的音译，意为"联盟""联合企业"。垄断组织的主要形式之一。

鉴于以西方毒化为代表的文化失真（cultural distortion）和社会问题与日俱增，人们可以采取什么对策呢？艾哈迈德对此是相当乐观的。对付机器文明的方法并不是拒绝机器——评论者严重歪曲了艾哈迈德，认为他是一个反技术的"本土主义者"（nativist）（如 Boroujerdi 1996；至于更令人信服的评论，参见 Partovi 1998）——关键是要控制它们："对我们来说，机器是一个很正常的跳板，我们必须利用它来实现最大的飞跃。我们必须采用机器，但是我们决不能成为它们的奴隶"（1982a：96）。

一个社会唯有通过**制造**机器，而非总是进口机器，才能驾驭机器的力量，并将其用于劳动密集型的、更合适国情的农业，从而减少进口，养活人口。然而，要想拥有一个生产机器的经济体，就需要建立一支在伊朗尚未存在的劳动力队伍。因此，艾哈迈德主张对教育进行大幅度改革，取消无关紧要的学术课程，并大力拓展技术教育。专家是必需的——西方毒化的一个特点就是缺少真正的专家——不过得是有个性的专家。此外，还需要进行一场文化和心理革命。

对于 20 世纪 60 年代的艾哈迈德来说，这样的文化和心理变革只可能来自宗教。根据他在该书前面部分所作的历史概述，伊斯兰教似乎是唯一曾有效抵制殖民主义和基督教的社会整体（social totality）。回想起伊朗在过去所进行的抵抗，艾哈迈德意识到，"人们心中藏着一颗珍宝，它就像一粒种子，播撒的是一切反抗暴虐腐败政府的斗争"（1982a：61）。但**欧莱玛**（除了个别特例）均未能意识到这一点。

《加尔布扎德吉》所描绘的伊朗神职人员胆小、被动、守旧，沉迷于宗教仪式的琐事、作茧自缚，是"只适合拿到博物馆去展览的僵化老古董"（1982a：69）。在其他作品中，艾哈迈德（1982b：58—62）批评了形式主义的宗教（formalistic religion）。比如他的著名短篇小说《西塔琴》（"The Sitar"）讲述了一个贫苦音乐家的故事，他的新乐器被得意忘形的狂热分子损毁。在此处，艾哈迈德直言不讳地批评了**欧莱玛**。

这很像 80 年前阿富汗尼所提出的批评意见。艾哈迈德写下这些不近人情的话，并不是因为他反宗教，而是因为他跟阿富汗尼一样，觉得**欧莱玛本可以做些不一样的事情**。他们能够掌握巨大的权力，是由于人民大众仍然保持着宗教信仰。在伊朗，**欧莱玛**是唯一曾经抵制西方毒化的重要力量。因此，他们现在是文化和政治复兴的关键。

艾哈迈德在《加尔布扎德吉》中并没有进一步阐述这个观点，但是这成为他下一本论知识分子与政治的书所涉及的主题。该书（尚未有译本，所以我依靠的是瓦赫达特［Vahdat］［2002］等人的转述）扩大了对于西化知识分子的批评。它所阐明的观点是，从 19 世纪末到 20 世纪，在世俗的现代化推动者（moderniser）和伊斯兰教教法的捍卫者之间形成了一道鸿沟，如今必须弥合这道鸿沟。在伊朗历史上只有当这两个群体共同行动时，伊朗社会才会发生真正的、得到民众支持的改革。因此，艾哈迈德预见到十年后在革命前夕才真正实现的那种联盟。但他没能活到那一天，1969 年他在 40 多岁时就去世了。

如果把《加尔布扎德吉》当作一本对国际读者具有持续重要性的书，那就有违这本书的本意。艾哈迈德显然是在为他自己的时代，以及为那些能够弥补自身不足的本土读者而写作。从某种意义上说，整本书是一份纲要——当然，是一份出色的纲要。

该书在行动这个问题上的看法，被特意做了删减。对于在审查制度下创作的作品来说，这并不奇怪。不过，这确实使得艾哈迈德观点中的关键一环——"抵抗西方毒化的运动要具有宗教基础"这个论点——变得模糊不清。这正是阿里·沙里亚蒂想要解决的问题，他在艾哈迈德退场后开始声名鹊起。

追随殉道者的足迹

比艾哈迈德年轻十岁的阿里·沙里亚蒂有几个不同之处：他是一个系统性的思想家、一个慎重的社会科学家，而且是一个宗教改革者和传道者。沙里亚蒂是个极具感染力的演说家和诗人,有时还是个幽默作家。他采用口头传授的方式,这使他较少受到审查——但仅在一定程度上如此,因为他曾多次被沙阿的警察逮捕,并最终死于流放。在许多人看来,他是一个殉道者。1979 年,人们抬着他的照片和阿亚图拉·霍梅尼的画像参加大规模示威活动,这些示威活动导致沙阿被赶下台。据说当时沙里亚蒂的观点比霍梅尼本人的观点更广为流传,且更具影响力。

沙里亚蒂与艾哈迈德有共同之处,和阿富汗尼亦是如此,他们都强烈反对帝国主义,批判西方文化和经济,信仰伊斯兰教的复兴,并坚信伊斯兰教中早已存在复兴的根源。不过,他们也有着深刻的差异,既体现在政治实践方面,也体现在思想风格方面。如果我不考虑艾哈迈德特定的风格、读者及背景,我可以把他当成那种常见的文化评论家。但我不可以如此看待沙里亚蒂。外人若想掌握他的作品,需要付出更大的努力,我尚无法确定自己能否理解这些作品。因此,我更多地依赖讲波斯语的学者来检验我的阐释,并帮助我了解他作品的语境。(我尤其依赖以下人士所作的杰出研究,参见 Abrahamian 1989;Bayat 1990;Behdad 1994;Rahnema 1998;and Ghamari-Tabrizi 2004。)

人们阅读沙里亚蒂时,需要格外费力地对他的文稿进行鉴定。这些文稿主要是他讲课内容的转写,有的经过作者修订,有的则没有。有些以蜡纸油印的方式在地下流通,另一些则得以正式出版。一小部分文稿已经被译成英语,有些由沙里亚蒂的热情支持者翻译,有些则不是,翻译质量参差不齐。其中有一篇被译为英文的重要文稿是对马克思主义的评论,它似乎被沙阿的秘密警察篡改过,以便在左派之间制造分歧,而它究竟在多大程度上代表了沙里亚蒂的观点则尚不清楚(Bayat 1990)。可以肯定的是,在沙里亚蒂数十年的政治和学术活动中,他的观点的确有所发展。我将把重点放在 1968 年到 1972 年这段时间,当时他详细阐明了自己极为独特的观点。

阿里·沙里亚蒂的个人经历经常被人津津乐道,而且往往被传得神乎其神;只有在拉纳玛(Rahnema)(1998)最近发表的传记中,这些细节才变得清晰起来。阿里·沙里亚蒂在伊朗东北部的省会城市马什哈德(Mashhad)长大。他的父亲是**欧莱玛**的一名行动主义(activist)成员,曾创办了一个致力于伊斯兰教进步思想的中心。因此,阿里虽然没有在宗教学校接受过正规培训,但却有着深厚的什叶派文化背景。年轻时,他参与了支持莫萨德克的伊斯兰社会主义者圈子,但是与共产主义的人民党之间保持着距离。沙里亚蒂父子有过一次特殊的经历,他们曾在治安警察的扫荡行动中一起被捕。阿里接受过教师培训,在当地学校工作期间,他又读了大学。当时,作为政府现代化计划关键一环的世俗化高等教育正处于迅猛发展的阶段。毕业时,他获得了出国深造的官方奖学金,于是他去了巴黎。

除了接受世俗化高等教育和积累反对派政治实践经验,阿里·沙里亚蒂还深入学习了与苏菲派(Sufi)传统相关的宗教知识。在他的一生中,参政的时期和体验神秘主义宗教的时期轮流交替。在体验神秘主义宗教期间,他退出政坛——甚至退出了大部分的社交生活。沙里亚蒂还曾饱受抑郁之苦;他生活得肯定不易。不过,当他终于重返政坛时,他的宗教信念已经建立在对神性的亲身体验之上——因此不会轻易动摇。

从1959至1964年的五年间,沙里亚蒂在巴黎接触到了法国左翼知识界(特别是古尔维奇[Gurvitch]的修正马克思主义和萨特的行动主义存在主义[activist existentialism]),还接触到了非洲反殖民运动(特别是法农)。新婚的沙里亚蒂组建了家庭,并开始参与留学生的政治活动。回伊朗时,他在边境处被捕,并被剥夺了担任讲师的工作机会。最终,马什哈德大学(Mashhad University)向他敞开了大门,于是他开始教授伊斯兰史和社会学。他的课越来越受到欢迎;他还到全国各地的校园发表演说,到了1971年,他引起了政府的强烈不安,于是秘密警察组织"萨瓦克"指使大学将其解雇。不过,他当时已经在德黑兰的一个改革派伊斯兰教中心——"侯赛因宣教堂"(Hosseiniyeh Ershad)——讲课,该中心并不受政府直接控制。1971 至 1972 年,他成为该中心的主讲老师。他对伊斯兰教的重新诠释在首都年轻知识分子中大受欢迎,大批民众前来听他讲课。录音带和转写记录在地下流传,以逃避审查。正统派的**欧莱玛**则对沙里亚蒂将宗教政治化的做法表示强烈批评。

此时,马克思主义游击队和伊斯兰教游击队开始采取行动,武装反抗爆发了。政府最终认定"侯赛因宣教堂"为游击队招募中心,因而将其关闭。沙里亚蒂躲了起来;几个月后,他为了拯救年迈的父亲而投案自首,因为政府将他父亲扣为人质。阿里·沙里亚蒂未经审判就被监禁了16 个月,并遭到安全部门反复审问。他可能没有遭受过酷刑,但被关押在一个臭名昭著的监狱里,那里还关着很多其他人士。获释后,他疾病缠身,心情沮丧,且没有工作。1977 年,他逃离了这个国家,但他的部分家庭成员被困在那里。离开伊朗一个月后,沙里亚蒂死于心脏病。谣传他是被"萨瓦克"谋杀的。这可能是监禁、恐惧、大量吸烟和严重压力等因素日积月累造成的结果。或许,"萨瓦克"间接杀害了他。

下面我将开始深入思考沙里亚蒂的社会学理论,但不是通过他的概念性陈述,而是通过一篇文章,从中了解他**为何**要建立一个思想体系(Shariati 1986b)。什叶派历法中的一个重大事件是先知穆罕默德的孙子伊玛目·侯赛因(Imam Hossein)的殉难纪念日。他在卡尔巴拉(Karbala)(位于现在的伊拉克)被当时的哈里发(Caliph)军队所杀害。在纪念日当天,沙里亚蒂在"侯赛因宣教堂"就"殉道"(martyrdom)这一主题发表了演讲。不久之前,抵抗组织的一些成员,包括两名沙里亚蒂的学生,被政府逮捕并判处死刑。

沙里亚蒂的文章以侯赛因的故事为中心,对殉道的意义进行了长篇阐释。第三任伊玛目(即伊玛目·侯赛因)是什叶派的重要象征人物,因此,该纪念日是举行悼念仪式的重要场合。沙里亚蒂对这个大家耳熟能详的故事作出了激进的解读。他将伊斯兰历史的前 60 年描绘成一个社会革命的故事,这场社会革命是由先知本人基于神圣的社会正义原则而发动的——正如本章的引言所解释的那样。

随着伊斯兰教变得具有全球影响力，以及倭马亚（Ummayad）①家族在取得统治权后建立了君主制，这场革命逐渐遭到侵蚀。在先知逝世后的第二代人中，侯赛因是原先伊斯兰运动仅存的代表，但他既没有权力，也无人认可。他公开宣布反对当时的统治政权。面对死亡时，他并没有听天由命，而是采取一种行动主义的姿态。他向世人所传达的信息确实激发了一种抵抗的传统，该传统给所有政府都打上了"作废标记"（mark of cancellation）。沙里亚蒂认为，伊斯兰教本身就包含着反对压迫和不公正的斗争——甚至可以说，是至死不渝的斗争，或反对无法遏止之力量的斗争。

这篇文章就连译文都那么感人肺腑，因此，其原文的影响力并不难理解。沙里亚蒂依据最正统的资料，即《古兰经》经文和人们熟悉的圣训②（traditions），描绘出一种致力于正义和社会转型的、充满活力的伊斯兰教，以取代阿富汗尼和艾哈迈德在他们各自的时代所谴责的那种僵化的官方宗教。沙里亚蒂根据悲伤和受挫的传统人物形象，创造出一种充满英雄气概且积极行动的典范，从而赋予当代年轻激进分子的牺牲以深刻的宗教意义。

此外，沙里亚蒂从这个古老的故事中发现了一些具有更广泛意义的社会关系模式。沙里亚蒂并没有基于宗教"价值观"的某种公理来建立社会学体系。宗教与社会学之间的关系要更为密切：他从宗教中发现了社会学原理。把《古兰经》当作关于社会动态的原始资料集来加以解读，这一想法可能令保守的穆斯林思想家（以及西方社会科学家）感到不安，但是对沙里亚蒂而言，这似乎是世界上最自然不过的事情。例如，本章引言中所引用的那段话，既描绘了一种关于社会平等和反种族主义的伦

---

① 【译者注】倭马亚王朝，中文又译伍麦叶王朝、奥美亚王朝，是阿拉伯伊斯兰帝国的第一个世袭制王朝。

② 【译者注】伊斯兰教中有关先知穆罕默德、他的家庭和撒哈比（圣门弟子）的口述传统。

理,也描绘了一种明确的阶级理论。

尽管沙里亚蒂的阶级理论经常被称作马克思主义理论,但它仅在最宽泛的意义上如此;它类似于欧洲巴枯宁的无政府主义和莫斯卡(Mosca)的精英理论。沙里亚蒂在包括《殉道》('Martyrdom')在内的几个文本中,均描绘了一种奴隶与主人、剥削者与被剥削者的结构,这种结构自从狩猎采集(hunter-gather)社会向农业社会过渡以来,便一直存在于历史当中。他于1969年发表的著作《伊斯兰学》(*Islamology*)是其最重要的学术出版物,由一系列关于伊斯兰研究的演讲构成。在书中一个相当长的章节里,他运用伊斯兰教版本的该隐(Cain)和亚伯(Abel)的传说,戏剧化地描述了阶级社会的诞生:

> 该隐并非生来邪恶……使该隐变得邪恶的是反人类的社会体系(social system)、阶级社会,以及私有制政体,该私有制政体培育了奴隶制和控制权,把人变成狼、狐狸或绵羊。这是一个敌意、对抗、暴行和贪污盛行的环境;屈辱和权势——一些人挨饿,其他人则暴食,贪婪、奢侈和欺骗:这是一个把人生哲学基于掠夺、剥削、奴役、浪费和滥用、撒谎和奉承的环境……在这个环境中,所有事物均围绕着利己主义(egoism),为了自我——一个卑鄙、粗俗、贪婪的自我——而牺牲一切事物。(1979:107)

这就是当时先知所面对并最终战胜的社会结构;这就是被倭马亚家族恢复起来但受到侯赛因挑战的社会结构。我认为,这也是沙阿统治下伊朗民生的写照。

在《伊斯兰学》接下来的章节中,沙里亚蒂批判了马克思的生产方式理论,他认为无论生产关系如何变化,阶级关系的深层结构都会保持不变。他还阐述了他自己的统治阶级模式,该模式聚焦于权力的不同形式。一种原本单一的权力经过历史发展,演变成一个由三部分构成的统治体系,它分别具有政治的、经济的和宗教的表现形式——亦即国家、财产所有者和官方神职人员。同往常一样，他从《古兰经》里面为这些观点找到了根据（1979：115）。这个模式的令人震惊之处在于，沙里亚蒂认为统治阶级完全是由神职人员组成的；这与他对宗教史的分析相关，我之后再探讨这一点。

沙里亚蒂接受了"资产阶级社会和工业资本主义是西方阶级统治的当代形式"这个传统的马克思主义观点，但他补充了一个更接近于当时西方反主流文化思潮的批判性观点。他在石油城市阿巴丹（Abadan）的一次演讲中说道："主宰着新文化和新文明的精神是资产阶级精神，即赚钱、经商、追求权力、制造工具、消费和享乐主义的精神"（Shariati 1981：25）。他批评现代欧洲历史丧失了宗教文化和人性的基本特质，包括爱、理想主义、价值观和存在意义。

就像他那一代的大多数第三世界激进分子一样，沙里亚蒂把新殖民主义看作宗主国资本主义的延伸。在我所阅读过或有所了解的文献中，沙里亚蒂从未探讨过是何种具体机制导致帝国主义成为一种全球权力体系。但他对于帝国主义在殖民地世界的运作机制却有很多话想说。与阿富汗尼和艾哈迈德一样，他观点的核心是文化统治。

在他看来，由于非资本主义文化的基础存在于宗教中，殖民者必然企图摧毁宗教或者使宗教变得无效。这就会破坏相关文化身份或"自我"，而这种文化身份或"自我"可以提供有别于资本主义社会关系的其他选择。殖民者把现代性置于至高无上的地位，在这种现代性中，西式的思维方式、信仰甚至艺术品位被强加于人，西式的消费方式得以推广。

当帝国主义者执行这项任务时，他们在殖民地社会内部拥有着重要的盟友。沙里亚蒂（1986a）在长文《应该怎么办？》（"What is to be Done?"）中特别指明了两类人——该文根据他在自己最激进的时期于"侯赛因宣教堂"所作的一次演讲创作而成。第一类是日渐西化的世俗知识分子，他们打着自由改革的旗号，要的是殖民主义者搞文化破坏（cultural disruption）的伎俩。第二类是传统的神职知识分子，他们与群众有着更为紧密的联系,但却用一种僵化的宗教来蒙骗群众,只想把群众变得逆来顺受。结果,人们——尤其是年轻人——面临着矛盾的处境。在《伊斯兰学》中,沙里亚蒂满怀同情地勾勒出这种处境——年轻人是在接触本土文化和宗教的环境中长大的,却又要经历西方教育体系的改造,而该体系所反映的思想并非源自本土。

以上这些复杂想法的核心是他对于伊斯兰教的解读。阿富汗尼的宗教观点令人费解,艾哈迈德的宗教观点只是概括性的陈述,而沙里亚蒂的宗教观点却是公之于世的。毕竟,他确实曾经教授一整套关于伊斯兰教研究的课程,写过一本关于他的神秘主义体验的书,并且很少错过探讨宗教问题的机会。正如加马里·大不里士(Ghamari-Tabrizi)(2004)所言,沙里亚蒂的宗教观点属于一种公共宗教(public religion)。我不敢妄称能够理解他的全部宗教思想,但是他那些非常近似于社会分析的观点是很清楚明了的。

其中最引人注目之处,是他认为伊斯兰教是现世的(this-wordly)、入世的宗教。在《应该怎么办?》中有很多这样的陈述,我引用其中的一处。沙里亚蒂宣称:

> 伊斯兰教是一种现实的宗教,它喜欢自然、力量、美、财富、富足、进步以及满足人类所有的需求……它的先知是一个有活力、有政见、有力量甚至有美感的人。它的经书,不仅仅关注形而上学和死亡,还谈论自然、人生、世界、社会和历史……它要求人们臣服于真主,并敦促人们反抗压迫、不公、无知和不平等……它的历史以反抗和斗争为书写工具,其反抗和斗争的对象既包括对群众的压迫,也包括对事实的歪曲。(1986a:43-44)

沙里亚蒂可能并不总是坚持这一立场——在他受苏菲教派影响并信奉神秘主义期间,他似乎践行的是一种逃避现实的宗教(a religion of withdrawal)——不过,在他于1968年至1972年期间创作的作品中,上述观点得到了强有力的表述。显然,这些观点与那种以宗教仪式和隐忍服从为特征的伊斯兰教针锋相对,而沙里亚蒂认为这两个特征正是正统什叶派教义的主要内容。

在批判保守宗教方面,沙里亚蒂并非孤军奋战。早期的圣战者(Mojahedin)在他们与沙阿的武装斗争开始之前的那几年间,也提出了类似的激进伊斯兰教观点(Abrahamian 1989)。沙里亚蒂对保守宗教的批判和阿亚图拉·霍梅尼所持的行动主义宗教观点之间甚至也有着明显的重叠之处,尽管后来霍梅尼和圣战者成了死对头(Vahdat 2002:153ff)。沙里亚蒂以其独特的方式详细阐述了该观点。沙里亚蒂坚持认为,伊斯兰教不仅仅介入社会,还是一种独特的**革命性**宗教,它从一开始就致力于社会平等,反对各种权力结构。他从《古兰经》经文中找到证据来支撑这个观点。他是根据伊斯兰教的神学原则——尤其是**陶希德**(即真主的独一性)——作出这一推断的,**陶希德**必然会带来人类团结,进而实现人类平等。

这一平等原则也适用于女性。沙里亚蒂曾在多个场合援引《古兰经》经文,指出女性和男性生来具有同样的天性,并且同样有资格获得尊重。他对面纱持严厉批评态度,认为这是一种有辱人格的非伊斯兰教传统;此外他还严厉批评将女性隔绝开来的做法。他为女性接受教育和参与政治的行为辩护——传统主义者对他感到不满的原因之一,就是他在"侯赛因宣教堂"讲课时有女性在场。尽管如此,1971年在关于先知之女、侯赛因之母法蒂玛(Fatima)生平的演讲中,他提出了一种伊斯兰教的女性典范,这一典范仍然建立在女性为家中男性提供服务的基础上。他为女性的教育辩护,是因为教育会使她们成为更好的母亲;而且,像他的保守派对手一样,他似乎也一直害怕女性的独立性欲(independent sexuality)(Ferdows 1983)。正如他那一代世界各地的许多激进分子一样,激进主义在性别领域变得模棱两可。

此外,沙里亚蒂认为反抗统治的传统是宗教史的核心,至少在"亚伯拉罕式"(Abrahamic)的先知宗教(prophetic religions)——如伊斯兰教、基督教和犹太教——中是如此。与此相关的是他的阶级模式:在权力结构的对立面,有一个被权力支配的群体。正是在宗教教义中,他找到了这个群体的积极意义。在《伊斯兰学》中,沙里亚蒂(1979:116ff)探讨了《古兰经》中**"世人"**(al-nas)——即人民——的概念,他认为**世人**实际上是真主在世上的临在(presence)。他还探讨了**"乌玛"**(umma)——伊斯兰教社群——的概念,他将其描述为一个朝着共同目标迈进的社会。我认为,虽然他不同演讲的内容之间并非完全一致,但毫无疑问,他的总体意图是赋予人民群众以价值,使他们成为真宗教(true religion)和社会改革的关注核心。

正因为**欧莱玛**滥用他们与群众之间的联系,所以沙里亚蒂对**欧莱玛**感到愤怒不已。他和艾哈迈德一样,认为在萨非王朝统治下成立官方什叶派这件事是一场宗教灾难。但沙里亚蒂进一步认为,神职人员和国家权力的结盟是宗教史上一种反复出现的模式,在早期伊斯兰教、中世纪基督教及其他宗教中均是如此。他给予这种模式一个清晰的神学解释:"革命性的宗教(revolutionary religion)是一神教;与国家结盟的正统派宗教则是多神教和伪伊斯兰教。"

在他看来,《古兰经》的主题之一就是反对崇拜假神(false god),《圣经》亦是如此。在此处,沙里亚蒂将正统什叶派教义定义为用来取代伊斯兰教的冒牌货。难怪他那些身为神职人员的对手会感到恼火。沙里亚蒂生前及死后均受到保守的神职人员及其支持者饱含敌意的攻击。来自伊斯兰教学者的批评意见则比较审慎一些。他们指出,沙里亚蒂缺乏伊斯兰法学(jurisprudence)方面的训练;未能正确使用伊斯兰历史;其关于理性和先知地位(prophethood)的观点立场存在着神学问题。随着沙里亚蒂影响力的扩大,一些阿亚图拉(Ayatollah)①采取了严肃而正式

---

① 【译者注】伊朗伊斯兰教什叶派宗教领袖的称号。

的措施,向信徒发出忠告(即法特瓦[*fatwa*]①),让他们不要去听他的课,也不要读他的书(Rahnema 1998:206-209,266-276)。

然而,沙里亚蒂在多神教问题上所持的观点,与其说关乎宗派主义,不如说关乎社会学。阶级社会产生了以宗教为形式的异化。沙里亚蒂在阿巴丹市的公路上所做的演讲中指出,基于社会分化的社会在其成员的经验中生成了一种具有多重神性的宗教,这反过来又为分化的社会秩序提供了正当理由:

> 这种做法是把人间的景象映照在了天上,也就是说,占统治地位的神职人员通过证明那种像多神教一样的一神教具有合理性,来证明从种族阶级(racial class)一神教向种族阶级多神教的转变具有合理性……当人的内在独一性(intrinsic unity)被改变成人的内在多元性(inherent plurality)时,真主的内在独一性也同样会转变为内在多元性,而内在多元性属于多神教秩序(polytheistic order)。(1981:21)

这个观点还有另外一个版本,他曾在"侯赛因宣教堂"里如此说道:"人们习惯了那种沉迷于来世观念的生活,与此同时既忘了敌人的现状,也忘了自己的现状。伊斯兰教被当作一种工具,用于分散穆斯林对于自身命运的注意力"(Shariati 1986a:39-40)。

在提出这样的观点时,沙里亚蒂直言不讳地质疑**欧莱玛**对于宗教知识的垄断。难怪他有时会诉诸欧洲新教改革的模式以及穆罕默德·阿卜杜(Mohammed Abduh)的先例。穆罕默德·阿卜杜是阿富汗尼的埃及追随者,他提出了极具影响力的倡议,即回归到民众对于《古兰经》经文本身的理解之中。

沙里亚蒂在**伊智提哈德**(*ijtihad*),即判断或阐释这个问题上也采取了强硬立场。**"伊智提哈德之门"**现在是否已经关闭——也就是说,关于

---

① 【译者注】伊斯兰教领袖发出的教令或裁决。

信仰和法学的主要教义是否已经确定——是伊斯兰教思想学派中一个棘手的问题。什叶派传统通常认为，大门仍然敞开，但程序受到限制（Cole 1983）。沙里亚蒂则猛地把门推开，而且开得尽可能宽。在1971年一份引人注目的文件中，他详细阐述了要把"侯赛因宣教堂"办成国际研究中心的计划，他既将**伊智提哈德**当作伊斯兰教复兴的原则，也将其当作思想自由和科学冒险的原则。以此为基础，他设想出了一个崭新的知识时代：

> 新一代的穆斯林科学家将会占据上风。他们在心灵和思想中感受到伊斯兰教；他们对伊斯兰文化、文明和思想流派有着科学的认识；他们了解科学研究方法，了解当代世界科学的进步，简而言之，了解两种文化。（1986a：114）

假如沙里亚蒂将自己视为"新一代"的一员，我们由此可以推断，了解两种文化并不意味着分开了解它们，而是要开发出在两种文化中均能有机运作的分析方式。沙里亚蒂寻求一种统一的阐释学（hermeneutic），因此，我们应该从这个角度去理解他对《古兰经》经文和伊斯兰教传统的反复引用。在此处，沙里亚蒂可能借鉴了什叶派的一个传统信仰，即神的启示具有无限丰富性："理解《古兰经》的多维语言，发现《古兰经》的内在含义，《古兰经》就像大自然一样，如果从不同角度看待它，它就会有不同的方面"（1986a：110）。他不仅使用宗教例证来说明当代观点，还试图发现这两个领域的共同结构，从古老的经文和故事中找到合理的当代意义。比如，他对先知之友阿布·扎尔（Abu Zarr）的颂扬就是出于这个原因。沙里亚蒂在年轻时曾翻译过阿布·扎尔的传记，他一直认为阿布·扎尔是伊斯兰教平等主义（Islamic egalitarianism）的光辉典范。

我们还必须根据沙里亚蒂所卷入的冲突来理解他的论点。在1968年至1972年间，沙里亚蒂致力于反对在年轻人中间日益高涨的无神论马克思主义浪潮对伊斯兰教的影响；他捍卫行动主义的伊斯兰教，并捍卫以反抗**欧莱玛**的保守主义为目标的革命运动；他捍卫社会主义和平等，反对资本主义的发展；他捍卫所有这一切，反对沙阿的独裁统治；他捍卫第三世界，反对西方帝国主义和文化控制。

为此，沙里亚蒂的大部分作品都遭到围攻；他的很多构思都比较粗略，这也就不足为奇了。他作品中的紧迫语气是显而易见的。他生活在一个动荡不安的社会；他的一些学生正在参与一场武装起义；他处于暴力政权的容忍边缘——很快他的声音就受到了压制。他思考的核心问题不仅包括变革的正当性，还包括变革的策略。

在这一点上，根据其传记作者的说法，沙里亚蒂持两种立场——又或者说，沙里亚蒂只有一种立场，但他对历史性时刻所作出的判断发生了巨变。在创作《伊斯兰学》的时候，他认为为了实现社会变革，人们还需要做大量的文化准备工作。人们必须对西方文化进行批判性的挪用，而伊斯兰教迫切需要依靠自身资源实现复兴。所有被帝国主义统治的国家都必须完成这项工作。如果统治是通过文化控制实现的，那么抵抗运动就必须包括文化论战（cultural contestation）和重拾本土身份或自我，从而对强制性资产阶级文化所导致的"反抗无用论"提出质疑。他赞扬其他第三世界知识分子——从法农和肯雅塔，到甘地（Gandhi）和泰戈尔，还有伊斯兰世界的阿富汗尼和阿卜杜——的政治观点中所包含的这方面内容。《伊斯兰学》的宏大视野，以及沙里亚蒂为"侯赛因宣教堂"所规划的研究议题和大众教育议程，均显示出这项复兴与创新发展任务的规模。

但是，到沙里亚蒂创作后期文献时，武装斗争已经开始，政治危机正在酝酿中。他似乎相信革命的局面已经出现，他在 1972 年的演讲实质上是在煽动起义。当时他刚出狱几年。他开始把什叶派看作是一个朝着推翻政权和建立新秩序方向发展的大型社会运动，以及一个独立的革命政党。

沙里亚蒂将变革型文化（transformative culture）的建设工作定义为

"意识形态"(ideology)的创建工作。他的意识形态概念与马克思主义有着很大的不同：前者更接近曼海姆的"乌托邦"(utopia)概念。它意味着一种能够改变世界的动态思想体系。正如沙里亚蒂在一场关于意识形态的演讲中所述："因此，每个理论家都有责任改变与其理想和信念相关的现状"(Shariati 1981：85)。显然，宗教可以是一种意识形态，沙里亚蒂正是从这个角度看待伊斯兰教。他认为自己的任务是创建一种伊斯兰教意识形态，以适应当前的形势。

这不仅仅是他自己的任务；其实，这是某一类知识分子的任务。沙里亚蒂思想中最耐人寻味的部分之一，就是他的知识分子社会学(sociology of intellectuals)。我前面已经提到他如何将保守派神职人员视为统治阶级中的一个知识分子派别。沙里亚蒂看到在新殖民主义时期的伊朗这一特定条件下，神职知识分子正受到一群日益崛起的西化世俗知识分子的挑战。这个群体包括科学家和技术专家，他们在世俗教育体系中拥有一定的根基。正如我们所见，这两个群体都卷入了帝国主义的统治。

这与艾哈迈德在《加尔布扎德吉》中描述的景象相差无几，但沙里亚蒂运用意识形态的维度，将其复杂化了。与这两个群体相反，有些思想家——尽管其中一部分人也出自这两个群体——发挥着改造文化的作用。他们被沙里亚蒂称作**启蒙思想家**①(*rushanfekr*)，这又是一个看起来几乎无法翻译的波斯语术语，有些人将其译为"受到启蒙的灵魂"(enlightened souls)或"自由思想家"(free thinkers)。沙里亚蒂在不同的演讲中对这个群体有着不同的描述，但是他的总体意图是明确的。在他的心目中，这些思想家发挥着先知的作用，虽然他们本身并不是先知。在1971年的一次演讲中，他详细探讨了**启蒙思想家**，并称他们为"那些对自己所处

---

① 【译者注】rushanfekr(روشنفکر)一词是波斯语中的新创词语，由 rushan(روشن，形容词，指明亮的、启蒙的)和 fekr(فکر，名词，指思想)两个词构成。英语文献中一般将 rushanfekr 翻译为 enlightened thinkers，意思为"启蒙思想家"。

的时代和社会怀有责任感,并希望对此有所作为的人"(1986a:4)。

这是一个谨慎的表述,每个措辞都很重要。首先,在对这些人进行定义时,不是根据他们的技术知识,而是根据他们承担重大责任的意识;他们是那些引领他人、具备前瞻性视野以及为社会指明变革方向的人。他们可能来自知识分子,也可能来自群众。第二,他们对于特定时代和社会负有责任。他们的作用并不是创造普适性真理(universal truth),而是了解他们自身社会的具体情况,把握其内在真理,并将这种理解传播给他人。欧洲的问题和亚洲的问题并不一样,因此解决办法也会不同。(沙里亚蒂说过一个好玩的笑话,讲的是一个假想的萨特信徒试图在印度的穷人中传播存在主义。)第三,他们希望对此做些什么;光有洞察力是不行的。因此,启蒙思想家必须与人民接触,而且必须得到他们的信任,这样才能使意识的转变成为可能。

这并不是列宁主义先锋队(Leninist vanguard)的模式。沙里亚蒂非常清楚这些人获得政治领导地位后会导致的风险,因为北非反殖民运动中就出现过这样的可怕案例。"他们唯一的任务就是让群众产生觉悟,仅此而已……让异化的社会回归它的真实面貌"(1981:110)。这是一种特定的文化领袖角色,蕴含着强大的能量和创造力。至于这些人是如何产生的,沙里亚蒂并未作出说明;有时候,他差一点就暗示他们是由真主任命的——也许他真是这么想的。

因此,"**启蒙思想家**"的概念缓和了沙里亚蒂在其他方面非常沉重的描述,包括帝国主义对第三世界的文化统治,以及模仿性的资产阶级文化和保守的宗教对于伊朗社会的文化统治。这个术语过于让人捉摸不定,没有一个明确的社会性定义。但对于沙里亚蒂的读者而言,它无疑象征着统治体系的脆弱性,以及象征着能动性、反抗和变革这三者所具有的永恒可能性。

沙里亚蒂尝试建立一种理论布局,或者一种"沙里亚蒂式社会理论"的形式演绎体系。就沙里亚蒂而言,这种尝试注定会失败,与大多数知识分子相比起来尤其如此。(关于这种尝试,请参阅 Akhavi 1983。)然而,从另一个意义上来说,他**的确是**一个系统的思想家,其所遵循的逻辑是以新殖民主义形势、他对伊斯兰教的解读,以及社会行动的需求为基础的。

他的逻辑似乎产生了强大的影响,至少对 20 世纪 70 年代的年轻都市一代是如此。革命之后,情况就不同了。在关于革命方向的激烈斗争中,与沙里亚蒂的激进主义主张关系最为密切的那些运动被击败了。以霍梅尼为核心的保守势力赢得了 1981 年的那一场武装对抗。一万多名圣战行动主义者及其他持不同政见者遭到杀害,反对派领导人流亡海外。

获胜的宗教领袖捍卫私有财产,中止性别改革,并肃清了大学。其长期影响是造就了一个高度不平等的社会,在这个社会中,政治改革运动和维护保守宗教权威的做法交替出现。富人们逐渐接受了新形式的西方毒化,而工人阶级的收入似乎有所下降(McGeough 2006)。20 世纪 80 年代,媒体曾援引阿里·沙里亚蒂妻子的话:如果当时沙里亚蒂还在世,他会被关进监狱;但是,如果他还是坚持其经典著作中的核心观点,他会认为,什叶派的威权主义(authoritarianism)也有其弱点,它也有可能会遭到民众反对,进而发生变革。

第七章 依附性、自主权与文化

> 对他人思想的明智认识,不应与对他人思想的精神屈从相混淆,我们正慢慢学会从这种精神屈从中解脱出来。
>
> ——劳尔·普雷比施(1950)

拉丁美洲是世界上第一个被欧洲侵略者所控制的大片地区。正如阿尼瓦尔·基哈诺(Aníbal Quijano)(2000)所说,500 年的殖民主义和新殖民主义已经将一种强烈的欧洲倾向性植根于拉丁美洲知识分子心中。这种纽带既是概念上的,也是情感上的。当伟大的智利诗人加芙列拉·米斯特拉尔(Gabriela Mistral)得知欧洲爆发战争[1]时,她动情地写道,曾经庇护我们的"年迈母亲"如今却在战火中燃烧(Mistral 2003:285)。

在很大程度上,拉丁美洲社会科学体现了我们在澳大利亚和非洲看到过的那种模式——将引进的概念和方法应用于本土社会的原材料之上。这种对于宗主国理论家的尊重,在《另一面镜子:拉丁美洲视角下的宏大理论》(*The Other Mirror:Grand Theory through the Lens of Latin America*)这本新书中体现得尤为明显。其编者米格尔·安赫尔·

---

① 【译者注】指第二次世界大战。

森特诺（Miguel Angel Centeno）和费尔南多·洛佩斯-阿尔韦斯（Fernando López-Alves）（2001：3）急切地指出，他们"并不是在提倡一种用于取代'欧洲'理论的'拉丁美洲'理论"。相反，他们将拉丁美洲作为额外的案例"提供"给英语读者，以反映主流社会科学主题的新变化。

写于南方的北方理论无疑会令人印象深刻。若泽·华金·布吕纳（José Joaquin Brünner）的《文化全球化与后现代性》（*Globalizaci6n cultural y posmodernidad*）（1998）就是个很好的例子。它是智利对全球化讨论所作出的贡献，可以与本书第三章所讨论的任何宗主国文献相媲美。事实上，它与那些文献的大部分假设和表达方式相一致，认为文化全球化由后现代性、后工业资本主义、自由民主和通信革命构成。布吕纳引用的大部分文献都是现代宗主国的经典作品——如吉登斯、哈贝马斯、鲍德里亚（Baudrillard）和达伦多夫（Dahrendorf）。当他写到不平等现象时，会引用联合国的数据，这种做法跟欧洲人一样。在书的结尾，他探讨中心与边缘的关系，并断言边缘地区的文化正在蓬勃发展。这样的观点在 20 世纪 90 年代关于全球化的宗主国文献中应该很罕见。不过，总的来说，布吕纳的书是从广义西方文化的角度来写的。他在概念、政治和历史方面的主要参照依据都是欧洲的。

但我们应当记住，拉丁美洲也是世界上第一个在整个大陆范围内打破欧洲殖民控制的地区。拉丁美洲对于思想独立性（intellectual independence）的探索有许多发展方向，从奥克塔维奥·帕斯（Octavio Paz）在《孤独的迷宫》（*The Labyrinth of Solitude*）（1950）中关于墨西哥的著名探讨，到依附学派（dependency school）对于世界经济结构的反思，不一而足。

我无法在一章之内描绘出这整个思想传统。相反，我希望遵循其中的一条重要线索——关于自主权（autonomy）和权力的探讨。在 50 年间，这种探讨以经济学为起点，以文化为终点，它不断质疑变革的政治策略。

中心地区与边缘地区

我首先从一篇现在很少有人阅读的文献开始,但它称得上是 20 世纪社会科学中最重要的陈述之一。

1949 年,一个刚成立不久的联合国组织——拉丁美洲经济委员会(Economic Commission for Latin America,简称"拉美经委会",CEPAL)——正在对该区域的经济事务展开全面调查。在当时,联合国框架内的区域性组织是很罕见的,拉美经委会的成立遭到了美国的反对。为了撰写这份统计报告的序言,该组织请来了一位顾问,是一个名叫劳尔·普雷比施的阿根廷经济学家。

普雷比施最初是个正统的经济学家,他在布宜诺斯艾利斯(Buenos Aires)从事学术工作,同时也是一名公务员。在 20 世纪 30 年代的保守政权统治下,他成为阿根廷中央银行(Central Bank of Argentina)的总经理,直至 1943 年政变后被解职。在接下来的几年里,他对正统经济学和凯恩斯(Keynes)提出了批评,认为前者痴迷于平衡,后者则不够现实。普雷比施关注通过经济周期(economic cycles)来运作的经济体系(economic systems)所具有的动态特征,并日益关注作为"周期性中心"(cyclical centres)的经济体和边缘地区的经济体(economies of the periphery)之间的差异。他对于替代战略(alternative strategies)的认知也受到了拉丁美洲国家实践经验的影响,因为这些国家曾通过扩大本土制造业来应对 20 世纪 30 年代的大萧条(the Depression)和二战期间的贸易危机(Love 1986;Dosman 2001;Mallorquin 2006)。

在这种背景下,普雷比施写了一篇强有力的文章,该文在 1949 年哈瓦那(Havana)举行的拉美经委会会议上引起了轰动。为了平息人们的反应,联合国官员将这篇文章从官方调查报告中独立出来,将其作为一篇题为《拉丁美洲的经济发展及其主要问题》("The Economic

Development of Latin America and its Principal Problems")的论文单独进行发表。这一招产生了惊人的反效果。普雷比施的个人声望迅速上升,并且这篇文章被誉为关于发展中国家战略的关键陈述。到 1950 年底,他被设在智利首都圣地亚哥(Santiago de Chile)的拉美经委会任命为执行秘书。在这个机构中,他得以将一批有才华的经济及社会研究人员长期地聚集在一起——我们现在可能会称之为"发展战略智囊团"(Dosman 2001;Toye and Toye 2004)。

普雷比施之所以对这种替代策略感兴趣,是因为他坚信,行动正变得越来越紧迫,而**自由放任**(*laissez-faire*)①经济学无法提供解决方案。在接下来的 20 年里,拉美经委会大力倡导"进口替代工业化"战略,以减少对于进口制成品(manufactures)的依赖,并使出口产品变得多元化。无论是否出于这种倡导,从 20 世纪 40 年代到 20 世纪 70 年代,该政策在拉丁美洲(以及包括澳大利亚在内的其他一些边缘地区)被广泛采用。总的来说,这一战略奏效了,带来了更高的增长率和生产率——不过该战略也面临着通货膨胀和工业化限制的问题(Kay 1989;Vellinga 2002)。

到 20 世纪 60 年代初,美国和苏联之间的冷战对峙有所缓和,联合国成为国际政治新格局的舞台。南半球国家开始意识到它们之间拥有共同的利益,而这些利益被北半球势力——在很多情况下指那些南半球国家的前殖民统治者——所阻挠,因此它们极力要求北半球势力作出经济上的让步。到 1964 年第一届联合国贸易和发展会议(UN Conference on Trade and Development,简称"联合国贸发会",UNCTAD)召开时,时机已经成熟。该会议的议程由 77 个发展中国家组成的 77 国集团(G77)所主导。劳尔·普雷比施被任命为大会秘书长,他在欧洲、亚洲和

---

① 【译者注】自由放任主义或无干涉主义,源自法语的"laissez-faire"("让他做、让他去、让他走"),意思就是政府放手让商人自由进行贸易。

太平洋地区进行广泛磋商后撰写的开幕报告《迈向促进发展的新贸易政策》(*Towards a New Trade Policy for Development*)，有力地阐述了发展中国家支持贸易改革的理由。在回顾国际经济的历史之后，该报告研究了发展问题、贸易模式和发达国家的作用。最后，报告呼吁展开互助："因此，这篇报告是一种出于信仰的行为(act of faith)"(Prebisch 1964：123)——本质上，这是对国际合作的信仰。

会议结束后，在77国集团的压力下，联合国贸发会成为联合国的一个常设机构，普雷比施担任秘书长。他设法要将联合国贸发会变成一个进行贸易谈判和探讨国际发展政策的有效论坛，从而真正地把资源转移到南方国家。因此，他不但拥有了全球性的受众，还具备了行动手段。

然而，国际合作并没有变得唾手可得。普雷比施的计划遭到以美国为首的富裕国家的强烈抵制。77国集团开始分裂，南北紧张局势加剧。普雷比施不停地奔波，想要争取国际商品协议或国际金融体系对发展中国家的支持，但收效甚微。不过，他在一个方面取得了重大成功，即就发展中国家工业出口的关税优惠达成了协议——这是对拉美经委会工业发展战略的重要补充(Toye and Toye 2004；Pollock et al. 2006)。

1968年，在坚持办完联合国贸发会的第二届大会之后，普雷比施退休了——他积劳成疾，婚姻关系也开始变得紧张——他回到拉丁美洲的大本营，继续从事理论工作。尽管如此，多年以来，普雷比施一直作为核心人物，率先从南半球的视角，对经济观点和社会经济战略作出条理清晰、具有世界水平的表述。很少有社会科学家发挥过如此关键的作用。

《拉丁美洲的经济发展及其主要问题》既是一个政策处方(policy prescription)，也是一个学术议程(intellectual agenda)。（据说整篇论文是普雷比施花了三天三夜写成的。）一些拉丁美洲国家已经开始工业化；普雷比施为其提供了理论依据，并展示了如何维持这一进程。关键在于，"提高人民群众的生活水平"——这一直是普雷比施所有工作的最终目标——不能仅靠农业发展来实现。普雷比施给出了几个理由，其中最著名的观点是,从长远来看,贸易条件不利于农产品出口商,而有利于工业品出口商。结果,经济增长带来的收益在全球范围内存在着巨大的不平等:"换句话说,中心国保留了其工业技术发展的全部收益,而边缘国则把其技术进步的一部分成果转让给了它们"(Prebisch 1950:10)。

正如这段文字所示,普雷比施从根本上区分了"中心地区"的经济体和"边缘地区"的经济体。这些术语并不是他发明的,但他确实普及了这些术语——确切地说,他使它们成为探讨世界发展时必不可少的观念。中心地区和边缘地区有着不同的经济结构、不同的经济问题,因此需要采取不同的经济政策。

这并不意味着两者可以截然分开。普雷比施认为,全球经济必然是一个相互关联的体系。这个关键点将"拉美经委会主义"(CEPAL-ism)和 20 世纪六七十年代推崇马克思主义欠发达(under-development)的理论家们(尤其是弗朗克[Frank]和阿明)区分开来。后者提倡将边缘经济体和全球资本主义脱钩(delinking)。对于普雷比施来说,中心地区是边缘地区贸易、资本和技术的重要来源。同时,中心国也是严重经济问题的根源,这些严重经济问题包括经济繁荣与萧条的交替循环(boom and bust cycles)(普雷比施非常清楚 20 世纪 30 年代的经济崩溃是如何输出到拉丁美洲的),当然还包括贸易条件问题。

《拉丁美洲的经济发展及其主要问题》最显著的特征之一是,普雷比施致力于分析中心国,尤其是美国经济和美元,这部分内容占据了七章中的两章。1949 年普雷比施撰写这篇文章时,正值美国经济和军事实力的鼎盛时期,德国的**经济奇迹**(*Wirtschaftswunder*)和日本的经济繁荣都还没实现。他实事求是地认为,美国作为国际储备货币的消费者、生产者、改革者、投资者和控制者,对于拉丁美洲的发展具有极其重要的意义。

这种联系不可能被打破,但它可以被重塑,前提是拉丁美洲各国政府愿意着手这项工作。普雷比施所设想的是资本主义式的经济发展,而非苏联经济模式，但他同时也设想了一个奉行高度干涉主义（interventionist）的国家。这个国家将通过关税、外汇管制、税收、发展规划、反周期政策（anti-cyclical policy）等方式进行运作，以刺激和鼓励经济实现持续增长。

例如，一个关键问题是，缺乏资金来支持更先进的技术和更高的生产率。拉丁美洲人民群众的收入已经很低，几乎无法再从他们身上榨取更多的钱。那些本可以储蓄的高收入群体却把大部分收入花在进口消费品上，试图维持他们在发达国家看到的那种生活方式。普雷比施称这些人的行为是"不正当的"（1950：37），鉴于他的总体风格，这就相当于指控他们在午夜与魔鬼共舞。普雷比施显然认为，拉丁美洲精英们这种不负责任的行为，既阻碍了资本的形成，也加剧了缺少资金购买有用进口商品的问题。一个讲求实际的发展主义政府（developmentalist government）能够解决这个问题。

归根结底，普雷比施的战略取决于边缘地区知识分子和决策者的意识转变。这使得他在《拉丁美洲的经济发展及其主要问题》的几个简短段落中，提出了一种引人注目的、关于经济学的知识社会学观点。他认为，经典自由市场经济学反映的是全球中心地区的历史经验，而不是边缘地区的现实：

> 从边缘地区的角度来看，普遍经济学理论（general economic theory）最明显的缺陷之一，就是它的普适性错觉（false sense of universality）。那些大国的经济学家全神贯注于自己国家的严重问题，很难指望他们会优先重视研究拉丁美洲的问题。研究拉丁美洲的经济生活主要是拉丁美洲经济学家所关心的问题。只有用科学的客观性合理地解释这一区域经济，才能为实际行动提出有效建议。（1950：7）

这并不是说中心国的经济学家可以被忽视。普雷比施以开玩笑的方式引用凯恩斯的话来为古典均衡理论(classical equilibrium theory)中蕴含的"重大真理"辩护(1950：36)。但他也有力地指出,古典理论的假设并不适用于边缘地区——这正是全文的开篇论点——因此既需要采取新的实践战略,也需要进行新的科学分析。这就要培养新一代的知识分子,使他们具备必要的思想独立性。在其从事写作的那几年间,普雷比施已经开始通过拉美经委会来实践这一想法。

事后看来,普雷比施的思想世界(intellectual world)存在着明显的局限性。《拉丁美洲的经济发展及其主要问题》将经济发展视为绝对的好事;普雷比施(1981a)直至晚年才开始承认环境问题。此外,普雷比施理论中的"经济"是绝对的男性经济。《拉丁美洲的经济发展及其主要问题》只有一处提到女性,且把她们当作储备劳动力,而根本没有把家庭生产视为经济的一部分。当然,当时几乎所有的经济学思想中都存在着这些局限性。事实证明,在这些经济学思想中,普雷比施所开创的适用于欠发达国家的经济学理论是卓有成效的——而且不仅仅是在经济学领域如此。

统治阶级与唐老鸭

普雷比施吸引了除经济学之外其他社会科学的研究者进入到拉美经委会。其中有一位从巴西刚建立的军事独裁统治下流亡而来的社会学家,他就是费尔南多·恩里克·卡多佐(Fernando Henrique Cardoso)。当时,拉美经委会的方法已经遭到左派及相关分析的质疑,这些马克思主义分析或受马克思主义影响的分析认为,拉丁美洲的未来不是依靠资本主义的发展,而是依靠社会主义。

1965 至 1967 年间,当普雷比施在联合国贸发会上为正义而战时,卡多佐和恩佐·法莱托(Enzo Faletto)正在从事一项雄心勃勃的、有关发展的历史社会学(historical sociology)研究。由此产生的著作《拉美的依附性及发展》(*Dependency and Development in Latin America*)最初以油印本形式发行,然后于 1971 年在布宜诺斯艾利斯正式出版。这是普雷比施模式的激进替代方案中最重要的陈述之一,也是那个时代最杰出的历史社会学文献之一。

卡多佐和法莱托(1979)所主张的发展观,要比拉美经委会的经济学或马克思主义的结构依附性理论中的发展观更为全面。在他们看来,经济变革涉及阶级政治、国家形成以及边缘经济体加入不断变化的全球体系等因素之间复杂的相互作用。从这种相互作用中,可能会产生多个结果。

因此,重要的不仅是口头上承认多样性,还要绘制出真实的历史变化轨迹。《拉美的依附性及发展》的核心是对整个大陆的变革做出描述,而这一描述从脱离西班牙统治的独立战争爆发后建立民族国家的早期尝试开始。该书所追溯的事件包括:19 世纪中产阶级突然兴起,成为取代地主寡头统治集团(landowning oligarchies)的新权力中心;20 世纪的城市化进程及作为政治行动者的"工人大众"(worker-popular mass)的出现;进口替代工业化的尝试;经过重组并由跨国公司运营的世界经济中出现的"新依附性"(new dependence),它使得早先的民粹主义—民族主义(populist-nationalist)政治变得过时。

这是个戏剧性的故事,它有着一个戏剧性的结局。卡多佐和法莱托率先提出,"我们正进入一个以'超国家市场'(supranational market)的形成(1979:170)为标志的新历史阶段"——这个观点后来被命名为"全球化"。他们十分准确地判断出拉丁美洲的新技术官僚精英阶层(new technocratic elites)的发展壮大,这些人与国家(其中一种形式是军事独裁)密切相关;他们也准确判断出了日益严重的社会不平等和社会排斥现象。

在这个宽泛的框架内,不同国家的事件进程(course of events)可能会有很大不同。卡多佐和法莱托强调了两种主要依附模式(patterns of dependence)之间的区别。第一种是"飞地"(enclave)①经济体,其主要工

---

① 【译者注】指本国部分领土被包围在另外一个国家境内,和本国其他领土不接壤。

业由全球中心国直接提供资本和进行控制——这样的案例包括智利的硝酸盐和铜产业,以及中美洲的香蕉产业。在这种情况下,地主寡头统治集团的统治得以存续,经济发展的动力有限。

第二种是阿根廷和巴西所体现的依附发展(dependent development)模式,其出口工业是通过民族资产阶级发展起来的。该阶级群体实现了对国家的控制,并获得了一定的能力,可以为工业化提供资金,以及将人民群众融入政治秩序。但是它并未质疑宗主国的统治地位。在此处,卡多佐和法莱托得出了其中一条最重要的理论性结论:“发展”并不是“依附”的对立面。发展可以以保持依附性的方式来进行;历史上出现了新的依附形式,并且这一进程仍在持续。

20世纪50年代和60年代,宗主国的社会科学家提出了有关现代化和发展的理论,以此来应对后殖民时代的局势。这些理论想当然地认为,世界上较为贫困的地区将会沿着欧洲和北美走过的道路前进。这方面最广为人知的作品——尽管其不过是纲要性质的普及读物(schematic popularisation)——是W. W. 罗斯托(W. W. Rostow)的《经济增长的阶段》(*The Stages of Economic Growth*)(1960),该书成为美国政治精英的某种冷战宣言。卡多佐和法莱托对此类基于当今发达国家历史的“理论纲要”(theoretical schemes)嗤之以鼻,这是可以理解的(1979:172)。事实上,他们认为,参与式社会主义(participatory socialism)才是边缘地区用于取代依附性的重要选项,不过他们也承认,遵循“社会的新路径”存在着政治困难(1979:213)。

现代化理论是毫无意义的,因为自从欧洲的工业经济体开始形成以来,中心地区和边缘地区的发展进程就已经产生分歧——几乎在同一个时期,拉丁美洲实现了政治独立。英国的财富和权力曾对19世纪拉丁美洲的发展模式产生了至关重要的影响:

> 如果不参照发达资本主义经济体的经济驱动力,就无法理解经济“边缘地区”真正意义上的存在。这些发达资本主义经济体导致

资本主义边缘地区的形成，并促使传统的非资本主义经济体融入世界市场。(Cardoso and Faletto 1979：xvii)

无论是当时的英国，还是现在的美国，它们都无法直接控制整个边缘地区。外部力量必须通过本土社会力量发挥作用。卡多佐和法莱托的辩证社会学(dialectical sociology)的核心就是全球结构和本土政治动态(即建立本土国家，并设法控制和改造它)之间的相互影响。

卡多佐和法莱托在这出政治戏码中看到的"基本历史行动者"(fundamental historical actors)是"根据具体的生产方式(forms of production)来划分的阶级和群体"(1979：201)。在此处，他们的社会学显然变成了一种纲要。社会阶级被简单地定义为经济类别。这些被如此定义的群体不可思议地获得了共同利益的意识和政治行动的能力。卡多佐和法莱托完全不关注阶级形成的问题，不探究霸权(hegemony)问题，也不考虑阶级和其他结构之间的交互作用(intersections)。就像他们同时代的其他人一样，他们的眼界无法超越男性经济。

因此，他们的长处并不在于细致入微地分析拉丁美洲的社会结构，而是在于分析历史上拉丁美洲内部的统治体系与国际经济结构之间的变化关系。在这方面，《拉美的依附性及发展》的影响远远超出了拉丁美洲，并且我认为它依旧是一个具有重要思想价值的文献。它为分析跨国社会进程提供了一种经过深思熟虑的方法，该方法比25年后出现的大多数关于"全球化"的宗主国文献要复杂得多。

同样是1971年，智利出版了另外一部对依附性作出创造性解读的作品。两位作者分别是诗人、小说家和文学批评家阿列尔·多尔夫曼(Ariel Dorfman)，以及来自比利时的媒体社会学家阿尔芒·马特拉(Armand Mattelart)。多尔夫曼在其自传《朝南走，往北看》(*Heading South, Looking North*)(1998)中回忆道，在创作前述作品的过程中，他们曾被卷入萨尔瓦多·阿连德(Salvador Allende)执政初年的惊人动荡中。在"人民团结阵线"（Unidad Popular）政权①看来,智利通往社会主义的和平道路不仅涉及经济改革,还涉及在大众教育方面所需要做的大量工作,这包括出版数百万册书籍和杂志,以及制作新的广播节目。这项工作的一部分是针对智利的青年。参与这项工作的作家对于现有儿童通俗文学感兴趣,这是很自然的事情。

我还记得,20 世纪 70 年代中,《如何阅读唐老鸭》(*How to Read Donald Duck*)开始在英语国家流行,并引起一定程度的轰动。当这本书成批运抵美国时,迪士尼公司试图将其没收②。即便左翼也有一些焦虑。智利人民是重要的榜样;他们选举出了一个社会主义者担任总统,他们如此激进,以至于引发了一场军事政变。但是这些人为何要恶搞孩子们的漫画书? 看在上帝的份上,有些事情是真正的革命者不应该做的!

但他们确实这样做了,其成果不但是一项文化研究的开创性工作（当时宗主国刚开始称这个领域为文化研究）,还是一份极具吸引力的激进政治文件。《如何阅读唐老鸭》基于对大约 100 期迪士尼漫画书的细读,因此该书在某种程度上是针对大众媒体内容的一项实证研究。多尔夫曼和马特拉(1975)指出,这些故事远非天真的童年幻想,而是构建了一个具有明确社会、文化和政治特征的世界。

这是一个具有固定社会等级的世界,不过它有点古怪。这个世界里没有父母——而是有很多叔、伯、舅、婶、姑、姨、侄、甥之类。于是,除了女性遭到千篇一律的性化(sexualisation)之外——从唐老鸭女朋友黛丝(Daisy Duck)所穿的高跟鞋就可见一斑——有性生殖（sexual reproduction)和家庭权威都被隐藏了起来。这个世界存在着财富——实际上史高治·麦克老鸭(Scrooge McDuck)的那些钱柜就是以滑稽的

---

① 【译者注】1970 年,智利的 6 个左翼政党组成"人民团结阵线",支持社会党人阿连德·戈森斯当选总统,执政期间实行了一系列激进的经济和社会改革。

② 【译者注】1975 年,一间伦敦的小型出版社发行此书,并且试图将 4000 本输往美国。然而,代表迪士尼的律师指控该书盗用迪士尼的版权图像,设法让整批货柜被海关扣押。

形式夸大了的财富——不过，财富被描绘成有待人们发现的宝藏，而非任何人的劳动成果。"在迪士尼的世界里，没有人必须为了生产而劳动"（1975：64）。即便里面出现了城市工人阶级人民，他们也主要是罪犯（如庇兄弟[the Beagle Boys]①）。

不过，第三世界肯定是存在的。根据多尔夫曼和马特拉的统计，有多达半数故事里的主人公都是从鸭堡（Duckburg）出发，前往阿兹特克地（Aztecland）、印加 - 布林卡（Inca-Blinca）或者不稳定斯坦（Unsteadystan）②等充满异域风情的原始地区冒险。当地居民往往是天真或高尚的野蛮人，他们经常被坏人所讹诈，而鸭子们拯救了他们。他们完全无法依靠自己的努力来改变自己的处境。

因此，这些大范围传播的娱乐产品为儿童构建了一种等级森严、一成不变的本土和全球秩序的形象。多尔夫曼和马特拉承认，迪士尼的故事容许许多轻微的颠倒（inversions）存在。例如，当鸭外甥们和唐老鸭发生冲突时，通常孩子们才是聪明、细心、有远见的一方，而大人则很愚蠢。在这方面，迪士尼漫画比超人漫画之类更为复杂。不过，在每个故事的结尾，世界又恢复了它的正常秩序。吉罗·吉尔鲁斯（Gyro Gearloose）③永远不会变富，史高治永远不会变穷。如果那些高贵的野蛮人（noble savages）④能过得好，那是因为某个开发商修建了一个旅游酒店，使他们得以保留自己的异国情调。

多尔夫曼和马特拉从理论上说明了这种影响，他们指出，迪士尼漫画颠倒了物质基础和文化上层建筑之间的真实关系。他们营造了一个资产阶级的幻想世界——与其说他们在鼓吹"美国人的生活方式"（American Way of Life），不如说是在鼓吹"美国人的生活梦想"

①【译者注】一帮窃贼、小偷，经常对史高治·麦克老鸭的金库下手，但从来没得手过。
②【译者注】这三个虚构地名分别对应：墨西哥；秘鲁；韩国和越南。
③【译者注】一只山雀发明家，和小助手生活在鸭堡的一间实验室里。
④【译者注】"高贵的野蛮人"是欧洲传统观念中一种理想化的土著、外来者或他者形象，他们具有天生的自然纯朴和未受欧洲文明"腐蚀"的美德。

(American Dream of Life)：

> 美国有自己的梦想,想挽救自身的形象,于是为了自我救赎,将
> 这种梦想强加给他人。美国的这种做法对依附于它的其他国家构
> 成了危险。它迫使我们拉丁美洲人根据他们对我们的看法来看待
> 我们自己……阅读迪士尼漫画,就像把我们自己受剥削的境况,伴
> 着蜂蜜塞进自己的喉咙里。(1975：95 - 96)

因此,唐老鸭帮助阻止人们形成对受剥削现实及变革可能性的认
知,从而成为导致欠发达状况的原因之一——"时间会**产生**某物的观念
被自然而然地消解了"(1975：86)。

多尔夫曼和马特拉的分析还有更多内容,因为他们对其他主题,以
及对迪士尼角色列表中的所有主角都发表了评论。不过,此处提到的是
他们的主要论点。他们的分析表明,仅凭着传统马克思主义提供的不大
顺手的工具,拉丁美洲激进分子就可以着手对宗主国文化统治的内部机
制进行解读。他们分析的问题与艾哈迈德几年前所探讨的"西方毒化"
有很多相似之处(参见第六章)。

与艾哈迈德不同的是,多尔夫曼和马特拉回避了"应该采取何种措
施"的话题。在书末的一段辩白性文字中,他们写道:没有人能够针对这
些问题提出个人的解决方案,至于继迪士尼之后将会发生什么,"这将由
寻求解放的民族所进行的社会实践来决定"(1975：99)。也许他们认为,
这个观点可以在人民团结阵线运动中得到验证。但是,当《如何阅读唐
老鸭》出版时,人民团结阵线离最终瓦解只剩下两年的时间。

革命消亡后的第二天

1973 年 9 月,将军们发动袭击,总统府莫内达宫(Moneda palace)遭
到轰炸,阿连德遇害,政府和运动均被摧毁。阿列尔·多尔夫曼在军方
的死亡黑名单上,他差点没能逃离这个国家。多尔夫曼后来发表了一本

关于恐怖事件和流亡生活的感人诗集。在其中一首诗里（Dorfman 1988：61），他回顾了智利的这场运动如何未能预见后来的遭遇。不幸的是，由于版权原因，我不能在此引用这首诗。不过我可以回顾一下作者的观点，那就是，当时的智利进步人士根本没有意识到军事文化的后果，并且他们存在着易受暴力侵害的弱点。毕竟，智利有一个既定的宪政体制（constitutional regime），支持人民团结阵线的选民似乎也不断增加。但反对派也变得越来越强硬，而且他们找到了外界的支持。

智利的军事政权并不是第一个——甚至也不是最暴力的——拉丁美洲独裁政权，但是它已经相当残暴。该政权的最初几年被历史学家托马斯·穆利安（Tomás Moulian）（2002）称作"恐怖主义独裁阶段"，其间左翼激进分子和知识分子受到追捕。他们中的许多人被严刑拷打——圣地亚哥（Santiago）东部边缘的格里马尔迪庄园（Villa Grimaldi）为此设立了一座专门的监狱（后来它被夷为平地以掩盖证据，现为纪念公园）——数百人遭到杀害。

阿根廷独裁统治的状况更加糟糕。在打击政权反对者的肮脏战争（dirty war）①中，"失踪"（很可能惨遭谋杀）的人数超过一万人。巴西的独裁统治长达 20 多年，其间驱逐、监禁、折磨或杀害了数千人。乌拉圭的独裁统治阻碍民主进程 10 余年之久。就连在墨西哥革命制度党（Institutional Revolutionary Party）的文官政权（civilian regime）统治下，也有大约 300 名年轻知识分子于 1968 年在特拉特洛尔科广场（Tlatelolco Square）遭到枪杀。

我回顾这些细节，并不是在胡思乱想，而是为了强调在拉丁美洲讨论自主权和依附性需要冒很大的风险，同时也是为了开始解释拉丁美洲随后发生的思想变化。国家恐怖主义（state terrorism）使人民团结阵线

---

① 【译者注】20 世纪 70—80 年代，阿根廷军政府秘密拘留、折磨和杀害左翼人士，史称"肮脏战争"。

变得群龙无首，还驱散了其支持者，摧毁了其经济和文化自治模式。巴西独裁统治在未进行重新分配、未实施民主、未与宗主国脱钩（de-linking）的情况下，成功实现了高增长率，这违反了拉美经委会和依附学派所做的预测。正如克里斯托弗·凯（Cristóbal Kay）（1989）在梳理欠发达理论和依赖性理论的历史时所观察到的那样，所有这些思想流派都在 20 世纪 70 年代失去了政治信誉——讽刺的是，不久之后一场巨大的债务危机席卷整个大陆，证明有必要对拉丁美洲的脆弱性（vulnerability）展开分析。

这就为一种新的发展模式扫清了障碍，皮诺切特将军（General Pinochet）领导下的智利是世界上第一个采用这种模式的国家。新自由主义，即围绕着 20 世纪八九十年代支配拉丁美洲的自由市场经济而建立起来的政治和社会议程，绝不是一种南方理论。相反，它是普雷比施在《拉丁美洲的经济发展及其主要问题》中所批评的经济学"普适性错觉"的典型产物。在皮诺切特统治下掌控着智利经济的新自由主义者们亲自证明了这一点，因为他们邀请了芝加哥大学经济学院的两位知名人士——阿诺德·哈伯格（Arnold Harberger）和米尔顿·弗里德曼（Milton Friedman）——参加 1975 年制定国家政策的会议。这两人帮了新自由主义者们一个大忙，因为他们提出了休克疗法（shock treatment）而非渐进式改革的主张（Silva 1996）。智利人民也证明了这一点，他们给实施这一政策的经济学家、官僚和新贵企业家（他们通常是同一批人）起了个"芝加哥男孩"的昵称。

目前，新自由主义对拉丁美洲的影响已经有了非常翔实的记载（关于使用英语撰写的高质量报告，参见 Silva 1996；Nochteff and Abeles 2000；Huber and Solt 2004），我不打算在此重复那些描述。我想强调的是，新自由主义是在一种危机氛围中出现的，其中一部分是内部危机——体现为独裁统治本身的暴力——另一部分是外部危机，即 20 世纪 80 年代的债务危机。当时，国际资金流动性紧缩，里根（Regan）和撒切尔（Thatcher）领导的美英新极右翼政府终止了全球论坛上的南北对话，加上这些政府支持的新自由主义者占据了国际货币基金组织，这种种因素迫使整个拉丁美洲大陆的各大经济体开始实施新自由主义政策。

　　新自由主义不仅意味着要出售前几代人通过劳动建立起来的公营企业（public enterprises），废除福利国家制度，以及将收入重新分配给富人，它还代表着大众政治（popular politics）失效的危机。根据诺切特夫（Nochteff）和埃伯利斯（Abeles）（2000：131-132）对阿根廷相关情况的描述，经济休克疗法的后果包括破坏制度、侵蚀公众信任、削弱制衡，以及导致了一个"私有政府"（private state），其唯一有效的权力来自大公司和政治精英。

　　因此，新自由主义的出现具有非常广泛的影响，这种影响并不局限于经济方面。正如许多深思熟虑的评论家所观察到的那样，这整个事态发展也代表了拉丁美洲社会科学的危机。旧的知识对象，即民族社会及其经济，不再是一个可行的分析单位，社会科学知识和社会变革方案之间的原有联系已经被打破（Garretón 2000）。随着新自由主义引入新问题，并以新语言对其进行探讨，拉丁美洲的批判性思维陷入停滞；批判性思维与社会运动之间的联系也随之消失（Sader 2002）。

　　这就是智利社会学家马丁·霍彭海恩（Martin Hopenhayn）在《既非世界末日，亦非融合》（No Apocalypse, No Integration）一书所收录的一系列论文中谈到的情况。开篇第一章"革命消亡后的第二天"（"The Day After the Death of a Revolution"）唤起了人们的失落和怀疑之情：

　　　　如今，拉丁美洲各个社会之间最大的共同之处在于社会的恶化、形式化的民主、私有化欣快症（privatizing euphoria）①，以及震荡

---

①【译者注】欣快症是一种精神疾病，表现为与环境不相符的、不易理解的、过分且病态的愉快心境，多见于脑器质性疾病。

政治(shock politics)①……接下来的章节内容可能读起来有一种怀疑主义的态度。它们既没有指出新的变革途径,也没有重振昔日激进改革的动力。相反,它们追溯了融合(integration)梦想破灭后的危机及后果。(2001:1-2)

《既非世界末日,亦非融合》的核心关注点是大型社会主义规划发展项目(the grand socialist and planned-development projects)的终结。过去半个世纪以来,这些项目一直把政治和社会科学当作工作重点。这些项目终结后,人们有必要寻找新的思维方式和知识形式。这首先需要极大程度地减少野心。"当前,社会科学领域在学术和政治上已经越来越陷入卑下的地位"(2001:121)——以至于从前社会科学家作为改革者的英雄形象,如今看起来可能像一个历史错误。

霍彭海恩的文章《若没有元叙事,社会是可以想象的吗?》("Is the Social Thinkable Without Metanarratives?")(2001:119-141)汇集了南方理论的各种含义。如今,拉丁美洲的社会科学正遭遇到可理解性(intelligibility)和组织性(organicity)方面的危机。上一代的三个主要范式分别是拉美经委会式的发展理论、依附理论和马克思主义(以本章前文探讨的三个主要文本为代表)。社会变革本身产生了这些理论框架所无法解释的复杂性。与此同时,关于通过大众改革运动在知识生产和干预社会现实两者之间建立有机联系的假设,已经被打破。这三种范式事实上所依赖的社会机制——计划国家(the planning state)已经失去了可信度。

霍彭海恩认为,外部事件——如 20 世纪 80 年代初期的经济危机和 80 年代末期的苏联共产主义崩溃——促成了这种幻灭,但他同时认为社

---

① 【译者注】源自经济学术语"震荡疗法"(shock therapy),即取消国家资金分配和物价管制,全面推广经济和贸易自由化,将公有资产大规模私有化等激进改革措施。"震荡政治"指新自由主义者利用危机带来的震荡,趁人民不知所措之际,迅速散播恐惧,使人民不得不接受强权者的掌控。

会科学也使自身变得脆弱不堪。拉丁美洲社会科学所采取的形式是欧洲启蒙运动所持乐观态度的极端表现形式,因为欧洲启蒙运动对理性的力量以及对知识分子能够站在历史和进步这一边抱持着乐观态度。他回顾了针对这种理性学(doctrines of rationality)的常见批评(如后现代主义、法兰克福学派和新自由主义),认为人们再也没有办法回归到曾经占支配地位的那种知识模式以及学术实践模式。

就其此处的观点而言,霍彭海恩运用纯粹的宗主国理论来抨击边缘地区知识分子——这在关于发展经济学的争论中是一种多么常见的模式!在另一篇文章中,霍彭海恩直接论述了欧洲后现代思想(尤其是利奥塔尔[Lyotard]和鲍德里亚)的本土相关性。他认为他们的看法与拉丁美洲的新形势有着重要的相似之处。因此,复杂性、不确定性(indeterminacy)和本土性(the local)等后现代主题有助于理解当代社会,也有助于证明社会科学最近开始对日常生活而非重大结构感兴趣这一做法的合理性。

然而,霍彭海恩只是想选择性地借用北方理论家的理论。他特别强调,迈向后现代的理解方式(sensibility)不应该意味着要以冷静或愤世嫉俗的心态去接受贫困、社会排斥或异化。他非常清楚新自由主义统治下拉丁美洲社会不平等现象的增长,这种增长造成了"这样一种现状,即(在国际上)融入世界的人与(在国内)受到排斥的人两者间的截然并存"(2001:4)。

在批评工具理性(instrumental reason)的同时,霍彭海恩也为乌托邦理性(utopian reason)辩护。他以一篇赞美乌托邦思想的精彩文章作为书的结尾,该文强调人们需要开放式的乌托邦(open utopia),而非千禧年主义的乌托邦(millennialist utopia)。在早期的研究中,霍彭海恩和他的同事们曾做过小规模的发展项目。在《既非世界末日,亦非融合》中,他赞扬了"另类发展"运动("alternative development" movement),因为该运动强调基层行动、多样性和社会参与,而不是政党政治或主权市场(sovereign market)。霍彭海恩似乎认为,这是实践和理论之间建立新关系的最佳场所(venue)。

不过,书中还有另外一个观点,它很不寻常,且颇具启发性。计划国家或许已经完全失去其正当性,与之相关的社会科学范式也已经被扔进了历史的垃圾桶。但是,人们当初创造这些方法的原因并没有消失。在其探讨后现代主义和新自由主义的那个章节接近尾声时,霍彭海恩回想起普雷比施。普雷比施所做的许多分析和预测在新自由主义的新世界中均得到了验证。此外,"我们并没有另外一个解读焦点(interpretive focus)可以给拉丁美洲现代化进程特有的异质性带来一种特定的整体感和一致性"(2001:90)。

也有人提出,新自由主义观念已经盛行多年,且鲜有争议,现在是时候采用一种新的构造论(structuralism)了(Kay 1998)。事实上,普雷比施是最早尝试这样做的人之一,年迈的他与年轻时一样势不可当。回到拉丁美洲以及拉美经委会之后,普雷比施已经 70 多岁,他撰写了一系列论文,反思《拉丁美洲的经济发展及其主要问题》发表 30 年以来的教训,这些论文后来合并成为《边缘地区的资本主义》(Capitalismo periférico)(1981b)一书。在这本书中,他进一步证实了关于中心地区和边缘地区之间存在结构性差异的观点,并补充了一种关于依附性经济体(dependent economies)的政治经济学,以解释工业化战略的有限成就,以及独裁统治下的暴力转向。他对"假自由主义"进行了严厉的批判,认为它在巩固社会不公的同时,给富人带来了繁荣;他还表示自己一直坚信边缘地区的经济自主权(economic autonomy)是可能的,不管实现这一目标需要采用何种新战略。

斗争的新层面

加雷顿(Garretón)和霍彭海恩都曾提到,他们觉得社会变得愈加复杂。其中一个原因是身份的多元化及新型社会行动者的出现。也许最为重要且也是最难以纳入任何熟悉的社会科学范式的新型社会行动者就是拉丁美洲的女性运动。

到目前为止，本章提到的所有理论家都是男性，他们中好像没有任何一个人认为，男性在社会中的权力或者男性对社会话语的支配地位是有问题的。当然，拉丁美洲在这方面并非特例。在本书前几章所讨论的大部分宗主国和边缘地区话语中，男性都占据着支配地位。

正如索尼娅·蒙特西诺（Sonia Montecino）（2001）在一篇关于智利社会多样性的论文中所指出的那样，在一个习惯于从统一体的角度进行思考的社会中，揭示差异性是一项艰巨的任务。人们可以通过抵抗和再挪用（reappropriation）等行为，维护女性、原住民和本土人士的权利。但是这样做违背了主流思维方式。无论这种主流思维方式属于右派还是左派，均是如此。与世界其他地区的女性一样，拉丁美洲女性经常遭到工会、社会主义政党，以及反全球化运动的男性管理者的强烈抵制（关于中美洲的情况，参见 Mendez 2002；关于澳大利亚和加拿大的情况，参见 Franzway 1999）。

若要让男性认识到，他们的惯常做法或他们从中受益的性别配置（gender arrangements）中存在着不公，人们需要付出巨大的努力。这些惯常做法或性别配置包括：殴打妻子、职场性骚扰、不平等薪酬、两班制（double shift）[1]等。若要让为数众多的男性认识到，那些长期以来一直被他们视为"男性公共世界的家庭保障体系"的女性，是合法的领袖、代表和组织权力的持有者，人们同样需要付出巨大的努力。2006 年出现了突破性的进展，首位来自进步联盟（progressive coalition）的女性，即智利的米歇尔·巴切莱特（Michelle Bachelet），当选为政府首脑。

---

① 【译者注】两班制，也叫两班倒或两班轮流制，通常指一天 24 小时的工作时间内，每 12 小时换一批员工上下班的工作制度。而女性的两班制，指女性在从事职业工作之余，还要做家务工作。

蒙特西诺认为,性别关系结构和主体性均发生了历史性的变化,她以此观点来分析女性身份的转变。智利文化的传统特点是将女性身份与母亲身份等同起来。因此,人们在宗教上崇拜受难的圣母,以及构建了与母亲形象相关的男性形象——如缺席的父亲,或母亲的儿子。这是一种根深蒂固的文化模式。蒙特西诺援引近期的调查证据显示,大多数时候,人们仍然将智利女性与其作为母亲的角色相等同,而将智利男性与其作为工作者的角色相等同。她认为,将女性与母亲角色相等同,会导致女性随着年龄增长而出现性方面的实际困难。

然而,经济变革,特别是将女性纳入有偿劳动力队伍的做法,一直在扰乱这种身份认同。随着女性进入公共领域,女性从属于男性的问题也随之浮现。有偿工作(paid work)成为女性身份的新基础,这与母性意识形态形成了持久的紧张关系。鉴于经济变革的模式,工人阶级女性比中产阶级女性更早发生了这种转变。蒙特西诺找到的调查证据显示,现在人们普遍接受女性外出工作。女性本身、青年、城市居民、左派以及工人阶级对此的支持力度最大。在阶级、国家和经济发展方面,以及在性别政治方面,智利似乎是"一个分裂的国家"(*un país dividido*)(Huneeus 2003)。

蒙特西诺很清楚,身份的改变并不意味着要简化身份。我们现在看到的是"彼此之间对立冲突的身份"。她引用了一项关于中产阶级女性对有偿工作的倾向性研究,该研究区分了三种策略:维持对母性的承诺,有偿工作和母亲身份之间的互补关系,以及把工作当作主要的生活焦点。具有讽刺意味的是,正是中产阶级和上层阶级女性的经济实力,使她们能够将大量家务劳动和育儿工作交给女性家庭雇工。

更耐人寻味的是,蒙特西诺认为,拉丁美洲历史上的一种常见动态,即在社会斗争中形成身份,显然适用于女性。女性的集体身份是在女性运动中构建起来的,而拉丁美洲的女性运动非常多样——有些与工会或政党有关,有些是独立自主的,有些则与原住民有关,诸如此类。其中,女性主义运动从早期争取投票权开始，就既强调性别差异，又强调男女平等。但生存运动（survival movements）并未攻击传统性别分工，而是将其当作理论假设。母亲运动（mothers' movements）——例如阿根廷人为"失踪者"（"disappeared"）①举行的著名示威游行——则将母性意识形态与人权呼吁结合在一起。因此，女性主义运动一直在努力争取女性身份的重大变革，以及争取进入男性领域的权力，而母亲运动则不然。

女性行动主义（women's activism）是反独裁运动的重要组成部分，这一成就使女性主义诉求被提上了进步政党的议事日程。但女性行动主义也给右翼政党提供了新的把柄，右翼政党可以借此开展反对道德沦丧和社会崩溃的运动，而"道德沦丧"和"社会崩溃"这两点是他们对女性生活变化的惯常解读（在拉丁美洲和伊朗均是如此）。

性别的复杂辩证关系不仅涉及女性，也涉及男性。马修·古特曼（Matthew Gutmann）和玛拉·维韦罗斯·维戈亚（Mara Viveros Vigoya）（2005）在近期一项针对男性领域的调查研究中指出，拉丁美洲女性主义在推动关于男性的研究和探讨方面一直非常活跃。确实如此，自20世纪90年代中期以来，由何塞·奥拉瓦里亚（José Olavarría）领导的一个智利研究小组，开展了一项全世界为期最长的，针对男性、男性青年和男性气质的研究项目和研究对话（例如 Olavarría and Moletto 2002）。这项研究除了表明支配性男性气质（dominant masculinity）的保守模式的持续性存在，还充分显示出男性的多样化处境，以及年轻男性不断变化的意识——例如，他们越来越热衷于担任父亲的角色。

关于多元身份的描绘给社会变革运动提出了一个难题，因为差异似乎意味着难以将人们动员起来，以开展行动。拉丁美洲女性主义在寻找向国家施压的新方法方面一直颇有创意。例如，一个女性研究小组开发了一项基准测试技术（benchmarking technique），该技术以本土和国际

――――――――――
① 【译者注】指阿根廷"肮脏战争"的受害者。

各级政府现有的性别平等承诺作为出发点,对这些实际存在目标的实现情况做出系统性评估(Valdés 2001)。蒙特西诺(Montecino)强调指出,尽管街头政治已经式微,但女性主义已经蔓延到许多其他社会空间,并参与了新的政治形式,特别是文化政治和象征政治(cultural and symbolic politics)。

新型的活动领域、社会运动及文化政治的出现,是近期拉丁美洲社会科学的一个重要主题(例如 Garretón 2000;Sader 2002;Gómez 2004)。有一位阿根廷/墨西哥人类学家所写的作品也以此为中心主题,他就是目前拉丁美洲最知名的社会科学家之一——内斯托尔·加西亚·坎克里尼。他对各类社会进程进行了为期 30 多年的广泛研究,涉及乡村仪式、手工艺生产(craft production)、城市大众传媒、博物馆、艺术营销和政治意象等。他的写作质量足以与他的研究范围相媲美。他的作品融合了清晰的概念阐述、生动的细节描述、想象力、幽默感、愤怒及讽刺。在创作《杂交文化》(*Hybrid Cultures*)时,他尝试了学术论文(academic treatise)和随笔(essay)的形式。我想不到任何关于"9·11"双子塔袭击事件的评论能比他的评论更加简洁有力。他认为,此事件代表了"铤而走险者与既得利益者"(*desperados contra instalados*)之间的冲突(García Canclini 2002:16)。

加西亚·坎克里尼从事人类学研究,但是他也质疑人类学。他发表于 1982 年的著作《资本主义的大众文化》(*Popular Cultures in Capitalism*)①是一部过渡性民族志(transitional ethnography)的杰作,它以民族志里和政治上的文化观念所遭遇的危机作为开端。在墨西哥,自从 20 世纪初的那场革命以来,颂扬大众文化便一直是民族主义言论

---

① 在德克萨斯大学出版社(University of Texas Press)出版的英文译本中,原本非常直截了当的西班牙语书名《资本主义的大众文化》(*Culturas Populares en cl Capitalism*)被奇怪地改译为《改造现代主义》(*Transforming Modernity*)——或许这并不奇怪,因为英文书名回避了"资本主义"这个名称。

的主题。但加西亚·坎克里尼认为,传统文化之类的东西已经不复存在。

为了证明这一点,他对墨西哥米却肯州(Michoacán)农村社区中两个主要的"传统"活动——以陶艺和玩偶制作为代表的手工艺生产,以及当地的宗教节日(fiestas)——展开了极其细致的调查。他表示,随着米却肯州被纳入国内和国际资本主义经济,上述两种实践发生了深刻的变化。例如,手工艺生产不再是制作当地农业生活方式所需物品的活动。它主要为拥有手工制品商机的市场进行生产。手工艺在墨西哥资本主义中具有明确的作用:吸收农村失业人口,提供旅游产业,以及支持对民族身份的政治解释。同样,宗教节日也被重新组织为旅游活动,或者作为乡村产品与城市商品及服务相结合的场合。

加西亚·坎克里尼表明,这些变革产生了将村民以从属身份纳入资本主义制度的各种新形式。这个观点让人想起卡多佐和法莱托关于层出不穷的新依附形式的观点。更确切地说,加西亚·坎克里尼(1982:70)认为资本主义通过不断"将意义去背景化(decontextualisation)和进行重组",从而让资本主义与原住民文化产生联系。原住民文化并没有被消灭,而是变得支离破碎,其元素从它们的本土空间中被剥离出来,并在新的背景下——如市场、旅游商店、购买者的家中、博物馆——被重新组合起来。

在树立这个观点的过程中,加西亚·坎克里尼非常精彩地展示了从克罗伯(Kroeber)①到布尔迪厄的北方理论。此处只需引用其中一句话就行:"从弗洛伊德到德勒兹(Deleuze),从尼采(Nietzsche)到福柯,这些人告诉我们,压迫的存在不仅仅依赖于集体结构(collective structures)的匿名性(anonymity)……"(2002:16)《大众文化》的前面部分属于人们熟悉的宗主国理论类型,它使用来自边缘地区的数据作为例证。但是,

---

① 【译者注】指艾尔弗雷德·L. 克罗伯(Alfred L. Kroeber)(1876—1960),美国文化人类学家。

随着观点的展开,它超出了这个范围。它一直在关注殖民的历史。该书认为,本土农业社会的解体并不是现代化进程中的一个抽象阶段,而是统治和合并(incorporation)的产物。该书将当代资本主义视为一个动态的帝国体系,其具有强大的同质化逻辑(homogenizing logic),但同时也为从属性及差异性事物留出了位置。此外,该书还提出了——但并未详细阐述——一种适合原住民文化的抵抗政治。

在《杂交文化》以及在他最著名的作品《消费者与公民》(*Consumers and Citizens*)(1995)中,加西亚·坎克里尼的关注点从乡村转向城市,并转向后现代性、欠发达和全球化等话题。如今他的立论前提是,在整个拉丁美洲,前几代人所从事的具有民族主义和民粹主义特征且以国家为中心的发展项目,连同随之而来的文化议程,已经崩溃。《杂交文化》写于20世纪80年代"迷失的十年"(lost decade)接近尾声之时,该书剖析了这个庞大项目中所包含的错误假设。

关于现代性、国家地位(nationhood)、艺术和传统文化的常见观念,都是通过那些制造对立的举措和制度建立起来的。所制造的对立包括美术品与大众手工艺品、现代与前现代、全国范围与特定地区、一个国家与另一个国家,诸如此类。但是,社会现实本身颠覆了这些对立——颠覆方式有跨境移民、复杂边境领域的形成、大众媒体对文化的重组等。加西亚·坎克里尼在很大程度上将这种复杂性归结为"杂交性"的概念,他认为这个概念深深植根于拉丁美洲的历史。一直以来,杂交性使得发展的同质化驱力和人们对边缘地区落后状况的恐惧感变得复杂化。

在《消费者与公民》中,加西亚·坎克里尼更加广泛地借鉴了他在墨西哥城的研究成果。这座城市在20世纪40年代至90年代期间扩大了10倍。如此惊人的扩张造就了一个社会实体,它不是一个社会单位,没什么凝聚力(coherence)或可识度(intelligibility),传统社会科学很难理解它。其公民也同样让人费解。这个城市中不同阶级、社群和世代的人在生活中几乎没有什么交集,他们以不同的轨迹穿行在城市空间里。加西亚·坎克里尼开玩笑说,理解这个"没有地图的城市"的最佳方式可能是采用视频片段的那种认识论模型,即"由不连续图像组成的、活跃的蒙太奇"①(an effervescent montage of discontinuous images)(2001:84)。一些以旨在加强团结的活动,如墨西哥城节(Festival of Mexico City),几乎没有什么效果。在如此背景下,人类学研究中关于"言说者是谁"的后现代问题②便有了答案:"言说者不只是一个社会施动者(social agent),更是一种差异性,一个裂缝……"(García Canclini 2001:63)

共同的文化并不存在,但是存在着共同的体验——这包括大规模的贫困和几近失控的城市暴力。欧洲的城市化模式产生于一个更为有序和繁荣的背景,在很大程度上与拉丁美洲特大城市(mega-cities)的严酷现实不相干。以国际经济和文化为导向的精英与本土的幸存者群体(communities of survival)之间,出现了深刻的分歧。最接近于一种共同文化的事物是商业电视,它是一种娱乐和营销的媒介,在城市贫民中具有非常广泛的影响。

加西亚·坎克里尼意识到了电视、电影和新电子媒体在当代的巨大重要性,但这并未使他回归到多尔夫曼和马特拉的那种帝国主义统治模式。其中一个原因是,他留意到媒体研究表明了观众的积极作用及其对媒体内容的选择性吸收。然而,加西亚·坎克里尼也非常清楚美国传媒公司的巨大市场影响力。《消费者与公民》一个最吸引人的地方,是它探讨了好莱坞如何创造出一种世界性的民俗。在一篇论及"拉丁美洲和欧洲作为好莱坞的郊区"的文章中,加西亚·坎克里尼展示了有关全球市场一体化的新自由主义经济政策如何在世界范围内对文化自主性和多样性造成冲击,与此同时,私有化议程则破坏了国家层面的文化机构。

在写于21世纪初的一本名为《在本世纪寻求一席之地的拉丁美洲人》(*Latinoamericanos buscando lugar en este siglo*)的小书中,加西亚·

①【译者注】蒙太奇指制作电影时,通过剪辑将各种不同画面或要素组合成一个画面或作品。
②【译者注】在经典民族志中,主要由欧洲白人男性民族志作者为当地人代言。后现代主义者对此提出质疑。

坎克里尼以更加乐观的态度再次提到这一点。民族身份（national identities）无疑正承受着来自新自由主义全球化的巨大压力。一个重要的例子是，拉丁美洲出版业被国际资本——特别是西班牙资本——所收购。有些作者的书即使出版了也不会在自己的祖国发行，因为在那里，利润得不到保证。由此可见，"市场的威权主义"具有破坏性影响（García Canclini 2002：53）。

但是，在捍卫文化独立性和多样性方面，**区域性**行动（*regional action*）具有重要的发展潜力。加西亚·坎克里尼评论说，区域性市场（regional markets）（例如流行音乐的区域性市场）比国内市场更大。他提议，文化生产应被视为一个值得政府进行规划和给予支持的重要产业。以民主方式使用新媒体是可能的，这样便可以允许目前被边缘化或排斥的社会群体进行文化生产和传播。

加西亚·坎克里尼始终拒绝精英与底层人民（subaltern）①的二分法，他认为这是拉丁美洲马克思主义文化分析的弱点："对大多数底层人士的日常互动进行更广泛、更详细的思考后会发现，拉丁美洲国家是杂交型社会（hybrid societies），那里的人们就现代性的意义展开了不同形式的争论和协商，这些不同形式之间一直针锋相对"（García Canclini 2001：140）。问题是，在 20 世纪 80 年代和 90 年代，政治协商的空间遭到关闭。新自由主义政治的运作是一个奇观，其重大决策都是在论坛上作出的，而这些论坛被隐藏起来，不让民众参与。旧的等级统治模式不再适用，但这种新自由主义政治制度与民主相去甚远。

由于这种制度迫切需要变革，这促使加西亚·坎克里尼开始思考在新条件下有意义的政治行动新形式。在《消费者与公民》的开头，他认为"消费有利于思考"。在该书最后一章"当代公民社会如何发声"（"How Civil Society Speaks Today"）中，他主张重建公共领域，在这个领域中，

---

①【译者注】又译为"属下""庶民""贱民"等。

公民身份基于人们的消费活动：

> 公民社会越来越少表现为民族社群（national communities），后者意味着以领土、语言和政治的统一性作为基础。相反，公民社会表现为由消费者构成的诠释社群（*interpretive communities*）①，即与某些商品（如美食、体育、音乐）相关的、具有共同的品味及诠释性协议（interpretive pacts）的人们所组成的群体，这些商品为共同的身份提供了基础。（2001：159）

这可能会导致什么样的政治实践目前尚不清楚，但加西亚·坎克里尼肯定认为多元文化主义是当代民主的关键。

加西亚·坎克里尼的作品在宗主国越来越广为人知。在那里，他往往被看作一位区域文化研究专家，或者怪异的后现代主义者。（请参见《消费者与公民》的北美译者为其所作的怪里怪气、居高临下的"序言"。）加西亚·坎克里尼确实除了运用宗主国的马克思主义、人类学、媒体研究及其他文献之外，还运用了宗主国的后现代思想。（人们可能会希望他能从女性主义中多学点东西。）他和洪通吉、沙里亚蒂一样，都是毕业于巴黎的研究生。他也对宗主国理论进行了细致入微的运用。特别是在后期作品中，加西亚·坎克里尼虽然拒绝以任何宗主国理论作为框架，但是他将其中许多理论作为富有成效的创意来源。

这并未导致严重的折中主义，因为在他的作品中有两个强有力的组织原则在起作用：社会科学与拉丁美洲现实的碰撞，以及寻求与拉丁美洲人实际处境相关的进步政治形式。他在《消费者与市民》的结尾处写道："20世纪 70 和 80 年代期间，后现代思想促使我们摆脱了预示着整体解放或极权主义式解放（totalitarian emancipations）的元叙事幻觉。也许现在是时候把我们自己从这种祛魅（disenchantment）中解放出来了"（García Canclini 2001：61）。不过他认为，乌托邦还是占有一席之地的。

---

① 【译者注】又译为"阐释共同体"。

第八章　权力、暴力与殖民主义之痛

> 目标并不是调整、改变或更新印度的经验，以适应现有的心理学理论或社会理论……目标是从印度的角度来理解当代知识的一些相关范畴，并将它们纳入一个与普适主义相矛盾的理论中。
>
> ——阿希斯·南迪(Ashis Nandy)(1983)

印度曾是"王冠上的明珠"(jewel in the crown)，是第二大英帝国(second British empire)[①]的核心。印度独立运动鼓舞了世界各地的反殖民运动，它的胜利改变了世界政治格局。但 1947 年印度独立的同时，也发生了分裂，而且不仅仅是印度教和伊斯兰教之间的分裂。独立后的几代人面临着各种难以应付的事情，包括殖民主义遗留问题，新的依附形式，以及分裂、权力和冲突的新模式。这种情况也发生在整个社会科学领域——其本身与印度悠久的思想传统以及宗主国的霸权之间存在着复杂的联系。在本章中，我考察了在历史学、性别分析、人类学和文化心理学文献中起作用的力场(field of forces)。这些文献不仅记录了鲜活的——有时候是悲惨的——大众经验，而且还表明思考社会科学及其未来的新方式。

[①]【译者注】1783 年美洲 13 个殖民地独立之前的大英帝国被称为"第一大英帝国"，之后为"第二大英帝国"。

拉纳吉特·古哈的起义

1982年,新右派正忙于巩固其在英国和美国的势力;伊朗的神职政权几乎完全摧毁了反对派势力;新自由主义接管国际货币基金组织,拉丁美洲的巨大债务危机拉开序幕。此时,一群来自印度的激进历史学家推出了一套新丛书,后来演变成为定期出版物。出版物名为《底层研究》(*Subaltern Studies*)(书中承认了葛兰西的影响①),副标题为"关于南亚历史和社会的文章"("Writings on South Asian History and Society")。

第一期的序言由创刊编辑拉纳吉特·古哈(Ranajit Guha)所署名。序言中宣布了一个目标,即打算通过人文社会科学学者的来稿,"推动南亚研究领域对底层主题展开系统且有见地的探讨"。于是人们即将对一个广阔的领域进行审视,但并非采用温和的方式。这是一种思想上的起义(intellectual insurgency),"旨在纠正这一特定领域大量研究及学术工作中典型的精英主义偏见"。

在接下来的一篇短文《论殖民地印度史编纂的若干问题》("On some Aspects of the Historiography of Colonial India")中,古哈(1982)打破了从英国殖民者到独立后的民族主义者书写印度历史的主流传统。他认为,人们传统上关注殖民地国家及围绕着它所发生的斗争,因此严重忽略了**人民的政治**②(*the politics of the people*)。除了真纳家族(the Jinnahs)和尼赫鲁家族(the Nehrus)③等精英行动者(elite actors)之外,还有另外一个属于大众的生活、意识及政治领域,那是一个**独立自主的**领域(an *autonomous* domain)。它拥有自己的习惯用语和价值观,体现在农民起义之类的事件中。记录这个独立自主的领域,并揭示这种大众

---

① 【译者注】"底层"的概念最早是由葛兰西提出来的。

② 粗体为古哈所加。

③ 【译者注】真纳(1876—1948)是巴基斯坦首任总督,尼赫鲁(1889—1964)是印度首任总理。

政治的逻辑、界限和影响,是《底层研究》的任务。

20年后,《底层研究》名声大噪——但不是在印度农民中间,而是在北美大学里。由于受到爱德华·赛义德(Edward Said)和加亚特里·查克拉沃蒂·斯皮瓦克(Gayatri Chakravorty Spivak)的赞扬(Guha and Spivak 1988),《底层研究》开始被视为后殖民研究的典范。该丛书以及以它为中心的人际网络,成为开展有关身份、碎片化(fragmentation)和差异性(difference)等后现代主义论述的载体。此处所发生的某些事情超出了洪通吉称之为"学术旅游"(academic tourism)的常见情况(参见第五章),"学术旅游"指来自南方国家的知识分子前往宗主国,在那里谦卑地学习其概念和技术。而《底层研究》及其撰稿人乃是作为某个知名的整体(collective celebrity)被吸收到宗主国的圈子中。

在此过程中,《底层研究》招致了大量的批评。例如,另一本印度期刊上发表了一篇长达40多页、由多位作者共同撰写的批判性评论,其评论对象就是《底层研究》的第二期。在不同时期,《底层研究》的团队成员曾分别被别人指责史学造诣不高、革命热情不足、不够马克思主义、过于马克思主义、过于现代主义,以及过于后现代主义。他们还曾被批评太西化、将农民浪漫化,以及忽略中产阶级。他们甚至曾被别人分别以列宁的名义、拉康(Lacan)的名义、德里达(Derrida)的名义、甘地的名义、沃勒斯坦的名义,以及具有讽刺意味的是以葛兰西的名义大加批评。有两本大部头的书里面全部是关于《底层研究》的文章(Chaturvedi 2000;Ludden 2002;另外参见 Lal 2003)。

此外,还有哪些值得一提的观点呢? 批判性评论中包括一些非常不错的文章。其中一篇是历史学家、前撰稿人苏米特·萨卡尔(Sumit Sarkar)的短文,题为《〈底层研究〉中底层人民的衰落》("The Decline of the Subaltern in *Subaltern Studies*")(Sarkar 1997)。文中追溯了该期刊的后现代转向所带来的冲击,萨卡尔认为这个转向是某种浮士德式的交易(Faustian bargain)①。

---

① 【译者注】浮士德式的交易,指为了获得财富、成功或权力而不择手段。

这种带来名望的人脉关系是有代价的，即偏离了记录穷人和被剥夺财产者（the dispossessed）的计划，以及缩小了印度内部的政治视野。

萨卡尔的观点有助于人们理解《底层研究》所形成的文化现象。不过，出于我这本书的目的，我还有一些话想说。该系列的前几期除了包含鲜活的社会历史，还表达了一个相当重要的理论观点。

虽然这个记录"人民的政治"的计划有赖于那种占据了前几期《底层研究》大部分篇幅的、细致入微的经验主义史，但是该计划从来就不是一种单纯的经验主义。古哈所使用的这个短语已经包含了一个重要的理论观点，即农民运动和工人阶级运动**确实是政治性的**。这些运动并不像（古哈眼中的）民族主义和马克思主义史学所假定的那样，是自发和未经指导的暴乱，需要民族主义精英或者真正的革命政党赋予它们以政治形式。在英国统治的背景下，这些运动体现了一种特定的反殖民政治。

这种政治并不是精英政治的分支。它就是古哈所定义的"独立自主的领域"。底层政治源于本土的生活方式，因而它常常使用本土宗教的语言来表达特定形式的意识。《底层研究》早期发表的一些最为引人入胜的论文，就非常清楚地表明了这种政治的本土根源。

一个扣人心弦的案例是《1857 年的四个造反者》（"Four Rebels of Eighteen-Fifty-Seven"），其作者高塔姆·巴德拉（Gautam Bhadra）（1985）从当年巨大社会动荡的相关记录中，挖掘出了诸如德维·辛格（Devi Singh）这样的村民造反者的故事。这"完全是一个小地方的农民社群事件"，除了涉及攻击英国当局之外，还涉及攻击放债者，以及尝试建立一个独立政府。这个小规模起义很快遭到武力镇压，其领导人被处以绞刑。

另一个例子是贾南德拉·潘迪（Gyanendra Pandey）（1982）的《农民起义与印度民族主义：1919—1922 年间的阿瓦德农民运动》（"Peasant Revolt and Indian Nationalism：The Peasant Movement in Awadh，1919 - 22"）。潘迪指出，即使在当年的全国不合作运动（non-cooperation movement)背景下,地方农民政治也是一种独立自主的运动。它有自己的组织机构,即农民协会(*Kisan Sabhas*),有自己的领导人,也有自己反对地主和当局的行动方式。其大规模的示威活动引起了印度国民大会党(Indian National Congress)领导人的注意。甘地来到这个地区并干预了这场斗争,但他主要是为了**抑制**农民的好战情绪。潘迪认为,这反映了国大党领导层与印度精英结盟的战略决策,该决策要求遏制普通民众的社会激进主义。所以阿瓦德农民运动也被警察行动(police action)所镇压。

追踪底层意识存在着一个显而易见的困难,即很少底层群体(subaltern groups)留下过书面记录,而且像德维·辛格这样的领导人还没来得及创造口头传统(oral tradition)便已经被杀害了。《底层研究》最英明的举措之一,就是开发了一种研究历史记录的知识社会学方法,并着手**通过**殖民地精英创造的文件来解读底层历史。

因此,在前面提到的探讨 1857 年事件的论文中,巴德拉解读了英国征服者的回忆录,不过是从战败的本土社群角度来进行解读的。迪佩什·查卡拉巴提(Dipesh Chakrabarty)(1983)在《工人阶级状况的认知条件》("Conditions for Knowledge of Working-Class Conditions")中研究了 20 世纪初加尔各答的黄麻工人(jute workers)。他指出,有关劳动力的文件资料是**缺失的**(即使是在官方要求提供文件资料的情况下),这一点是人们了解黄麻工厂招募和控制劳工的真实模式的一条线索。在《漫谈反起义》("The Prose of Counter-Insurgency")中,古哈(1983)以 1855 年的桑塔尔起义(Santal rising)为主要案例,展示了有关农民起义的主要文字记载如何被用于证明英国持续统治印度的合理性。后来的历史学家往往会复制这些文字记载中的隐含观点,或者把它们吸收到自己对民族斗争或革命斗争的总体论述中去。不过,古哈也指出,通过对档案进行详细的批判性阅读,人们可以重建"造反意识的独特性"(the specificity of rebel consciousness),并且可以理解社会运动的本土逻辑,包括其强烈的宗教成分。

作为一个接受过同样的专业训练并尝试过了解另一类殖民地的阶级及其变化的人(Connell and Irving 1980)，我怀着钦佩和愉快的心情阅读了这些论文。他们的史学造诣很高。这些作家不仅具有对重要细节的洞察力，以及把分析和叙述编织为一体的天赋，就像非洲的洪通吉和伊朗的沙里亚蒂一样，他们还具有对权力的敏锐触觉，这赋予他们的观点以紧迫性。

罗莎琳德·奥汉隆(Rosalind O'Hanlon)(1988)在早期针对《底层研究》所作的一篇评论中指出，"底层"和"精英"的二分法使古哈及其同事遭受到严厉批评，但这种二分法与其说是为了给社会范畴(social categories)命名，不如说是为了以夸张的方式表现权力和统治的普遍性。这是一种创建调查议程的方式，即永远都在寻求对权力的抵抗——无论这种抵抗是引人注目还是默默无闻。

我认为奥汉隆是对的，《底层研究》团队对于权力问题的敏感性，使其成员的那些涵盖诸多话题和历史情境的作品变得生动鲜活。这是《底层研究》与更为传统的马克思主义之间的关键差别，后者曾对印度左派知识分子产生过重大影响。马克思主义研究非常关注如何精确地定义和描绘社会经济范畴，特别是阶级。

然而，《底层研究》的研究人员无疑来自马克思主义阵营。拉纳吉特·古哈和艾哈迈德(参见第六章)一样，在20世纪40年代和50年代是一名劳工运动积极分子。具体来说他是印度共产党(Communist Party of India)的一名激进分子，后来与该党决裂，在时间上比艾哈迈德离开左翼人民党要稍晚一些(Amin and Bhadra 1994)。而古哈为创建《底层研究》而召集起来的青年群体受到了20世纪六七十年代马克思主义思想最新发展的影响，这包括来自英国的新劳工史学和来自巴黎的结构主义马克思主义。然而，几乎没有迹象显示他们受到了与法农一脉相承的第三世界革命思想的影响。

古哈雄心勃勃的论文《非霸权支配及其历史编纂》('Dominance Without Hegemony and its Historiography')(1989)就是以马克思主义背景为出发点的,在文中他认为英帝国主义从未在印度殖民地取得过霸权。相反,英国对印度的统治(the Raj)是基于一层薄薄的合法性外衣之下的胁迫性(coercion)。古哈认为,资产阶级文化的普适化趋势建立在资本的扩张趋势之上,不过这种普适化趋势在殖民主义中有其历史局限性。这个观点与普雷比施(1981)后期对存在于边缘地区的自由主义所做的批判趋于一致。

帕塔·查特吉(Partha Chatterjee)(1983)的论文《关于权力模式与农民阶级的进一步探讨》("More on Modes of Power and the Peasantry",以下简称《权力模式》)是早期《底层研究》中最为旗帜鲜明地进行权力理论化尝试的作品,该文也以马克思主义思想为出发点。在之前的一篇论文中,查特吉研究了孟加拉邦种族冲突(communal conflict)所引发的波动,他认为,其原因在于向资本主义过渡期间,多种相互矛盾的权力体系交织在一起。在《权力模式》中,查特吉着手将这个观点系统化,他认为这一观点广泛适用于大型农业社会。

他的观点从不同"生产方式"(modes of production)之间的转换开始,此处的"生产方式"要从经典马克思主义的角度来理解。与这些经济结构相联系,但又无法被简单等同于这些经济结构的,是政治斗争的模式。这些政治斗争模式以财产为中心,以及以权利或权益的界定为中心。查特吉将它们称作"权力模式"(modes of power)。他界定了三种基本形式:公有权力模式,其权益是按照整个社会集体来进行分配的;封建权力模式,其权益基本上来自于武力(即直接统治的情况);资产阶级权力模式,在这一形式中,财产权受到普遍性法律(generalised law)的保障,并通过代议制政府机构(institutions of representative government)实施间接统治。

查特吉观点中最有趣的部分是这些模式之间的相互作用。封建社会并没有被建构成一种同质化的社会体系,相反,它牵涉到封建权力模式对公有领域的入侵。其结果是人们不断反抗封建领主,造成难以预料的后果。比如可能会有突发的起义或突发的社会重组——尤其是当封建君主成为第三方势力(a third player)的时候。公有权力模式则能够在需要时产生本土领导层(local leadership),但无法使之制度化。查特吉只是简单地讨论了向资产阶级权力模式的过渡问题,但他强调指出,扩张的资本主义确实会彻底消灭封建主义。确切地说,资本主义可以将封建统治结构囊括在内。资本主义真正倾向于消灭的是**公有**权力模式。查特吉对几百年来的殖民主义作了精辟的总结:

> 其常见特征包括:新的榨取机制(extractive mechanisms)侵入农业经济,这往往得到了殖民地政治当局积极的法律和武装援助,结果导致农业被系统性地商业化,并在不同程度上将农业经济纳入了更大的资本主义世界市场;新工业部门的增长,但是比起经济的绝对规模,或者比起外国资本、"买办"资本和"民族"资本三者的多样化组合,这种增长通常是有限的;还有新政治体制及进程的增长,这种体制及进程建立在法律、官僚体制(bureaucracy)和代议制度(representation)等资产阶级概念之上。(1983:347)

在实践中,殖民主义对业已存在的社会机构所造成的影响极不平衡,它通过不同权力模式间的相互作用,产生了"许多意想不到的可能性"——我们可以推断,《底层研究》中记录的底层政治的多样化图景即与此有关。查特吉将这一点与福柯提出的欧洲"毛细血管状的"(capillary)权力进行了明确对比。查特吉认为,在"所谓的落后国家",这种"毛细血管状的"权力形式的影响力很有限。后殖民国家所特有的乃是围绕着这些后殖民国家的各种权力模式之间的复杂组合,它开辟了"统治阶级施行统治的一系列全新可能性"。

这个令人沮丧的结论并不是《底层研究》关于权力问题的定论。在后来的几期中,不仅该出版物的研究主题偏离了底层群体,而且正如萨卡尔(1997)所示,其概念框架也发生了改变。其关键的二分法不再是统治阶级和底层人民之间的对立,而是现代国家所制度化的殖民权力/知识与非现代国家之间的对立。帕塔·查特吉在其论文《权力模式》发表10年后出版的《民族国家及其碎片》(*The Nation and its Fragments*)中就清楚地说明了这一点。其焦点不再是阶级权力的不同体系和它们之间不断变化的竞争形式,而是关于民族主义和现代性的话语,该种话语把国家视为权力的轴心。简而言之,《底层研究》及围绕着它的学者群体转向了更为常规的后现代主义。我认为这是一个遗憾,因为古哈的结构主义以及查特吉独创的权力概念,都是极具启发性的理论。

性别、暴力和女性主义理论

人们批评《底层研究》时,有一种意见是,它几乎没有提到过种姓(caste),也几乎没有提到过性别关系(尽管知名女性主义者加亚特里·斯皮瓦克也参与撰稿)。对于该出版物的前几期,这些批评意见大体上是正确的。那些关于农民起义的叙述屡屡谈及本土领导层,但却几乎没有留意到这些领导人全都是男性。不过,性别议题确实逐渐引起了人们的注意。在第五卷中,古哈(1987)亲自撰写了一篇关于19世纪中期孟加拉邦一个农民家庭的论文《钱德拉之死》("Chandra's Death")。在这篇非常出色的论文中,他从很小的证据片段着手,描绘出农业社会的性别秩序,以及农村女性对父权的反应。

当然,古哈并不是第一个关注女性所受压迫的男性。正如查特吉(1993:第6至7章)指出的那样,在19世纪中期的孟加拉邦,性别公正(gender justice)一直都是个重大议题。关于印度人野蛮对待女性的说法是英国为殖民统治辩护的部分理由;但原住民知识分子也谈到了这个议题。伊斯瓦尔钱德拉·维迪亚萨加尔(Iswarchandra Vidyasagar)是一位教育改革者,也是 19 世纪中叶"加尔各答文艺复兴"(Calcutta renaissance)的核心人物。他强烈批评当时的父权制亲属制度,包括一夫多妻制(polygamy)、童婚(child marriage)和禁止寡妇再婚。他写下了这些尖锐的语句:

> 不要让不幸的弱势性别出生在一个男人没有怜悯心、不遵法(dharma)①、没有是非观念、没有分辨善恶能力的国家,在这个国家里,维护传统被视为唯一的责任,唯一的**法**⋯⋯女人到底犯了什么罪过,才至于出生在婆罗多伐娑(Bharatvarsha)②?(转引自 Sarkar 1997:267)

在下一代人中,班克姆钱德拉·查特吉(或查托帕迪亚)(Bankimchandra Chatterjee [Chattopadhyay])采取了更为激进的立场。他是泰戈尔之前最著名的印度小说家,并因为创作赞美诗《向母亲致敬》(*Bande Mataram*)——该诗后来成为一首国民之歌(national song)③——而闻名。在一篇关于"平等"的文章中,他谴责了"在任何国家,女人都是男人的奴隶"这一现实状况。他不仅主张寡妇再婚和女性财产权,还主张女性有权在公共场所活动,以及**男人**有必要分担育儿和家务工作,最后这个立场放到一百年后来看依然会很激进(Chatterjee 1986)。查特吉后来放弃了这个观点,但是印度知识界的其他男性也开始投身女权事业,这其中包括本书第六章提到的赛义德·艾哈迈德汗。

围绕着性别公正来发展**女性**政治是一个缓慢而复杂的过程。民族主义运动中有为数众多的女性,而且不仅仅是精英女性。甘地开展的群众行动就有赖于女性的支持。但正如帕塔·查特吉(1993)所言,主流民

---

① 【译者注】伊斯瓦尔钱德拉·维德亚萨加尔(1820—1891)是印度教教徒,dharma 在印度教中有"德、法"之意。具体指根据印度教教义,支配个人和集体行为的宗教伦理规范。

② 【译者注】印度官方语言印地语中对自己国家的称呼,用罗马字母拼写为 Bharatvarsha,意为"婆罗多王统治的地区",婆罗多王(Bharat)是印度传说中的著名国王。

③ 【译者注】印度独立运动中广为传唱的爱国歌曲,在印度的受欢迎程度仅次于印度国歌。

族主义并未在公共领域明确表达其性别政治。20 世纪 20 年代,一群各不相同的女性组织成立了一个名为"全印女性大会"(All India Women's Conference)的伞状组织(umbrella organization)①。这个组织确实明确表达了平等权利的观点,但是在印度独立之后便失去了影响力。那些具有广泛影响的女性组织主要是由男性控制的政党所设立的附属团体。

拉卡·拉伊(Raka Ray)(1999)对加尔各答和孟买(Mumbai)女性主义政治的研究揭示了这些女性组织的影响力。该研究密切关注在西孟加拉邦执政的印度共产党(马克思主义)的女性派系"西孟加拉邦民主女性委员会"(Paschim Banga Ganatantrik Mahila Samiti)。该委员会的职能主要是执行男性领导下的官方路线,而这条路线坚持工人阶级女性与男性之间的团结。因此,委员会中的女性在努力提高女性经济和教育水平的同时,避免任何直接挑战男性利益的行为——例如,避免公开讨论家庭暴力问题。

然而,在印度其他地区,针对女性的暴力问题却促使女性行动了起来。一些女性主义团体成立于 20 世纪 70 年代初。在英迪拉·甘地(Indira Gandhi)的临时独裁统治——1975 年至 1977 年间的"紧急状态"——结束后的几年里,女性主义组织迅速蔓延开来。众多独立自主的女性团体应运而生,相关期刊得以发行(最负盛名的《人性》[Manushi]②首发于 1979 年),相关研究和教学得以开始,相关公共宣传活动得以展开(Kumar 1999)。

数年后,南迪塔·甘地(Nandita Gandhi)和南迪塔·沙阿(Nandita Shah)(1992)对全国各地的女性团体进行了一次访谈调查,她们对行动主义的范围和多样性感到印象深刻。女性团体围绕着家庭暴力、嫁妆谋

---

① 【译者注】又译为"伞式组织",指由很多附属团体构成的组织,成员间互相协调行动和分享资源。

② 【译者注】刊名 Manushi 是一个生造词汇,源自梵文的"manush"(人),强调人性中人道的、女性化的原则,以区别于"purush"(男人)。详情参见该杂志官网:http://www.manushi.in/about.php? id=492。

杀(dowry murder)①、强奸、女性健康、职场女性、法律改革等开展了许多运动。不过,尽管存在这种多样性,男性暴力这一持续存在的事实——以及生活在男性暴力之下的女性所感受到的威胁——才是这场运动的核心。正如《人性》第一期的社论所说:

> 以女人的身份生活,就意味着生活在恐惧之中——害怕受到性骚扰和强奸,害怕我们绝大部分的行为被社会污名化。我们不得不害怕去做很多事情——比如天黑以后出门,独自旅行,走出家门,独自在家,与他人在一起,甚至于向我们自己坦承自身的种种欲望(包括爱,欢笑和生活的欲望)。(Kishwar and Vanita 1984:243)

有鉴于此,我们可能会期待印度女性主义能够提出独特的理论,以解释暴力行为,以及解释造成这种普遍恐惧的性别制度的本质。甘地和沙阿给她们的书所起的副标题是《印度当代女性运动中的理论和实践》(*Theory and Practice in the Contemporary Women's Movement in India*),但是她们发现相关理论工作几乎没有任何进展。就她们而言,女性运动的会议着重于收集有关女性地位的经验性资料(empirical documentation),以及展开有关行动主义问题的辩论。曾经一度有人尝试推广理论,对此甘地和沙阿不无遗憾地报道说:"由夏克提(Shakti)——一个总部设在孟买的资料中心——所组织的、探讨分析性概念(如父权制、女性主义及其各种流派)的研究圈子,由于缺少参与者而不得不关闭了"(Gandhi and Shah 1992:288)。

这场充满活力、多样性和创造力的运动,旨在努力解决国家权力、种姓不平等、女性身体的文化定义等方面的问题,它能否在没有理论支撑的情况下发挥作用呢? 也许不能,因为人们很快就引进了几种理论。其中一种是印度左派长期以来很熟悉的一套思想,即马克思主义政治经济学。印度的女性主义者也参与了关于生产性/非生产性劳动、家务劳动

---

①【译者注】指新娘因嫁妆太少而遭夫家杀害。

的工资、作为劳动力后备军的女性、恩格斯论家庭等问题的辩论。这种情形在宗主国也很常见。例如,加布里埃莱·迪特里希(Gabriele Dietrich)(1992)作为一个有 14 年历史的参与者,在她的书《关于印度女性运动的反思》(*Reflections on the Women's Movement in India*)中,用了一个非常有分量的章节来阐述这些想法。不出所料,她的结论是女性问题无法在资本主义内部得到解决,不过独立自主的女性运动是有必要的。

其他印度女性主义者阅读了 20 世纪 70 年代以美国为主的激进女性主义文献。在那个十年伊始时,女性解放运动(Women's Liberation)阐明了"父权制"的概念,即父权制是一种统治体系。不久之后,玛丽·戴利(Mary Daly)、苏珊·格里芬(Susan Griffin)、卡罗琳·麦钱特(Carolyn Merchant)等人将这一看法改造成一种二分法的性别观,即女性是和平的、合作的、亲近自然的,而男性是好斗的、好强的、敌视自然的。这个模式被范达娜·希瓦(Vandana Shiva)所采用,她成为继斯皮瓦克之后,在印度之外最著名的印度女性主义者。

在《生存:女性、生态与发展》(*Staying Alive：Women，Ecology and Development*)中,希瓦(1989)将这一模式应用于分析印度的环境斗争(environmental struggles),她的直接理论来源是麦钱特和格里芬。这本书讲述了 1972 年以来印度北部的"抱树"(Chipko)①森林保护运动,希瓦在书中强调了女性在本土领导层中的重要地位,这是《底层研究》从未做过的事情。这也体现了该书的一大优点。该书基于一项乡村级别的高粱研究,严厉批评了"绿色革命"(Green Revolution)②农业,同时也严厉批评了以采水为目的的开发项目。两者都因扰乱农村女性的劳动以及

---

① 【译者注】抱树运动(Chipko movement)是 20 世纪 70 年代始于印度的森林保护运动,参与者抱紧树木,以防止它们遭到砍伐。
② 【译者注】指在 20 世纪 60—80 年代的印度,一场以推广应用农业新技术为主要标志、以提高粮食产量为目标的综合农业技术革命。

当地社区和环境的再生产而受到批评。

然而,这些分析根植于一套看似正义的言辞之中,根据这套言辞,女性总是很善良、具有渊博的生态知识、融入大自然、关心他人、很安静,并且致力于培育生命。男性大多是坏人,很聒噪;而西方白人男性则坏到极致,特别聒噪,一心想着市场、利润和发展。此外,发展总是具有破坏性,总是与女性的利益相抵触,并且总是受到"女性、农民和部落"的抵制。根据希瓦的说法,这些善良的人不仅参与对自然母亲的传统崇拜,还支持印度传统中称之为"原质"(Prakriti)①的创造性"女性原则"(feminine principle)。

印度次大陆上四分之一的农民是穆斯林,他们是极不可能崇拜自然的。(《古兰经》中明确不接受这种做法,例如参见《古兰经》第 13 章。)其余的农民被数百种方言、不同种姓和宗教团体所分隔。正如比娜·阿加瓦尔(Bina Agarwal)(1992)在一篇颇有见地的评论中所指出的那样,希瓦在构建女性的理想化形象时,忽视了社会、宗教、地区和民族的多样性;她忽视了性别变化的过程;她还忽略了本土阶级势力在经济进程中的重要地位。

对于澳大利亚读者来说,希瓦对于桉树(eucalyptus trees)的探讨,以一种不寻常的方式揭示了其作品过于主观武断的特点。在此处,希瓦(1989:78-82)将"反对印度选择单一品种的外来物种(exotics)进行种植"这个完全合理的观点转化为对桉树本身的谴责,桉树似乎是希瓦所痛恨的贪婪、阳刚、反生命之力量的缩影。她好像不知道桉树并非"单一物种"(single species),而是一个拥有 500 多个不同物种的非常大的属(genus)。桉树很好地适应了澳大利亚各地的不同环境,在它们的故乡深受喜爱。(关于它们在英法殖民主义统治下成为外来物种的经历,参

---

① 【译者注】又译为原初物质、原始要素、自然、本性、冥性等,古印度哲学中指万物不变的本源或本质。

见 Zacharin 1976。)

不过,后来的一期《底层研究》援引了宗主国女性主义的第三种风格。苏茜·塔鲁(Susie Tharu)和特贾西维尼·尼兰加纳(Tejaswini Niranjana)(1996)对右翼印度教民族主义骚乱(agitations)中女性行动主义的兴起表示担忧,并担心女性赋权(empowerment of women)可能会被避孕化学制品的营销人员所滥用,或可能会在探讨农村女性的反酒精运动时遭到歪曲。那么,这反映了怎样的理论问题呢?在塔鲁和尼兰加纳看来,问题在于女性主义与人文主义之间所谓的同谋关系,以及女性主义未能摒弃其"人文主义主题"。这一诊断直接来自北美女权后现代主义的手册。

本节提到的这些文本给南半球带来了一个重大的理论问题。任何在宗主国之外工作的知识分子都无法忽视宗主国的知识生产。出于许多目的,人们引进宗主国理论,然后仅仅给予它一个本土化的虚假外表,这种做法不仅行得通,而且很省力。在行动主义运动面临巨大实际问题的情况下——印度女性运动来说即是如此——这样做是合乎情理的,在大部分读者位于宗主国的情况下——后期的《底层研究》和希瓦的环保主义(environmentalism)即是如此——这样做同样是合情合理的,尽管其动态有所不同。

当然,印度知识分子已经考虑过南方理论的问题。例如,查特吉(1993)主张的是"一种关于农民斗争的印度史",而不是对欧洲模式的应用。他提出了一些挺有意思的观点,例如欧洲人对现代性的看法如何演变成一种普适性模式,并如何导致对殖民地社会的误读。维娜·达斯(1995)在《重大事件:从人类学视角看当代印度》(*Critical Events: An Anthropological Perspective on Contemporary India*)一书中对这个问题进行了更为详细和深刻的论述。该书所证明的其中一件事情是,关于性别暴力(gender violence)的强大理论工具产生于印度的经验。

苦难、死亡与社会科学的局限

维娜·达斯是一位经验丰富的人类学家,在《重大事件:从人类学视角看当代印度》的开篇处,她对自己的职业,以及对该职业与她所身处社会之间的关系进行了反思。与澳大利亚(参见第四章)一样,印度长期以来一直是宗主国社会理论家的数据宝库,从19世纪的梅特兰(Maitland)和梅因(Maine)到20世纪60年代的迪蒙(Dumont)的《阶序人》(*Homo Hierarchicus*),均是如此①。不过他们对于知识框架(intellectual framing)的垄断已经受到挑战。达斯描述了一场发生在大约三十年前的辩论,在这场辩论中,A. K. 萨兰(A. K. Saran)坚称,从印度的角度构建社会科学是有可能的,而迪蒙否认了这种可能性。

对达斯来说,关键问题是如何在印度**践行**人类学。正如最近关于性取向的研究(Bhaskaran 2004)所显示的那样,如果人们对研究视角进行调整,那么在他们自己的社会开展民族志研究便是可能的。但是经典民族志方法的前提是存在一个正常运作的社区,一个小型的、受传统约束的社会宇宙(social universe),它将成为知识的对象。达斯强烈质疑这一假设。她这本书的一个核心主题是,社区**并非**一个预先给定的社会实体。社区已经成为政治行动者(political actors),要求拥有定义历史、管理身体和实施暴力的权力。如今,"社区也对个人的生活世界(life-world)进行殖民,就像国家对社区的生活世界进行殖民一样"。在印度的现代化条件下,"社区和文化的新形态已经出现,并实际上已经成为当代印度社会和政体中发生重大冲突的场所"(Das 1995:12)。

如今,这位人类学家沿着研究这些"重大冲突"的艰辛道路前进,而

---

① 【译者注】这句话提到的宗主国社会理论家分别指:弗雷德里克·威廉·梅特兰(Frederic William Maitland)(1850—1906),英国法学家和历史学家;亨利·詹姆斯·萨姆纳·梅因(Henry James Sumner Maine)(1822—1888),英国比较法学家和历史学家;路易·迪蒙(Louis Dumont)(1911—1998),法国人类学家。

不是像泡热水澡一样舒服地沉浸于传统之中。《重大事件：从人类学视角看当代印度》的正文探讨了印度社会过去两代人所遭遇的一系列冲突：1947年印巴分治（Partition）时针对女性的暴行；一名穆斯林妇女向前夫索要生活费的惊人案件①；一名非常年轻的拉杰普特（Rajput）②女子**自焚殉夫**（*sati*）而死的种种后果；锡克教（Sikh）分离主义武装的出现；1984年发生在博帕尔市（Bhopal）的可怕化学灾难，造成2500人死亡，30万人受到影响，这是历史上最严重的工业事故。

有鉴于此，达斯在描述博帕尔市时，并未试图对毒气泄漏所摧毁的那些社区进行民族志研究。相反，她关注的是随后的法律斗争，尤其是医疗和司法争论，以及对知识的控制。国家对此进行了强有力的干预。印度政府接管了针对联合碳化物公司（Union Carbide company）的诉讼；中央邦（Madhya Pradesh）地区政府控制了有关事故影响的临床信息；最高法院（Supreme Court）强制该公司和受害者达成了一项和解协议（许多人认为这项和解协议根本不够充分）。医学界也深深卷入其中，他们为有关事故影响及责任的讨论设定了条件，导致许多受害者无法立案。就这样，"幸存者的苦难成为医学界行使权力的机会"（1995：156）。

然而，这一点比起达斯所追踪的诉讼程序来，可谓是小巫见大巫。在诉讼过程中，受害者的声音被压制长达数年之久，他们的能动性被来自政府和司法的操纵所取代。细节太复杂了，在此无法逐一列举，在此全文引用达斯针对民生苦难的修辞作用所做的激情总结：

> 法官们所注重的是表现他们自己的仁慈，以及维护他们所属司法机构的合法性。受害者的"苦难"是一种有用的叙事手段，可以用

---

① 【译者注】指20世纪80年代的沙阿·巴诺（Shah Bano）案。1978年，印度穆斯林妇女沙阿·巴诺在离婚近50年之际向前夫索要抚养费，法院裁定其主张合理合法，但其前夫认为该判决违反了穆斯林权属人法。该案件引发了印度社会关于宗教少数群体与国家之间关系以及关于女性权利的大讨论。

② 【译者注】拉基普特是印度北部和中部的一个有权势、有土地、有军事武装的种姓。

来解释为什么没有人征求受害者的意见；为什么受害者对和解协议的抗议可以被重新定义成无责任感且无知之人的行为；可以用来为这样一种实际情况辩解，即法官认为自己并没有义务要求政府及其医疗机构将其通过实施救济和帮助所取得的成果交由公众审查；可以使人们忽视已经产生的知识，即致命性的异氰酸酯（isocyanate）对人们健康的影响；最后，可以用来模糊这个事实，即他们已经完全无法确定事故的责任方，于是他们就将多国责任问题转化为多国慈善问题。（Das 1995：163）

达斯的愤怒是显而易见的——谁又会怀疑这种愤怒的合理性呢？但这段话除了表达她对于这一可怕事件经过的惊愕之情外，还展示了她尖锐的社会分析，该分析侧重于话语与制度权力（institutional power）之间的相互作用。在行使法律权力和行政权力的过程中，集体中毒事件受害者的痛苦被转化为制度的自我辩护话语。事实上，国家重新界定了现实——然而并不是为了它所声称代表的人民的利益。

然而，达斯在描述印巴分治时的性别暴力情况时，则又对国家界定社会情境的能力提出了质疑。英国殖民统治的最后一招是把印度分割成两个部分，而巴基斯坦和印度这两个独立国家的成立伴随着激烈的种族冲突，该冲突导致数十万人死亡，数百万人成为穿越新边界的难民。

这些事件的一个特别之处在于男性针对女性的暴行：大规模地强奸、绑架和（据说）残害"敌方"社群的女性，以及对自己社群的女性实施"荣誉处决"（honour killings）①。达斯追踪了这些事件，特别是发生在印度西北部旁遮普省（Punjab）的锡克教徒和印度教徒之中的相关事件。她认为这些事件超出了人们所熟知的、莱维-施特劳斯提到过的情况，即女性是男性之间进行婚姻交换的标志。在发生危机时，女性成为男性群体之间交换污秽和仇恨这一骇人行为的标志；女性的身体成为男性的战

---

① 【译者注】又译"名誉杀人"或"荣誉谋杀"，尤指凶手以维护家族名誉为由杀害女性家族成员。

场："因此,每个男性群体不仅试图通过施加痛苦于另一个男性群体以示惩罚,更有甚者,他们还试图将痛苦施加到对方群体的女性身上,从而使这种受侮辱的记忆永远萦绕在未来"(Das 1995：186)。

圣雄甘地(Mahatma Gandhi)为争取印度教和伊斯兰教之间团结所进行的长期运动失败了,而他发动的最后一场运动就是试图制止这种暴力。为此,一名印度教激进分子刺杀了他,使其永远无法再发声(Chadha 1997)。后殖民时代的印度政府采取了与甘地相近的立场,大规模暴行果然在1948年初停止了。政府随后面临的问题是如何处置被绑架的数千名女性。

达斯通过调查政府接下来的应急措施,对性别关系与国家权力的复杂性作出了精彩解读。印度和巴基斯坦政府都制定了遣返方案,实际上,它们将贞洁和名誉等考量因素带到了国家范畴,而此前这些因素都是家族或村庄的事务。

达斯的研究侧重于印度方面,该国政府请来社工解决人际关系问题和协助重新安置。这些社工就像博帕尔市事件中的医生和法官一样,成为界定"什么对相关女性有益"的权威代言人。为了使这一机制发挥作用,国家在这种情况下也重新界定了现实,它将女性划分为伊斯兰教徒或印度教徒/锡克教徒,而无视其他一切复杂因素,包括混合隶属关系(mixed affiliation),以及不断变化的人际关系与个人身份。

在有些案例中——我们无法得知到底有多少这样的案例——其结果是一场新的人间惨剧,因为新建立的人际关系和混合型家庭(blended families)被撕裂了。有的女性逃避这种机制,不肯回到原来的社群去。达斯强调指出,让女性与儿童重返其社群,这种做法的公共象征意义忽视了性别关系和家庭实践的弹性,因为在许多情况下,这两者之间已经实现了和解。它还忽视了这些事件的模棱两可性,即异教通婚(mixed marriages)可能是保护少数群体女性免受周围暴力侵害的、当地的应急性安排,或者那些(违反了有关贞洁的意识形态的)女性实际上可能更喜欢生活在别的社群,而不愿落入她们的男性亲属手中,以免遭到"荣誉处决"。达斯认为,即使在如此绝望的情况下,女性也具有一定程度的能动性,而这类事件的官方解读却对此视而不见。

在《重大事件:从人类学视角看当代印度》的最后几章,达斯反思了关于痛苦(pain)的人类学,以及社会科学的本质。她认为,有一种可以追溯至涂尔干的社会科学传统,它把痛苦当作社会融合的手段(比如入会仪式〔initiation〕),并认为社会关系被铭刻在身体之上,但是达斯并不觉得这种社会科学传统是正确的。她认为,在诸如印巴分治时所发生的暴力事件中,社会进程和社会科学遇到了自身的局限性。压制言论亦即压制人们陈述自身苦难的能力,这本身就是恐怖的一部分。印巴分治所导致的性暴力和生殖暴力(reproductive violence)

> 可能会变得无法理解,如果人们以社会关系为模式去理解上述两种情况中的人际关系(哪怕在发生这些事件之前他们已经互相认识),或者以社会结构不同方面之间的关系(如政治和亲属关系)为模式去理解它的话。(Das 1995：200)

这些事件不属于社会关系的再生产,因此人们只能自创剧本。在这些恐怖的时刻,所涉及之人的命运以及结局好坏,都是由人类所无法理解的过程决定的:"正是在这种背景下,我反对'在苦难中寻求意义'这一历史悠久的社会学传统。反之,我认为混沌理论(theory of chaos)可能更接近于受害者对世界的理解,即世界在本质上是意外和偶然的。"(Das 1995：22)

但这并不意味着我们应该放弃社会学或人类学。达斯的论证中最有创意和最令人印象深刻的一步是,提出了社会科学的另一种功能。社会科学应当抵制与垄断真理的一切企图之间的共谋行为,不管这些企图来自现代国家、索要政治空间的"社群",还是专业团体。

当务之急是挑战这些元叙事,使其他叙事得以出现,并将不同的叙事相互串联起来。这是一个积极而非纯粹消极的过程。它促使人们与受害者的真相——也就是受害者身上**所体现的**真相——之间形成联系（甚至于，形成"同在"[consubstantiation]①）。这就为追求正义、以及追求一种"在人们看来与受害者融为一体的人类学"提供了新的可能性（1995：23，209）。

这是一个不易实现的提议，不过它也许就蕴藏在那种关注压迫和不公的社会科学传统当中。不难看出，它可能也适用于远在印度之外的其他国家的社会学研究，例如曼达尼（Mamdani）（2001）对1994年卢旺达种族灭绝事件（genocide）所做的深刻分析。但是，有些因素使情况变得复杂起来。在达斯所研究的事件中，几乎没有人怀疑受害者的身份。但正如曼达尼的书名《当受害者成为杀人者》（*When Victims Become Killers*）所示，这一点**可能**存在疑问。1994年的大屠杀是在压迫、杀戮、恐惧和报复构成的循环中最为恶劣的一环，在这个循环中，胡图族（Hutu）和图西族（Tutsi）都是施动者；这个循环开始的时间要远早于1994年，而且可能至今尚未结束。

然而，曼达尼的研究显著地证实了达斯的另一个观点。正如印度的印度教徒和伊斯兰教徒一样，卢旺达和布隆迪（Burundi）的胡图族和图西族虽然现在是互为敌对的"社群"，但它们并不是原始的社会单位（primordial social units）。它们是相对现代的身份，由**政治**所建构并经过殖民地国家的特意强化和塑造。

这一点与达斯对边缘地区社会科学家所处地位的看法有关。达斯饱读欧洲和北美的文献，因此她意识到，人类学学科仍然拥有一套欧洲中心主义的话语。但是她强调，巴西和印度等边缘国家的人类学家"在世界上的存在模式"（modes of being in the world），并不是在模仿宗主

---

① 【译者注】又可译作"圣体同质""圣体同在""圣体共在""圣体合质""同体论""圣餐中耶稣血肉同在"等，指一种认为耶稣的血和肉的实体与圣餐中的酒和面包的实体同时存在的教义。

国的人类学家(1995：197)。

不同的存在模式可能导致不同的理解途径。因此,达斯本人对重大事件的研究方式超越了以往关注本土社区的做法,引发了对社会关系模型(social relations models)局限性的关注。就在全书的结尾处,达斯仔细斟酌了全球进程(global process)与寻求本土见解(local understandings)之间的关系。她认为,人们往往在本土被击败的情况下,才会致力于寻求本土见解。正是在这种背景下,社会科学的解构作用和移情作用(empathic role)才会得到人们的关注。

亲密的对立

维娜·达斯关于印巴分治时所发生暴行的研究是与阿希斯·南迪合作进行的,我现在要来谈谈南迪。南迪是印度最杰出的公共知识分子之一,他既反对印度教,也反对世俗民族主义(secular nationalism)。他是一个多产的作家,写过许多生动有趣的文章,话题涵盖了文学史、当代电影、科学传记、宗教冲突、技术官僚统治(technocracy),等等。我将主要关注他的一部作品,他在其中探讨了殖民地文化和甘地政治。另外我还注意到,这部作品导致人们对当代南亚作出了各种复杂的诊断。

南迪拥有临床心理学的背景,而且他显然受惠于弗洛伊德的思想。文化与政治的情感层面是他最关心的问题。南迪随心所欲地使用弗洛伊德主义和后弗洛伊德主义的理论范畴,这有时使他更接近于 20 世纪 40 年代美国精神分析人类学的"文化与人格"(culture and personality)学派。不过,那些理论家对文化持静态的看法,而南迪使用的文化模型是多元且不断变化的,并深深地牵涉到有关现代性的政治。

尽管南迪随心所欲地使用宗主国的心理学——以及宗主国的哲学、历史、社会学和文化分析——但他绝不是在南方从事北方理论研究。有一次,他开玩笑地承认自己"故意误用"心理学和社会学概念,这表明他乐于借用这些概念,但也表明他决心要从印度的角度来展开论证,正如我们在本章的卷首语中所看到的那样。

这种做法是以信任"印度的角度"为前提的,而南迪的这种信任感具有充分的理由。他对于印度在宗教、哲学和政治方面拥有的丰富思想传统、文学传统和艺术传统有着详细的了解,并在其作品中随心所欲地使用这些资源。例如,他写过一篇关于拉宾德拉纳特·泰戈尔(Rabindranath Tagore)小说的精彩文章,并将其用于论述民族主义与民族身份的变化特征,以及自我的政治建构(Nandy 2004:153-233)。南迪还曾经披露了一些社会边缘人士,比如被遗忘的环境保护主义者卡比尔·巴塔查尔吉(Kapil Bhattacharjee),他是 20 世纪 50 年代筑坝运动(dam-building)的批评者;以及刺杀甘地的婆罗门(Brahmanic)凶手纳图拉姆·干德(Nathuram Godse)——南迪披露后者时采用了不同的方式。

南迪(1980)的早期研究探讨了在殖民时代的印度从事西式科学研究时遭遇的困境,他所提到的关切之事与西非洪通吉所关切之事是相辅相成的(参见第五章)。南迪对科学有着持续的兴趣,不过这种兴趣并未转向知识社会学,而是转向了对技术官僚文化的诊断。就这一点而言,他受到了自己在《亲密的敌人》(*The Intimate Enemy*)(1983)中对殖民主义所做分析的影响,该书是他最具影响力的作品。

《亲密的敌人》一书的副标题是"殖民主义下自我的丧失与复得"("Loss and Recovery of Self under Colonialism"),全书由一篇简洁有力的序言和两篇有部分重合内容的长篇文章构成,这两篇文章分别为《殖民主义心理学》("The Psychology of Colonialism")和《非殖民化思维》("The Uncolonized Mind")。迪首先强调,殖民主义不仅是一种经济和政治结构,也是一种文化和心理结构,是"殖民者与被殖民者的一种心态"(1983:1)。这并非始于初次征服(first conquest)时期。因为东印度公司(East India Company)的强盗头子们(bandit-kings)是去打劫当地人的钱包的,而对干预当地人的思想毫无兴趣。事实上,早期的征服者十分尊重印度文明。但这种情况在19世纪的"第二次殖民浪潮"(second colonisation)中发生了变化,因为英国人开始实质性地着手控制和改变他们如今所认定的原始文化。

南迪的关键举措是将焦点转向殖民者。19世纪英国对印度的统治给英国文化带来了深刻的变化。南迪强调了两方面的变化:一是夸大和简化男性气质,现如今它被彻底构建为女性气质的对立面;二是将成年期刻画得非常英勇,使之与孩童时期相对立,这成为文化发展的主要隐喻。简而言之,英帝国时期的英国人把自己想象成阳刚的成年人,统治着孩童般的,以及/或者女性化的种族,这些种族需要在推搡、引导和胁迫之下,才能走向文明和进步。

其他学者撰写的帝国主义史中对此也有所提及。但南迪的观点有其独特之处,即强调这种制度对英国人造成的心理伤害。它导致了对暴力的美化,对软弱和女性化的蔑视,对文化复杂性的恐惧,对把自己与东方他者隔离开来的渴望,以及对男性化英勇气质的崇拜。这在占领军中有着夸张的体现,同时也对英国本土文化产生了影响。在英国本土,它助长了人们的同质化幻觉(illusion of homogeneity)(即"大英民族"[the British race]),这种幻觉是帝国主义意识形态最显著的特征之一。它如预期般被出口到澳大利亚和加拿大等居留殖民地,并在第一次世界大战期间助长了西部前线(Western Front)的屠杀。

南迪通过对鲁德亚德·吉卜林(Rudyard Kipling)的细致分析,阐发了这些主题。吉卜林是大英帝国鼎盛时期最杰出的知识分子。吉卜林在成年后不得不一再否定和打压自己童年时期对印度本土的认同感——尽管这种认同感作为一股暗流,激励他创作出了关于印度的精彩作品。事实上,吉卜林将所谓"必要的殖民主义暴力"给内化了:"如果他对世界上的受害者没有任何同情心,那么他也不会同情自己身上的一部分"(Nandy,1983:69)。1915年,吉卜林的儿子在西部前线阵亡,这打破了他的平衡。

但是，心理伤害在"印度社会那些易受攻击的阶层"（exposed sections of Indian society）（1983：76）中也是普遍存在的，他们不仅被迫接受征服，还不得不接受发达的英国统治体系中根深蒂固的种族歧视。南迪有几部最有力的作品追溯了19世纪至20世纪初印度知识分子面对这种情况时的不同反应。在这方面，南迪提到的一些心理学范畴——如对侵略者的认同——开始派上用场，因此他能够更加深入地分析艾哈迈德所谓的"西方中毒"问题（参见第六章）。

其中一种反应是模仿英国殖民文化中那种夸张的男性气质。考虑到**刹帝利**（*kshatriya*）①这个古老的社会范畴（即印度教经典中的武士阶级），以及考虑到英国人倾向于赞赏其臣民中的"军事种族"（martial races），这一点并不难做到。其结果是，印度知识分子中出现了武装叛乱的企图：

> 他们试图通过击败英国人来挽救印度人的男性气质，他们往往与绝望的逆境作斗争，为的是让印度人一劳永逸地摆脱在残暴的打压行动（power-play）和"强硬政治"（tough politics）中遭受屈辱性失败的历史记忆。这给那些在殖民地主流文化中已经成为男子气概（manliness）决定性差异的东西——如侵略、绩、控制、竞争和权力——提供了次级合法性（second-order legitimacy）。（Nandy 1983：9）

英国人轻而易举地镇压了这些挑战，因为他们拥有更强大的军事实力，而且知道如何对付这样的反对派。

另一种反应则是突出英国人似乎最排斥的东西：印度宗教。这就掉进了另外一个陷阱，因为复兴派开始按照基督教模式去重建一种具有流动性和开放性的印度教精神。还有一种反应是采纳英国关于印度文化落后性的看法，并全身心地投入到现代化方案中去。这可能包括西式的

---

① 【译者注】传统印度社会四大封建种姓的第二大种姓，包括武士或贵族。

学校教育、在家中使用英语、穿西式服装、皈依基督教，或者为殖民政权工作。

这些反应有很多种组合方式。南迪通过对知识分子的简短个案研究来追踪这些组合方式。例如上文提到的小说家班克姆钱德拉·查特吉，他在经历了约翰·斯图尔特·密尔式的左翼实证主义之后，最终接受了建构在欧洲路线之上的克里希纳（Krishna）①教派（Chatterjee 1986）。南迪针对斯里·奥罗宾多（Sri Aurobindo）②的分析为期最长。奥罗宾多作为一个专制宗教组织（authoritarian cult）的领袖，是印度首位现代古鲁（guru）③。

19 世纪末，年幼的奥罗宾多生活在一个由完全效忠于英国文化的父亲所统治的家庭里，这一点与吉卜林的童年如出一辙。奥罗宾多七岁时被父母带到英国，寄宿于一个英国家庭，然后在英国上学并考取了大学。作为一个孤独的年轻人，奥罗宾多朝着以暴力抵制英帝国主义的方向发展。他回到印度，熟练掌握了四门当地语言，成为一名革命的民族主义领袖，接受了查特吉关于"印度是一位急需被拯救的母亲"的形象化描述，并在 1908 年因煽动叛乱而被关进监狱。

所幸的是，奥罗宾多被无罪释放，然后他戏剧性地转换了方向，回到静修所（ashram）④过上了冥想的生活。现如今他寻求的是瑜伽的力量，而非武力。在接下来的 30 年里，在一位被奥罗宾多比拟为母亲形象的法国信徒影响下，他的团体变成了一个等级森严、纪律严明的保守宗教组织，以奥罗宾多为最高权威。他沉迷于通过越来越难以置信的瑜伽实

---

① 【译者注】又译"奎师那""克里希那"等。印度教诸神中最广受崇拜的一位神祇，毗湿奴的第八个化身。

② 【译者注】斯里·奥罗宾多（1872—1950），印度政治人物、哲学家、诗人，民族主义者、瑜伽师，其生日 8 月 15 日被定为印度独立日。印度人称之为"圣哲"，与圣雄甘地、圣诗泰戈尔合称"三圣"。

③ 【译者注】印度教的宗教导师或领袖。

④ 【译者注】印度教中教徒在古鲁的指导下进行宗教修炼的处所。

践来争取实现世界和平。

正如南迪所评论的那样:"如果人们未能感受到印度的英帝国主义统治所带来的'内心'痛苦,他们就无法读懂奥罗宾多的人生"——奥罗宾多在家庭和教育中感受到这种痛苦,然后将神秘主义认作唯一的解决方法,这种神秘主义起初是政治性的,后来变成宗教性的。南迪认为这标志着一种更为广泛的文化回应(cultural response),即印度社会以荒谬和矛盾来回应殖民统治。在一段颇具个人特色的文字里,他如此写道:

> 这是一个银行职员的世界。他偷偷地写诗,要么把诗藏起来不让这个没有诗意的世界看到,要么以滑稽的方式公开承认他的诗作……对一些人来说,诗歌只是诗歌,小丑只是小丑……对另一些人来说,在一个艰苦的、男性化的、反诗歌的世界中,诗歌——以及装疯卖傻——也可以是一种秘密的反抗,一种对正确心态的重申。反抗不一定总是自觉的。它不一定总是由狂热的、致命的、道义上的激情所支持。这种激情是那些一神教信仰,以及越来越多的现代版本和民族主义版本的印度教所擅长的事情。(1983:98)

这让南迪也让我们想到了莫汉达斯·卡拉姆昌德·甘地(Mohandas Karamchand Gandhi):"他作为少数几个人之一,成功地在政治活动中表达了那种未被英国在印度的统治所驯服的意识"(1983:100)。

甘地是《亲密的敌人》乃至南迪所有作品中的核心人物。他在这些作品中并不是作为任何文化或心理模式的典范,而是作为一个破解了殖民主义密码的人,一个发现了要如何摆脱僵局的人,而这种僵局已经难倒了所有其他的印度教改革者。他就是那个找到"正确心态",并将其作为一种公共道德和政治纲领(而非作为一种秘密抗争)的人。

在印度以外的地方,人们不易领会到甘地的独创性。人们普遍认为,他是一个典型且温和的和平主义者,或者是一个拒绝现代技术而追求简单生活的人。这两种形象都不完全正确,他们都没有捕捉到甘地对于殖民主义作出的高度复杂反应。在南迪看来,甘地的独创性在于他意识到了一件事,即如果按照殖民主义所设定的条件与殖民主义作斗争的话,那么这种做法从一开始就是失败的。人们必须跳脱出那种在体制内扮演参与者或者其对手的逻辑。

其对策并不在早期改革者所呼吁的精英文化中,而是在他们经常鄙视的民间印度教(folk Hinduism)中。甘地及其支持者缔造了一种所谓的群众政治(mass politics),它从未被甘地之前的印度国民大会党所想象过,也无法被英国政权所理解或控制。无论在南非还是印度,**非暴力不合作运动**(*satyagraha*)的做法无疑是和平的,但同时又是胁迫性的。他们迫使体制显露其暴力,并揭示其失败。甘地拒绝殖民文化的规范,他不但拒绝财富和官职,还拒绝霸权性男性气质(hegemonic masculinity)、现代化和科学理性。因此,他使帝国体制永久性地丧失了合法地位。印度成了英国人——用一个较为新近的术语来说——无法管治的(ungovernable)地方。

但甘地所做的不仅仅是发明了**非暴力不合作运动**,使印度变得无法管治。他的政治主张基于一种伦理,而该伦理就像民间印度教文化一样具有真正的包容性。曾有一位记者问甘地对欧洲文明有何看法,他回答说:"我认为欧洲的文明化是个好主意"①。这则关于甘地的著名反西方笑话有点不太寻常。正如南迪在另一篇文章中所说:"这句话的基本假设是,和那些受暴政欺压的人一样,没人性的暴君也是其制度的受害者;他也必须得到解放"(Nandy 1987:35)。甘地非但没有拒绝殖民者及其宗教和文化,反而从中寻找有助益的主题,并的确找到了一些。其中包括非暴力原则本身,他声称该原则并不是在印度教经文中找到的,而是在耶稣

---

① 【译者注】英语中 European civilisation 既可以指欧洲文明,也可以指欧洲的文明化。甘地此处并未直接回答记者的问题(即"对欧洲文明有何看法"),而故意将其曲解为"对欧洲的文明化有何看法",借机讽刺欧洲殖民者的野蛮行径。

的登山宝训(Sermon on the Mount)①中找到的。

对南迪来说,正是其伦理上和文化上的包容性,使甘地的方案有别于印度政界其他所有主要参与者(包括 1947 年上台的现代化推动者)的方案。现代化方案最早出现于英属印度内部,在当时被表述为一种合法的反对活动(legitmate oppostion),该方案实际上在"印度教宗教观念的最深层面"(1983:26)上抹杀了现有文化,并呼吁向理性、科学,以及线性的历史时间观念转变。独立后的国家将这个方案作为一种中产阶级意识形态而加以推进,南迪在许多其他文章中会继续分析印度中产阶级的病态之处。

他在《亲密的敌人》的结论中描绘了一种具备下列特点的印度文化:它具有流动性;能够容忍各种模棱两可性;其生存之道是吸纳压力,进而"驯化西方"(domesticating the West)(1983:108)。在殖民主义统治下,文化的生存需要一定程度的人格分裂,以及一定程度的回避躲闪和迂回前进能力。更为明确地说,它需要"一种独特的、强劲的现实主义",以及"某种求生的天赋和信念"(1983:109-110),这在印度大众文化中随处可见。甘地正是基于这种非英雄主义力量(unheroic strength)和生存能力,创建了**非暴力不合作运动**的抵抗模式。在此处,相较于墨西哥的加西亚·坎克里尼,南迪对于本土大众文化的力量和自主性所抱持的看法要乐观得多(参见第七章)。

在这本书以及大约同时期创作的其他文章中,南迪为一种有关殖民主义的观念以及一个反殖民主义的政治模式进行辩护。这些观念和模式与法农、格瓦拉(Guevara)或沙里亚蒂的造反政治(insurrectionist politics)相去甚远。南迪在 1978 年的文章《迈向第三世界乌托邦》("Towards a Third World Utopia")中批评道,法农关于暴力具有净化作用的观点并未顾及被压迫者的文化抵抗(Nandy 1987:33)。他认为,

---

① 【译者注】指《圣经·马太福音》第五至七章,耶稣在山上所讲的话。

法农的反抗策略是殖民主义逻辑本身所蕴含的东西，复制了该逻辑中的超男性气质（hypermasculinity）、暴力崇拜、情感关系丧失，以及抹杀敌方人性的做法。

南迪对于后殖民国家的批判与他对科学的分析密切相关。在 1980年撰写的一篇题为《科学、威权主义和文化》（"Science, Authoritarianism and Culture"）的重要文章中，他对科学文化展开批判，认为它基于"孤立"（isolation）的心理机制，亦即将认知和情感分离开来（Nandy 1987：95–126）。在心理上从研究对象中抽离出来是西方科学得以发展的关键。但如今，科学与强大的技术交织在一起，并与国家及其统治精英相结合。科学已经成为后殖民国家支配性意识形态的关键，使以经济发展为名而不断实施的暴力行为变得合法化。

南迪显然认为，知识与情感的隔绝、对世界的抽象感知，以及信奉方案而非忠诚于人，这是现代文化一种非常普遍的病态。在《迈向第三世界乌托邦》中，他谈到，现代西方

> 也普及了一种极其贫乏的自主权和个人主义观念，这种观念使得西方的个人变得日益原子化（atomized）①。现代西方文化的许多非西方观察者……被契约式的、竞争性的个人主义——以及由此产生的极度孤独——主导西方大众社会的方式所震撼。（1987：50）

在后来的一篇题为《文化、声音和发展》（"Culture, Voice and Development"）的文章中，南迪认为，现代化意识形态在后殖民时代的中产阶级，以及在后殖民国家中根深蒂固。如今后殖民国家——至少印度和斯里兰卡是如此——比起刚独立时**更加**具有发展主义色彩。这种意识形态对业已存在的各种文化具有极大的破坏力。这并不是说它消灭

---

① 【译者注】英文中"atomize"一词既有"使分裂成原子、使粉碎、使雾化"等意思，也有"剥夺与他人的有意义的联系"之意。此处的"原子化"说法源于社会学中的"社会原子化"（social atomism）概念，指社区（以及社会）由自私自利且独立自主的个人聚集而成，这些个体就像原子一样独立运作，互相之间会为了个人利益而进行自由协商，从而形成社会秩序。

了这些文化,相反,发展主义意识形态(development ideology)从现有文化中挑选出一些方面,以支持"现代性的种种心理需求"。它将本土知识降格为在角落里生存的"暂时性反体系"(transient counter-systems),该反体系对于与发展主义国家相关联的实证科学而言,只不过是些小麻烦而已。因此,发展进程的受害者很难为自己发声,以让别人真正听见他们的意见(Nandy 2003:151-170)。

南迪并不拒绝与西方打交道,甚至也不拒绝接受西方文化的大部分内容。他和艾哈迈德一样,认为这是不可避免的。正如他在关于泰戈尔的文章中所写的那样,殖民主义使那些暴露在殖民体系下的印度人发生了自我分裂,并把西方设定为"印度人自我里面的关键矢量(vector)"(Nandy 2004:233)。

问题在于,该"矢量"是在什么条件下被纳入其中,以及什么样的反作用力使该矢量的反常情况保持在限制范围以内。甘地和泰戈尔在他们那个时代找到了一个答案,那就是不带民族主义色彩的爱国主义形式,以及优于殖民主义意识形态主张的普适主义伦理。现如今能找到这样的解决办法吗?

作为一名理论家,南迪的独特性源于他不断地将心理学观点与文化分析、政治分析交织在一起。在《迈向第三世界乌托邦》中,他评论道:"任何对未来的展望都不能忽视的事实是:制度性的苦难(institutional suffering)触及人类最深层的核心,社会除了必须要解决这种苦难带来的政治和经济问题之外,还必须要解决它带来的文化和心理问题"(Nandy 1987:26)。南迪的立场与其说是一种带教条主义色彩的心理主义(psychologism),不如说是一种高度一致的人文主义,一种对普通生命和日常经验的尊重。

与社会学家的预期相反,南迪的心理主义并没有过度强调个体。南迪的一贯假设是:个人的就是政治的,更大结构(larger structures)会涉及个人经验。事实上,他最惊人且最有力的观点之一,就是利用心理纽带把殖民体系和全球体系紧紧联系在一起——例如，"世界边缘国的未来与那些看似自主、强大、繁荣的帝国主义中心国的未来两者之间存在着牢不可破的联系"(Nandy 1987：52)。南迪的观点显然源自甘地对英国人的伦理关怀，因此一再强调殖民者与被殖民者、开发者(developers)和被开发者(developed)、全球富国(global rich)和全球穷国(global poor)之间在心理上的相互作用。

这些结论到底基于什么方法呢？南迪通过对文学作品、电影、政治运动或知识分子传记的深入分析，形成了他的一些见解。他有部分观点建立在实证研究基础上——例如，有关印巴分治所引发大屠杀(Partition killings)的研究。但是他也经常作出笼统的概括、假设和猜测。他以赞许的态度提到了甘地对历史这一知识模式的鄙视和对神话的偏爱。我们常常搞不清楚怎样才能知道南迪是否正确。他的观点并不像别人——比如第三世界的造反者——那样面临着实践的严峻考验。

南迪的思想有一些令人不安的局限。在《亲密的敌人》中所出现的人物几乎是清一色的男性，唯一发挥重要作用的女性是斯里·奥罗宾多的故事中那个鬼鬼祟祟的法国女人。南迪提出了一种关于男性气质的重要原创观点，也对女性气质和雌雄同体(androgyny)感兴趣，不过他感兴趣的是男性(而非女性)身上的女性气质和雌雄同体。即使在最近的文集《国家的罗曼史》(*The Romance of the State*)(Nandy 2003)中，印度的另一半人口(指女性)也仿佛失踪了一般。

澳大利亚理论家菲利普·达比(Philip Darby)(2005)特别指出，南迪想要超越印度的情境而发声，他"非常关注在支配集团内部产生创造性变革的可能性"。但要如何做到这一点呢？在《亲密的敌人》中，南迪强调了甘地策略的本土根源、它与大众印度教(popular Hinduism)之间的联系，以及它与英国文化的契合。然而，他后来基于这一策略，对法农——确切地说，对全球范围内的革命者和发展主义者——展开批评。最近，维奈·拉尔在《知识帝国》(2002)中将这一思路推向极致。

在国家和全球资本主义这两方面,那些被征服文化(conquered cultures)的情况**也许**差不多。但事实并非总是如此,卡多佐和法莱托所描绘的不同依附性模式(第七章)就表明了这一点。那些被征服的文化当然并非都具有相同的历史和动员能力。令人惊讶的是,甘地在南非和印度这两个国家所推动的**非暴力不合作**运动都取得了一定程度的成功。但即便是甘地,他难道还能再成功一次吗?

南迪也许过分强调了单一的反对策略,因为他倾向于将权力给同质化。他的心理成熟老练,但其缺点是对国家的看法相当刻板,以及对现代企业资本主义(modern corporate capitalism)茫然无知。正如萨卡尔(1997:98)所观察到的那样,南迪热衷于大众宗教(popular religion),但其缺点是对世俗主义(secularism)怀着过分的敌意。从南迪对发展主义(developmentalism)的批判中,人们很难看出为什么为数众多的人(且不仅仅是中产阶级)由衷地支持发展项目以及致力于这些项目的政府。此外,从南迪的观点中,人们很难看出为什么底层群体可以利用国家法律程序或现代主义的"权利"观念去反抗他们所经受的压迫,而达斯和萨卡尔则清楚地指出了这一点。我认为,在这个跨国资本主义(transnational capitalism)的时代,我们有必要将南迪对心理和文化进程的出色理解,与更有力、更细致的制度分析结合起来。

第四部分

大洋洲的反思

第九章　静默的土地

土著社会的一切都与土地紧密地交织或联系在一起。文化即是土地，即是土著人民的土地和灵性，我们的文化信仰或存在的理由就是土地。你把它拿走，你就拿走了我们存在的理由。我们已经给这片土地种上了作物。我们为这片土地跳舞、歌唱和作画。我们歌颂这片土地。如果离开了我们的土地，我们就真的失去了自我。

——米克·多德森（Mick Dodson）（1997）

在第二章中，我描述了詹姆斯·科尔曼的社会理性选择理论（rational-choice theory of society）中的一个隐含假设，即被腾空的空间。他理论中的市场型施动者（market-style agents）在一片空地（open space）上施展手腕和进行谈判，神奇的是，这片空地上并没有以前的居民。我还想进一步指出，这个被腾空的空间确实曾经坐落于地球表面。人们可以在悉尼、芝加哥或其他移住民殖民主义城市的附近找到它。

现代社会理论的一个普遍特征，就是它对地方、物质环境，特别是土地（land）缺乏兴趣，科尔曼所提供的是一个极端例子。社会科学通常偏爱提出脱离语境的普遍性原理（context-free generalisation）。在两种情况下理论会产生特殊的威望：其一是该理论非常抽象，以至于其陈述似乎具有普适意义上的正确性——例如消费经济学（consumption economics）的无差异曲线（indifference curves）、莱维-施特劳斯的结构模型、布尔迪厄和吉登斯的实践模型；其二是该理论似乎适用于任何地方，例如福柯的权力和主体性（subjecthood）模型。

但情况并非总是如此。起初，政治经济学对地方和土地曾产生过浓厚的兴趣。《国富论》（*The Wealth of Nations*）（1776）有一个很长的章节叫作"论地租"（"Of the Rent of Land"），亚当·斯密在其中探讨了西欧和北欧不同地区的地形地貌（landscape）和农业系统，并在该章附记中谈到了矿山和银价。他在另一个很长的章节"论殖民地"（"Of Colonies"）中，对美国也如法炮制。斯密不辞劳苦地收集了大量信息，这些信息不仅涉及生产扣针的工厂，还涉及农村的生活。此外，他对各地农村生产的不同方式表示关注。在《国富论》中，斯密假定，有土地的地方就有地主——每一块特定土地的特定所有者。其他早期经济学家也做出了同样的假设。事实上，大卫·李嘉图（David Ricardo）在《政治经济学及赋税原理》（*Principles of Political Economy and Taxation*）的开篇就解释了这一点：

> 土地产品——将劳动、机器和资本联合运用于土地表面上所取得的一切产品——要在土地所有者、耕种所需资本的所有者以及进行耕种工作的劳动者这三个社会阶级之间进行分配①。（1817：13）

这是一条线索，说明了为什么土地在他们的理论中如此重要。事实上，在斯密所了解的大多数社会中，地主集团——即贵族阶层或绅士阶层——都是统治阶级。在18世纪的英国，土地利益（landed interest）主导着政治，并且"土地社会"（landed society）（Mingay 1963）是一个不容

---

① 【译者注】中译本参见［英］彼罗·斯拉法主编《李嘉图著作和通信集》（第1卷），郭大力、王亚南译，商务印书馆，1981年，第3页。

忽视的社会形态（social formation）。在农业综合企业公司（corporate agribusiness）出现之前，每个绅士家庭（gentry family）都与特定的土地有关联。

正如汤普森（Thompson）（1965）所言，由于在欧洲大部分地区，农业资本主义优先于工业资本主义，因此人们对待自己土地的方式无疑越来越资本主义化。这在理论上也逐渐有所反映。在《国富论》和《政治经济学及赋税原理》之间的 40 年里，经济学开始了抽象化（abstraction）的进程。李嘉图对于行业和地方的实际细节并不像斯密那样有着强烈的兴趣。很多时候，李嘉图只满足于通过分析虚构的例子来阐述他的原则。就这样，经济学走上了一条以无地方性的抽象化（placeless abstraction）为目标的道路，这种抽象化导致了 19 世纪末的边际主义革命（marginalist revolution）和 20 世纪的数学建模（mathematical modelling）[①]。

然而，在 18 世纪末和 19 世纪初，土地利益的想法依然十分强烈，以至于在印度的英国人将当地精英阶层视为土地的"自然所有者"（natural proprietors），并试图将政权建立在土地所有权交易的基础上（Guha 1989）。在位于澳大利亚的居留殖民地，人们试图在充满暴力和混乱的牧区边疆（pastoral frontier）创建一个地主绅士阶层（landowning gentry），这个阶层被讽刺性地称作"擅自占地者"（squatters）[②]（Connell and Irving 1980）。在许多美洲殖民地，这种想法已经成为现实。例如，几代人以来，地主一直是智利的支配性力量；而在讲英语的殖民地，绅士阶层领导了一场独立战争，并通过其成员——如乔治·华盛顿（George Washington）和托马斯·杰斐逊（Thomas Jefferson）——建立了新国家。

---

① 【译者注】边际主义革命是 19 世纪末的经济学思想变革，被认为是西方经济学史上的第二次革命，以"边际效用"（marginal utility）等概念术语解释经济行为。经济学中的数学建模指将经济问题转化为数学模型来进行分析。

② 【译者注】squatter 本义是"蹲着的人"，引申为"擅自占用、抢占，或霸占土地的人"。19 世纪 30 年代，一些澳大利亚人无视殖民政府的政策，擅自抢占土地，后来所抢占土地逐渐成为合法财产，这些人变成了合法的大牧场主。现在澳大利亚英语中 squatter 即指"牧羊场主"。

不过，在殖民地早已存在着一个族群，他们与土地有着自身的联系。这种联系可能与欧洲殖民带来的所有权观念，即斯密和李嘉图所预设的模式大不相同。如第五章所述，索尔·普拉特杰（1916）曾在《南非土著生活》一书中指出，在面临南非新殖民主义政权的新一波征用土地（expropriation）浪潮时，原住民与土地之间的联系变得至关重要。

随着20世纪末加拿大、澳大利亚、太平洋、墨西哥及其他地区原住民运动的复兴，土地权利（land rights）已经成为一个重大的政治议题。它不仅仅创造了牵涉到土著人民动员（aboriginal mobilisations）、地方与国家政府、法院、跨国公司、民粹种族主义（populist racism）、人权机构和大众媒体的新政治形式；土地权利政治也已经裹挟其中——并开始改变——包括法律、人类学和历史在内的社科知识领域（Paul and Gray 2002）。

这场运动基于一个事实，即许多原住民社群与土地之间的关系在面对来自牧民（pastoralists）、传教士、农场主、矿工、国家、旅游业的压力时，表现出惊人的韧性——事实上，这些压力就是穆迪姆贝（1988）所说的"殖民结构"（colonizing structure）。社会科学已经开始认识到了这一事实。

南希·威廉斯（Nancy Williams）（1986）在其研究澳大利亚的重要著作《雍古族和他们的土地》（*The Yolngu and their Land*）中讲过一个故事。通过反思这个故事，我也试着理解上述事实。这本书在一定程度上是一部传统的民族志，是一位社会科学家对狩猎采集社区的亲属制度、宗教、经济等所做出的描述。但是，它偏离了人类学的正统观念，因为它聚焦于一场涉及现代国家的特定冲突，这场冲突重塑了一种关系模式。就这一点而言，该书与维娜·达斯的《重大事件》如出一辙（参见第八章）。这场冲突涉及北领地（Northern Territory）①最高法院具有开拓性

---

① 【译者注】澳大利亚的一个自治地区，位于大陆北部中央。

意义的**伊尔卡拉**（Yirrkala）土地案。威廉斯认为她并非担任着中立观察者的角色，而是作为一个拥有专业技能的知情人士，她会在得到社群许可的情况下，代表它将知识传播出去。

威廉斯称之为"雍古族"的民族住在北领地最北端的阿纳姆地区（Arnhem Land）东部。[①] 他们的土地既包括沿海地区，也包括草木繁盛的内陆地区，因此有着多种多样的食物来源。在 20 世纪 60 年代澳大利亚采矿业变得繁荣之前，白人移住民对这片土地没什么兴趣，除了在一个叫作**伊尔卡拉**的地方创立了一个卫理公会教派（Methodist）[②]的布道所。没想到，人们在其附近地区发现了丰富的铝土矿。由于教会和右翼国家政府共同控制着土著居留地（reserve），他们准许大型矿业公司那巴尔科（Nabalco）在此开发一座矿山。有些雍古族人向联邦议会递交了一份著名的"树皮请愿书"（bark petition），以抗议此事缺乏协商（关于请愿书内容，参见 Yunupingu 1997：210－211）。最终，一群雍古族长老史无前例地向法院提起诉讼，要求停止开发，声称他们的社群拥有这片土地。

当时澳大利亚并没有地权法案。人们普遍认为，第一批英国殖民者占领了这块**无主之地**，即不属于任何人的土地，因此，这块土地唯一的权利就是英国王室的权利，以及王室签订的许多土地出让和租赁合约。因此，**伊尔卡拉**土地案的奇怪症结在于，雍古族人需要证明他们与土地有着一种业已存在的关系，而这种关系需要符合英国法律所承认的亚当·斯密式的土地"业主权益"（proprietary interest）。

这并不是说雍古族长老们抱持着这种看法。他们把法庭当作协商会议，想要达成相互理解和共识，并花了很多时间向法官和律师详细解释雍古族社群与土地之间既存关系的复杂细节。然而，被告（即矿业利益集团

---

① 这是个热带地区，与著名的卡卡杜国家公园（Kakadu National Park）位于同一区域。

② 【译者注】又译循道宗。基督教新教七大宗派之一，18 世纪从英国国教分离出来，遵奉神学家约翰·卫斯理的宗教思想。

和政府)的律师将法庭当作对抗性的论坛,在雍古族人展开陈述时对其进行诋毁,试图迷惑证人并使他们陷入矛盾之中。被告将雍古族人描绘成在这片土地上随意游荡的原始人,认为他们没有固定的权利、财产或边界。

法院在 1971 年作出了不利于雍古族人的判决。法官(说句公道话,他为理解这个史无前例的案件做出了巨大努力)得出的结论是,该社群确实与土地之间有着明确的关系,表现在习俗和宗教两方面,但这种关系并不是一种专有的经济利益。因此,它在英国法律中不能被认定为所有权。于是矿山继续开采。日益壮大的土著争取地权运动也在不断发展,在 1976 年促成了一项立法,该法案在很大程度上借鉴了**伊尔卡拉案**中的主张和观点。

南希·威廉斯竭力想要证明**伊尔卡拉案**的司法裁决事实上是错误的。雍古族的土地不仅在精神权利方面,而且在经济和政治权利方面,都无疑存在着清晰的结构——例如,其"马赛克式的"权利模式确保了每个群体都有权使用沿海和内陆两种生态系统。随着时间的推移,在亲属制度的母系一方,所有权保持着一致但复杂的连续性。虽然父系群体看上去是土地的所有者,但是母系亲属对于土地的使用方式拥有否决权。所有权是经过民众认可的,因为非所有权群体必须得到准许才能使用指定地点的资源。因此,狩猎采集型经济中存在着积极的土地管理和资源保护,如今这一点已经广为人知。

问题在于,这些权利和关系的集合迥异于欧洲资本主义或殖民资本主义的所有权,因此很难被翻译成最高法院等国家机构所熟悉的语言。例如,在讨论所有权时,宗主国法律假定了一个永久性的、界限分明的群体——如施乐公司(Xerox Corporation)或洛克菲勒家族(Rockefeller family)。但在雍古族的用法中,以及在澳大利亚土著人更为普遍的用法中,群体所适用的名称以及群体之间的划分,会根据正在讨论的主题和当时做出划分的目的而存在很大的不同。因此,威廉斯除了批评法律,还批评了古典人类学,因为它倾向于将这种原本灵活的划分物化为严格的群体——如群队（bands）①、部落（hordes）、部族（clans）、半偶族（moieties）②、图腾继嗣群（totemic descent groups）③等，划分这些群体已经成为一百年来澳大利亚民族志的惯用手段。

但是，在雍古族与土地的关系中，土地保有权（tenure）从根本上来自于灵性存在体（spiritual beings），其在戏剧性的创世时期（英语中称之为"梦幻时代"［the Dreaming］④）形成了地形地貌。灵性存在体创造并命名了这些群体，将土地赠予他们。灵性存在体还跋山涉水，把和沿途各个特定地点相关的不同群体彼此联系起来。某个山坡、河湾、岩层、植被变化的地方可能就是一个中心或边界。最重要的就是命名过程，所有的名字都与特定地点相关联。

在解释移住民与原住民在土地保有权问题上的差异时，人们普遍认为，在欧洲体系中，土地属于人民，而在土著体系中，人民属于土地。威廉斯认为这个公式还不够充分。关于灵性存在体之旅的故事不仅仅反映了——而且还**构成了**——社会关系及实践它们的群体。因此，要理解雍古族的社会结构，就必须把它定位在其特定的地形地貌中。土地是社会秩序的**一部分**。它不只是基础设施，也不是像莱维-施特劳斯这样的人类学家可以合理地加以抽象化的东西。

因此，土地能够进入有组织的社会知识中，并在社会表征中发挥重要作用。我再举个例子。在阿纳姆地区以南 1500 公里的地方是澳大利亚中部的干旱地区——在这里居住着许多民族，其中阿伦特族的宗教习俗曾让涂尔干深深着迷（参见第四章）。这些中部沙漠（Central Desert）

---

① 【译者注】人类学中指采集狩猎阶段的人类社会群体，又译"队群""群团""游群""游团"等。
② 【译者注】人类学中，当两个血缘相异的氏族以交换婚配为目的组成社会或部落时，这两个氏族就分别被称为半偶族。又译"半族"。
③ 【译者注】继嗣群指同一祖先繁衍下来的血亲亲属所组成的群体。图腾继嗣群指同一图腾的崇拜者认为他们是从共同的图腾祖先传下来的子嗣，由此组成的群体。
④ 【译者注】指澳大利亚土著神话中的创世时期 aljerrene，英语中一般译为"alcheringa"；"the dreaming"或"dreamtime"，即世界发端、梦想期或梦幻时代。

地区土著社群的"点画"（dot paintings）——现在采用丙烯酸颜料制作而成——被当成艺术品在国际市场上流通。它是澳大利亚当代最著名的视觉艺术流派（Sutton et al. 1988；Johnson 1994）。

这些画的原始形式是在地面、岩石和身体上所绘的画作，其商业形式则是用丙烯酸绘制的艺术作品，两者均表达了有关原住民社会的知识。每一个传统图案都与灵性存在体的叙事相关联，进而与社群中的特定群体相关联，而这些叙事揭示或规定了群体之间的关系。图案所表示的事件（如出生、会面、造物行为［an act of creation］）可能在描述社会问题，如亲属群体之间的冲突和代际之间的紧张关系，也可能在提供解决办法。

此处最关键的一点是，这些图案经常提到土地。图案的元素代表了一些地方，如动物前来饮水的水坑，以及露营地；图案的排列形式则表明了地形地貌的各种元素之间的关系——例如，通过展示灵性存在体在这片地形地貌上走过的路线来表明这种关系。特定的图案只能由特定的人来绘制，因为这种人与土地以及与相关的梦幻时代有着合适的关系。在图案中，所有这一切并不都是显而易见的。这些画具有多层含义，其中一些含义可以向所有人透露，而其他含义则只有那些对土地、梦幻时代以及图案负有特定责任的人才知道。

这是一种用于表征那些涉及土地的社会关系、社会边界甚至社会冲突的完善模式。它的象征性语言与我们传统上所理解的社会科学相去甚远。（我将在第十章探讨这些含义。）

伊尔卡拉案之后地权斗争方兴未艾，尤其再加上 1992 年裁定的**马博**（Mabo）案，使得土著与土地的关系问题引发了人们的持续争论。在**马博案**这一惊人事件中，澳大利亚高等法院以绝对多数票驳回了**无主之地**的法律原则，并宣称澳大利亚习惯法（common law）①的确承认土著的

---

① 【译者注】指非由立法机关所制定，而是共同形成并普遍适用，且具有强制性的法律，与制定法/成文法（statute law）相区别。又译为"普通法""判例法""不成文法"等。

232

土地所有权，但它并不承认土著的土地主权（Goot and Rowse 1994；Reynolds 1996）。短时间内，人们对澳大利亚的地权与和解问题充满了新的乐观情绪，不过自1996年以来，新自由主义国家政府已经有系统地消除了这种乐观情绪。

对于那些深谙宗主国社会观念，且熟知阶级、文化或异化等概念的读者来说，"土地权利"可能像是一个外来的或不太重要的概念，但是，它对于理解当代土著生活却至关重要，尽管很大一部分土著人生活在城市里。这是北方土地委员会（Northern Land Council）前主任米克·多德森在其文章《土地权利与社会公正》（"Land Rights and Social Justice"）中提出的观点。我在本章开头引用了这篇文章。

多德森正是以宗主国社会科学中常见的贫困和社会排斥问题作为切入点。他认为，当代澳大利亚土著社群生活贫困，缺乏基础设施，这是对人权的严重侵犯。但是，土著人权的核心议题是人与土地的关系："土地权利是一个社会公正问题，因为如果不能使用土地，就会导致文化、语言和精神性受到破坏"（Dodson 1997：42）。即便是200年的殖民主义所遗留下来的残余权利也很重要。但这些残余权利往往也遭到拒绝——因此，在通往故土的道路上，沿途的大门实际上全都被锁住了。

这种经验是否与白人移住民文化完全不相容？我不这么认为，因为我的看法是基于自己的亲身体验，我与这片土地上的某个地区有着一种紧密的关系。这个地区位于布罗肯湾（Broken Bay）以南，东起太平洋，西至霍克斯伯里河（Hawkesbury River）河谷。杰克逊港（Port Jackson）——其更广为人知的名字是悉尼港（Sydney Harbour）——就位于该地区。从地质学上讲，该地区以霍克斯伯里砂岩为主，而这种砂岩是以一位无趣的英国贵族的名字命名的。如今，这个地区有很大一部分被肆意拓展的悉尼市所遮蔽，但是我能感受到位于郊区地下的溪床（creekbeds）和分水岭。一些原始的疏林（open forest）幸存下来；其中最漂亮的树木是杯果木（angophoras），它是桉树（参见第八章）的近亲。在灰黄相间的悬崖脚下,低洼的河谷里长着一排排的红树(mangroves),而风蚀作用在悬崖的软岩上雕刻出了奇妙的形状。在海岬的下方有着错综复杂的潮坪(tidal platforms),上方则长着粗硬的石南(heath)。在离内陆不远处的河谷里,有许多小片的温带雨林,由南方吹来的暴风雨所滋养。那里曾经有过湿地,现在都变成了工业区、公园或者住宅开发区。

我出生在这个地区,不过作为战时出生的婴儿,不久之后就被带走了。不过我已经四次回到霍克斯伯里砂岩地区居住,所以我想,这儿才是我真正的归属。我与这个地区的联系是我的重要组成部分,给予我一种延续性和抵抗能力,并且在我的精神生活中起到了一定的作用。身为霍克斯伯里砂岩地区的一员,我却无法在社会生活中轻而易举地使用这种身份,不过我知道,我与土地的这种联系并不罕见。对于同一片土地的强烈感受也曾出现在克里斯蒂娜·斯特德(Christina Stead)(1934)的精彩小说《悉尼的七个穷汉》(*Seven Poor Men of Sydney*)中——事实上,它还曾出现在一系列小说中,包括帕特里克·怀特(Patrick White)的《人之树》(*The Tree of Man*)(1956),戴维·马卢夫(David Malouf)的《伟大的世界》(*The Great World*)(1990),以及最近凯特·格伦维尔(Kate Grenville)的《神秘河》(*The Secret River*)(2005)。

显然,这种人与地区的关系与伊尔卡拉的那种关系是截然不同的。随着1788年英国人的到来,杰克逊港周边地区成为澳大利亚的第一片殖民边疆(colonial frontier)。讲达鲁格语(Darug)的民族——大约有5000人——当时居住在这里。他们的灭亡始于1789年一场毁灭性的天花疫情,随后英国人占领了其富饶的土地和渔场。这引发了第一阶段的土著抵抗运动和边疆暴力事件。相关记录残缺不全,因此很难确定当时有哪些部族,以及他们到底存在于哪些地区。我的房子是100年前建造的,它很可能就建在200年前万歌族(Wangal)所掌管的土地上。(阿滕布劳[Attenbrow][2002]曾对有关悉尼土著历史的证据作过仔细审查。)

因此,我与土地的联系是建立在剥夺他人土地(dispossession)的基础上——整个移住民社会均是如此。我们不能与这段历史挥手作别。然而，正如 20 世纪 90 年代的和解运动（reconciliation movement）①所认为的那样，我们可以朝着分享经验和相互尊重的方向前进。事实上，土著文化对移住民文化的影响之一可能是地方意识（a sense of place）的传播，历史学家们日益认识到这种影响。我与霍克斯伯里砂岩地区的联系至少让我明白了，如果与自己所热爱的土地**失去**联系，那将是怎样一种感觉。

帝国主义、移民和殖民居留地（colonial settlement）的整个历史都涉及剥夺他人的土地，以及使他人与土地丧失联系。到了 1970 年，雍古族人民与土地仍有着紧密的联系，因此他们是幸运的。当时，澳大利亚原住民有 250 种语言（Arthur and Morphy 2005），但是讲这些语言的大多数原住民群体已经被消灭、驱散、重新安置到传教区（missions）和居留地，或者被迫为其土地的新主人工作。正如 1998 年的**约塔·约塔族**（Yorta Yorta）土地权利案所示，在白人定居点最为密集的澳大利亚东南部，土著群体很难说服法院，让其相信他们与土地之间存在着持续性的联系（Paul and Gray 2002）。从加尔各答到加利福尼亚的整个殖民地世界中，这种扰乱（disruption）和去合法化（delegitimation）的过程相当常见。我们还可以把大西洋奴隶贸易的所有可怕经验也添加到剥夺他人土地的历史之中（Thomas 1997）。

然而，在每个案例中，剥夺他人土地的故事都带有各自的地方特色。我以一次非常出色且详尽的历史重建（historical reconstruction）为例，它重建的内容是：在太平洋的另一个地区、位于瓦胡岛（O'ahu）壮丽的东北海岸上的卡哈纳山谷（Kahana valley）中，"土地是如何丧失的"（Stauffer 2004）。在 19 世纪上半叶，夏威夷群岛的波利尼西亚人

---

① 【译者注】1988 年，14 位澳大利亚基督教会的领袖发表题为《致力于澳大利亚社会的和解》（"Towards Reconciliation in Australian Society"）的声明，希望推进解决澳大利亚土著和欧洲移住民之间的矛盾关系。他们提出的"和解"概念引发了所谓的"和解运动"。

(Polynesian)受到白人传教士和商人的强烈冲击,但是他们没有立即失去多少土地。在澳大利亚,或者在波利尼西亚的其他地区如新西兰和塔希提岛(Tahiti),也没有直接的殖民征服。

1846 年至 1855 年间,北美主导的夏威夷王国政府建立了一套西式的土地所有权制度,他们逐个村庄地记录土地的习惯使用权(customary use-rights),并将其转换为个人财产。这件事被称为"大规模**土地分配**"(Great *Mahele*)。(这一过程和 20 世纪 80 年代以来新自由主义者对公共资产[public assets]和互助组织[mutuals]的私有化有着可怕的相似之处。)尽管女性在夏威夷文化中占据着强势地位,但是财产都归男性所有,因为白人官员大多拒绝承认女性的财产权。在此过程中,人们起初很不情愿登记土地。但是波利尼西亚的**贵族**(*ali'i*)意识到他们可以通过这一过程获取大量现金,于是运用他们的威望和影响力来推动这件事,随后抵抗运动就瓦解了。缺乏经验的借贷或者直接出售土地的做法所造成的后果是,这些**贵族**所分配到的份额很快就被美国和中国商人瓜分。不过,平民百姓反而比较难对付。

在卡哈纳(Kahana),一个种植芋头和捕鱼的村庄,村民们怀着了不起的决心坚守自己的土地,于是又多撑了一代人的时间。他们甚至在1874 年到 1875 年间创建了一个成功的合作社(cooperative),即卡哈纳会(Kahana Hui),来拥有和管理公有土地(communal lands)——这是当时更大规模的夏威夷合作社运动的一部分。但是,资本主义法律制度将股份(shares)变成商品,从而削弱了合作社的地位。卡哈纳会的部分股份被出售给国王,这就破坏了仅限当地人拥有股份的规则。农场和住宅用地的商品化则动摇了家庭财产的稳定性,1874 年,仍然受到美国操控的政府(由当时夏威夷的大银行家们领导)所通过的《抵押法案》(Mortgage Act)更是雪上加霜,因为它允许人们轻易地取消抵押品赎回权。

斯托弗(Stauffer)在谈到"大规模**土地分配**"时说道:"因此,从理论上讲,**土地分配**并未导致任何一寸土地被外国人夺走。这个说法是对的。更准确地说,**土地分配**创造了一系列条件,使得原住民的土地几乎完全被夺走"(Stauffer 2004:76)。在 19 世纪的最后几十年里,这"一系列条件"以惊人的效率剥夺了卡哈纳村民的土地。随着村民迁居城市以及麻风病的影响,人口数量出现下降,这意味着一些家庭没有了当地的继承人。其他地方的亲戚可能会过来继承土地,不然就得把土地卖给外来者(outsider)。有人首开先河,将股份卖给国王,以及卖给同为摩门教(Mormon)教友的某个外来者(摩门教是卡哈纳山谷中占主导地位的宗教团体),这导致卡哈纳会逐渐被富有的外来者——尤其是福斯特(Foster)家族——所控制。根据《抵押法案》,当地人会借钱购买各种制成品(manufactured goods),然后导致破产。他们的土地随之就移交给了放贷人。

当时在卡哈纳山谷中成立了一家由中国人控制的水稻种植企业,这给卡哈纳会带来了租金收入,但这也延续了土地的商品化进程。富人们觊觎土地,随着时间的推移,他们攫取了一块又一块土地,用于放牧牛群(这破坏了森林)、修建铁路和建造海滨别墅(这破坏了村庄本身)。东海岸的水被调往西部,用于商业种植园经济,该经济是人们利用中国和日本劳工在瓦胡岛建立起来的。这个调水方案截断了卡哈纳山谷的大部分水流,破坏了山谷的灌溉系统。到 20 世纪初,地方所有权(local ownership)和它作用下的乡村经济都已经消失了。

因此,武力并不是剥夺他人土地的唯一可能方式。当然,我们不能忘记西方列强的海军对太平洋的全面统治,这是夏威夷君主制衰落的背景。1893 年,美国正式占领夏威夷群岛并将其当作殖民地,而日本在对马岛(Tsushima)击溃西方海军的惊人之举乃是十年后的事。至此,夏威夷已经丧失了 90% 的土地。正如斯托弗非常详尽的描述所示,正是这个半殖民地(semi-colony)内部的社会动态,使土地脱离了原住民的掌控。

前面已经提到腐化堕落且不负责任的贵族阶层所起的作用。贵族们在卡哈纳山谷的土地早在 1857 年就被卖掉了。那些与君主制有关联的人在卡哈纳的崩溃中扮演着特殊的角色:国王本人持有卡哈纳会的股份;福斯特家族作为王室的亲密支持者,最终于 1920 年全面控制了卡哈纳山谷。新教传教士家庭也扮演了同样重要的角色,他们最早着手扰乱夏威夷的社会秩序,以摧毁异教信仰。结果他们得逞了。然后,他们占领了旧秩序的废墟,为自己谋得商业和土地财富。摩门教徒在卡哈纳也发挥着至关重要的作用,起初他们给卡哈纳会注入活力,之后他们却又为了维护自己在宗教与商业方面的国际帝国而去破坏卡哈纳会。

我讲述这个故事,并不是为了提出"剥夺他人土地"的普遍性模式,而是为了提出相反的模式,即有关"剥夺他人土地"这个概念的普遍性观念需要扎根于特定的地形地貌中,而"剥夺他人土地"是社会科学中最重要但理论化程度最低的概念之一。

重视土地的做法会对社会科学知识产生影响。英国著名历史学家 R. H. 托尼(R. H. Tawney)曾经说过,对于学历史的学生来说,最有用的装备是一双厚实耐穿的靴子。我认为这个建议对于社会科学是广泛适用的,而不是只限于研究"特殊规律"(the "idiographic")的学科,即研究"普遍规律"(the "nomothetic")的学科的对立面。——请原谅我与古尔本基安委员会(Gulbenkian commission)①(1996)的看法不尽相同。社会科学所有学科的人都需要磨破铁鞋。社会科学所有学科的优秀研究者都应该这样做。

这个建议不但适用于挖掘事实的实证研究人员,也适用于理论家。我想为"扎根理论"(grounded theory)②这个术语提出一种新含义,即将理论与理论家的靴子所立足的土地联系起来。用这种方式思考,就意味

---

① 【译者注】1996 年,古尔本基安委员会在其报告《开放社会科学》(*Open the Social Sciences*)中提到,19 世纪末,西方知识界根据认识论立场的不同,将学科划分为研究普遍规律的阵营(包括自然科学和社会科学)与研究特殊规律的阵营(包括人文学科和历史学)。
② 【译者注】扎根理论是社会科学的一种研究方法,指研究者在未做理论假设的情况下,直接通过对所收集的资料进行深入分析,逐步形成某种普适性的理论假设。

着要摒弃本章开头提到的那种根深蒂固的思维习惯,即认为社会科学理论越是脱离具体环境,越是用抽象的普适性原则来进行表述,就越受到人们的推崇。

有一种相反的立场,不但在英语国家的历史编纂学中很常见,还得到了某些后现代思潮的支持,那就是对普遍性原理**本身**的怀疑。按照这种思维方式,本土是知识的唯一场所(site),或者是政治的唯一合法场所。有人对于虚假表征(false representation)有一种相当合乎情理的担忧,这种担忧可能会指向同样的方向。例如,女性主义所概括的有关父权制的普遍性原理,已经被人们依次按照阶级、种族、性取向、文化和民族进行细化(Bulbeck 1998)。事实上,围绕着这个问题,一个新兴的"交互性"(intersectinality)研究领域已经逐渐发展起来。

如果这一思路导致人们摒弃了普遍性原理,那就是有害的,因为对于作为一种文化形态的社会科学来说,普遍性原理就是它的生命力所在。普遍性原理涉及交流、检验主张、科学想象力和寻找新数据、知识的应用和使用,以及知识增长的能力。摒弃社会科学中的普遍性原理会使我们停滞不前。

但这并不意味着我们要致力于使用抽象的普适性原则来进行概括。在此处,交互性研究的文献颇有助益,它告诉我们,我们始终有必要考虑产生普遍性原理的特定社会语境,以及考虑概括这些普遍性原理时所针对的语境。基于特定的地形地貌进行理论化,并不等于会被这些地形地貌所局限。但它确实需要另一个重要的标准,以区别于对抽象的普适性原则进行理论化时采用过的标准,根据后者,涵盖的案例越多,论点就应该越强有力。

我认为前者的标准体现在社会科学的风险性(riskiness)中(详见第十章),确切地说,是体现在理论与本土生成数据之间的活跃关系中。不仅数据批评理论,理论也批评数据。在这种持续不断的争论中,人们试图得出一种知识构型(configuration of knowledge),以揭示人类历史上某一特定时刻的动态。所有这些尝试都会被概括成普遍性原理,但只有那些概括能力较弱的普遍性原理成为了普适性原则。如果能够将社会科学的普遍性原理与它们适用于**其中的**语境所具有的特征联系起来,那么这种普遍性原理的力量就会成倍增加。

这就表明了一种观点,即反对纯粹的普遍性理论,而支持一种我们可以称之为"肮脏理论"(dirty theory)的事物——这是一种与特定情境相结合的理论。肮脏理论的目标不是涵摄(subsume),而是澄清;不是从外部进行分类,而是从具体的角度去阐明一种情境。为了达到这个目的——换种比喻方式来说——任何事物都像可以拿来磨粉的谷物一样,成为对我们有用的东西①。作为研究人员,我们想要充分利用在分析和解释过程中涉及的大量材料。另外,我们还想大幅增加——而非减少——我们要使用的理论观点。这包括大幅增加我们用于思考的本土资源,正如本书所尝试的那样。

但是,现实本身会不会置这个观点于不顾呢?新自由主义接管这个世界后,不仅产生了经济和政治后果,也产生了认知后果(epistemic consequences)。建立在普适性商品化(universal commodification)基础上的市场社会将普适性的抽象化(universal abstraction)作为其现实的基本组成部分。它似乎很欢迎新古典经济学中那种无地方性的抽象化表征。无视土地不仅是其诸多理论选项中的一项,也成为新自由主义社会意识形态的一个特征。

因此,新自由主义政府一直对原住民的土地权利抱有敌意也就不足为奇了。现任澳大利亚政府刚刚惦记完电信系统私有化这个美差,就想着要瓦解集体控制的土著机构,以个体创业取而代之,从而让市场力量占据支配地位。就像当年市场力量支配了夏威夷的土著机构那样。

---

① 【译者注】此处原文表述"all is grist to the mill"套用了一个英文习语"grist to the mill"(字面意思为"拿来磨粉的谷物",比喻"对……有利或有用的东西")。

正如全球化文献所言，资本本身显然已经变得越来越没有地方性。自 20 世纪 60 年代欧洲美元（Eurodollar）①市场出现以来，越来越多的资本没有与当地货币挂钩；因此也不受国家监管和税收制度的约束。游走于外汇市场的热钱就是资本无地方性（placelessness）的一种形式。另一种形式是各个国家股票市场之间的连接，这是一个正在进行的项目。它将取代当前的国际有价证券投资模式，代之以一个以股权为标志的、无地方性的普适性市场。跨国公司本身是第三种形式——这可能是最重要的形式，因为它把决定雇主/雇员关系的因素给去地方化（delocalise）了。

但是，无地方性是有限度的。试想一下像安永（Ernst&Young）、普华永道（Pricewaterhouse Coopers）或其任何竞争对手那样的跨国会计师事务所和管理顾问公司。这种公司是一个经过延展后仍然极具物质性的现实，因为该公司在其运营的所有国家都有一系列当地的工作场所。这些当地场所被花费大量时间进行长途航空旅行的高管们定期地联系在一起。更为重要的是，这些当地场所通过复杂的电子通信系统联系在一起。这个系统以一个庞大的公司数据库为中心，公司的专业人员和经理们一直在利用这个数据库，以此来指导他们的工作。这并不是开放性的、无限制的网络空间。这是一个受到精心保护的、具有高度特殊性的场所，其特殊性对于公司所声称拥有的专业知识而言是必不可少的；正因如此，它对于公司积累利润的能力而言也是至关重要的。

因此，全球化公司的跨国空间具有其地方性（place-ness）；其同样必须立足于普通空间（ordinary space）。这是萨斯基亚·扎森（1991）在《全球城市》一书中提出的观点。在一些中心城市——如伦敦、纽约和东京——围绕着跨国公司的巨额资金流，包括法律、会计、广告、金融、经纪等方面的公司在内的生产性服务业（producer services）迅速增长。这些

---

① 【译者注】欧洲美元指欧洲各银行的美元存款。

行业的高收入劳动力则由房地产、零售、公共事业（human services）和家政方面的劳动者提供服务，这导致了低工资移民（low-wage immigration）现象和当地社会结构的变化。扎森（2002）后来重新绘制了这幅图景，揭示了一个最近兴起的由大约 40 个"关联城市"（linked cities）组成的世界网络。这些城市以更加去中心化（decentralised）的方式，执行着同样的控制和服务功能。

扎森的模型只是一个大概框架，但是他呼吁人们要关注全球化进程的物质性（materiality）。商品化和国际金融所涉及的抽象化并没有消除空间，而是重新配置了空间。新自由主义经济所获得的财富并不会漂浮在闪烁着微光的跨国天空中，而是驻留在特定人士的西装口袋里，至于穿着这些西装的身体，他们站立、端坐或躺卧在特定面积的土地上。因此，当代财富所具有的权力是一种在地的权力（located power），而不是一种本土的权力（local power）。

这就是为何要投入如此大量的人力来保护富人所在的地方。在整个人类历史上，贫富之间的经济差距从未像现在这么大。而且，当代跨国统治阶级为了将自己与底层人民隔离开来，他们待在安保森严的公寓和企业的摩天大楼里，乘坐公务机（corporate jets）和迈巴赫（Maybach）轿车，还居住在迈克·唐纳森（Mike Donaldson）和斯科特·波因廷（Scott Poynting）（2007）的《统治阶级男性》（*Ruling Class Men*）中所详细记载的一栋栋豪宅中。对于阶级关系史而言，这一切在某种程度上是罕见的。迈克·戴维斯（Mike Davis）（1990）的经典之作《水晶之城》（*City of Quartz*）追溯了美国洛杉矶的社会历史，并展示了近年来随着跨国资本开始支配前精英阶层，阶级和族裔隔离已经真正融入城市的结构中。建筑物——实际上是整个区域——的设计旨在将穷人拒之门外；而私人"安保"行业已经壮大，提供了实施排斥的强制手段。

因此，土地并不是无关紧要的，即使在全球化的堡垒中也是如此。我们必须从地方与权力之间的复杂辩证关系中理解土地的社会意义，而殖民历史以及随之而来的原住民土地权利斗争是这种辩证关系中的关键部分。这些斗争、斗争背后的经验以及斗争中提出的观点,现在已经成为事关全球社会公正的战略问题。认真对待这些问题,并从中学习,这对于发展壮大世界范围的社会科学是必要的。

第十章　世界范围的社会科学

　　我继续朝竹屋走去。除了欧洲,我还能从其他地方学到很多东西! 在这个现代化的时代,有许多乳房哺育着我——它们来自土著本身,来自日本、中国、美国、印度、阿拉伯,来自地球上的所有民族。它们是母狼,给予我生命,让我成为罗马的建造者! 你真的要建造一个罗马吗? 是的,我回答自己。怎么做? 我不知道。本着谦卑的态度,我意识到自己是古往今来所有时代、所有民族国家的孩子。

　　　　　　——普拉姆迪亚·阿南塔·图尔(Pramoedya Ananta Toer)(1979)

研究世界舞台上的社会性

　　在本书中,我自由地使用全球区域划分的不同命名方式。它们包括:联合国辩论中使用的术语"北方/南方"(North/South),劳尔·普雷比施使用的术语"中心地区/边缘地区"(centre/periphery),东方主义及其批评者使用的术语"西方/东方"(West/East),发展理论和依附理论中使用的术语"发达/欠发达"(developed/underdeveloped),以及法帝国主义使用的术语"宗主国/殖民地"(metropole/colony)。我很少使用"第一

世界/第三世界"(First World/Third World)，或者世界体系理论的术语
"核心/半边缘/边缘"(core/semi-periphery/periphery)，尽管有些人仍然觉
得这些术语也很有用。

　　虽然这些概念都有各自的参照点，但它们显然有很多重叠之处。后
结构主义地理学家戴维·斯莱特(David Slater)(2004)在回顾"北方/南
方"和"东方/西方"等术语时颇为恰当地指出，尽管术语上有种种含糊不
清的地方，但全球区域划分的事实却是清楚无疑的。所有这些措辞都指
向了历史上由欧洲和北美帝国主义所导致的在权力、财富和文化影响方
面的长期不平等模式。对于这种普遍性模式，我采用了"宗主国/边缘地
区"这对混合术语。

　　要能够识别这一模式，能够说出宗主国的名称，并记录宗主国和边
缘地区的不同情况，这是社会科学在世界范围内发挥作用的一项绝对必
要条件。那些没能够识别该模式的理论(从市场原教旨主义[market
fundamentalism]到全球文化杂交)在面对第一个现实考验时就失败了。
那些体现了普雷比施所诊断的"普适性错觉"的理论总是基于相同的错
误。它们根据最有权势的6亿人的经验建立了一个模型，然后想当然地
认为该模型可用于解释当今世界上全部60亿人口的生活。

　　任何有过片刻思考的人都不会以为其余54亿人都处于同样的情况
下。使用"边缘地区"等概念仅仅是分析的开始，而非结束。边缘地区既
包含像贝宁那样极度贫穷的国家，也包含像澳大利亚那样富裕得惊人的
国家。如卡多佐和法莱托所示(参见第七章)，即使在同一个区域内，不
同国家的依附模式和发展道路也有很大的不同。

　　正如卡多佐和法莱托所做的那样，我们必须把地方性的财富和权力
不平等现象纳入大局。第八章中的术语"精英/底层"是指在殖民时期的
印度由于这些差异而产生的不同政治活动。在第九章中，我提到了米
克·多德森关于当代澳大利亚土著人民状况的文章，他有一些统计数据
值得一提：

> 社会指标令人感到担忧……我们入狱的可能性仍然要比其他
> 澳大利亚人高出 18 倍;他们仍然没能为我们 60% 的土著人民提供
> 足够的住所;我们的寿命仍然要比其他澳大利亚人短 18 到 20 年;
> 我们完成中学学业的可能性仍然只有其他澳大利亚人的三分之一,
> 而失业的可能性则是其他澳大利亚人的三倍……38% 的土著社区
> 的供水不符合世界卫生组织的标准。(1997:40)

多德森非常清楚,其他国家的原住民也面临着同样的问题,不过并
没有多少其他国家有如此丰富的经济手段来解决这些问题。阻碍澳大
利亚解决这些问题的原因,并不是资源匮乏,而是当地统治阶级太冷漠
无情。

在边缘地区,社会力量的格局并不是固定不变的。那里涌现出了新
的社会行动者,体现在拉丁美洲和印度的妇女动员(参见第七章和第八
章)、澳大利亚及其他国家的原住民土地权利运动(参见第九章)、伊朗兴
起的政治伊斯兰(political Islam)(参见第六章),以及非洲的独立运动本
身(参见第五章)。那么,社会科学面临的第二个现实考验就是它是否能
够识别边缘地区的动态。

这种多样性和动态对社会科学的形成具有直接的影响。在澳大利
亚这样的富裕边缘国和在印度尼西亚那样的贫穷边缘国,知识的生产是
一项截然不同的事业。像印度的阿希斯·南迪这样的作家(参见第八
章),其社会理论借鉴了丰富的本土思想史,读起来与南非的阿非利卡知
识分子的社会思想大相径庭,因为移住民殖民主义的动态将这些知识分
子与原住民思想的资源割裂开来(Gilomee 1994)。社会科学目前面临的
一个根本问题是如何将边缘地区的不同知识形态相互联系起来。在本
章的后面部分,我将探讨这方面的一些实际问题。

在第二章和第三章中,我认为构成北方理论的机制之一是抹消来自
边缘地区的经验。消除这种抹消机制的影响,是重塑边缘地区和宗主国
之间关系的首要任务,这样才能够实现相互学习的过程。首先,人们需

要开展《底层研究》所做的那种研究，记录被压迫者——尤其是被排除在有关历史和现代性的霸权性叙事（hegemonic narratives）之外的那些人——的经历。这也是索尔·普拉特杰的《南非土著生活》一书的任务。还有一些宗主国社会科学的经典著作也做到了这一点，我脑海中浮现的例子是尤金·吉诺维斯（Eugene Genovese）①的《奔腾吧，约旦河，奔腾吧：奴隶们创造的世界》（*Roll，Jordan，Roll：The World the Slaves Made*）（1976）。

这不同于主流民族志所承担的任务，即建立一个描述非西方社会的资料库。当乔莫·肯雅塔在 1938 年发表《面对肯尼亚山》时②，此举并不仅仅是为了给书架上那些旨在捕捉殖民地民族知识动态的马利诺夫斯基学派（Malinowski school）③作品集添上一部新作。它的目的是通过质疑英国殖民主义对于吉库尤人（Gikuyu）④的描述，来抗议吉库尤人受到英国殖民者奴役的现实状况。

这一点到现在同样适用。我们不可能通过不断地堆砌描述来形成一种新的知识形态，无论这些描述有多么细致和全面。我们应该回想一下拉纳吉特·古哈说过的话，他曾强调《底层研究》应当关注人民的**政治**，而不只是注重描述他们的经验。我们还应该回想一下米克·多德森对前述统计数据所做过的事情，即将它们塑造成一个有利于土地权利的论据。

---

① 【译者注】尤金·吉诺维斯（1930—2012），美国历史学家，是美国南方史和奴隶史方面的专家。

② 【译者注】《面对肯尼亚山》是乔莫·肯雅塔在其导师马利诺夫斯基指导下完成的一部学术作品。

③ 【译者注】布罗尼斯拉夫·卡什帕·马利诺夫斯基（Bronisław Kasper Malinowski）（1884—1942），生于波兰的英国社会人类学家，人类学功能学派的开创者之一，被誉为 20 世纪最重要的人类学家之一。他提出了新的田野调查方法，该方法要求人类学研究者真正深入参与并观察土著生活，记录土著的想法与世界观。20 世纪 30 年代，乔莫·肯雅塔曾师从马利诺夫斯基学习社会人类学，并将学习期间撰写的文章汇集成《面向肯尼亚山》一书进行发表。马利诺夫斯基特地为该书作序。

④ 【译者注】吉库尤族是肯尼亚人口最多的一个民族，也是肯尼亚第一个发起反殖民运动的土著民族。

　　因此，重要的不仅是经验的内容，还有经验的矢量或意向（intentionality），以及经验与结构——围绕其可能会形成变革政治的那些结构——之间的关系。在普拉特杰和多德森的作品中——甚至在吉诺维斯的作品中——都存在着一个核心事实，那就是**丧失**的经验（experience of *loss*）。关于这一主题，有很多令人印象深刻的精神分析学著作（例如，鲍尔比［Bowlby］，1980 年），而社会理论基本上还没有开始重视该主题。然而，集体性的丧失（collective loss）作为一种非常大规模的社会进程，是殖民主义历史的核心。本书第九章给出了一个有大量文献记载的实例，讲述了波利尼西亚海岸的一个居留地丧失土地、并随之丧失了社会秩序的事件。我们还可以举出大量类似的案例。

　　除了土地之外，其他方面也存在着丧失的经验。比如到夏威夷传教的外来移民想要使原住民丧失他们的宗教信仰。因此，阿富汗尼将针对伊斯兰教的威胁视为 19 世纪帝国主义的一个重要特征，这种想法绝非天真。艾哈迈德把人们对宗教的冷漠态度（即丧失信仰，而非接受另一种信仰）看作西方中毒人士的标志，这同样没有错。在霍普汉对当代拉丁美洲的描述中，一个核心主题就是人们丧失了原本对社会融合和社会公正的方案所抱持的信仰、希望和活力。被殖民者的经验还有其他一些方面，但它们在现有的社会科学中很难得到体现。本书第二章指出，社会学理论对时间的处理方式与殖民征服所代表的时间及可理解性方面的断裂并不相容。但征服并不意味着最后一次发生断裂。瓦伦丁·穆迪姆贝（1988）所称的"殖民结构"，即对空间的统治、对本土思想的重塑，以及将地方经济融入国际资本主义的做法，也将这种巨大的不连续性（discontinuity）带到了殖民地社会。如果按照阿希斯·南迪（2003）的诊断，公司经济（corporate economy）的压力和发展主义政府同样将这种不连续性带到了后殖民社会。

　　内斯托尔·加西亚·坎克里尼（1995）对墨西哥城的诊断指出了另一种不可理解性（unintelligibility），即边缘国特大城市的不可理解性。

虽然本国精英能够融入宗主国文化和全球资本主义,但这并不能为这些城市中的广大移民人口——其中绝大多数为穷人——提供融合的手段(事实上,这还会破坏原先的国内融合战略)。拉纳吉特·古哈的"非霸权支配"(dominance without hegemony)方案的意义,可能远远超出了英国统治印度这件事情的范畴。

宗主国社会理论轻松地谈论着社会的构造、社会进程的构成要素,以及社会结构的再生产。但是它并不那么热衷于——可能是缺乏相关概念的缘故——谈论社会关系遭受的破坏、谈论不连续性和剥夺他人土地,以及谈论在创造我们目前生活的这个世界时所涉及的杀戮和苦难。此处存在着一种强烈的防御心理。当我初次把这本书的部分观点拿去期刊上发表时,一位著名的宗主国理论家在同一份期刊上宣称,我的观点有一种"社会学的负罪感"(sociological guilt trip)(Collins 1997)。

然而,对边缘地区的密切关注也存在着风险。诸如被剥夺土地、时间不连续之类的经验可能看上去仅仅像一种发生在被殖民者身上的自然灾害。回想一下阿列尔·多尔夫曼针对 1973 年智利政变所说的话:暴力是特定人群的行为,他们想要造成后果。目标群体可能没有预见到暴力行为,但理论上他们可以看出上述意图,以及看到对方采取其他行动的可能性。因此至关重要的是,人们要意识到殖民剥夺(colonial dispossession)、军事独裁和新自由主义结构调整等过程中所涉及的**能动性**(*agency*)问题。

劳尔·普雷比施将《拉丁美洲的经济发展及其主要问题》一书超过四分之一的篇幅用于写美国。光是说出宗主国的名称是不够的,社会科学的工作是对宗主国进行分析。这就需要去了解那些导致灾难的社会进程——如各种机构、利益和战略。20 世纪 60 年代的新左派社会学称这种做法为"向上研究"(studying up),这与中产阶级学者向下研究穷人、边缘人群和问题人群的常见做法形成对比。相反,权力结构研究者着手研究富人,并以美国为典型例子,适时提出了有关财富集中和企业精英形态的重要发现（Domhoff 1975）。该策略至今仍然卓有成效（Donaldson and Poynting 2007）。

同样的逻辑也适用于世界范围。在更具创意的全球化研究——特别是关联分析法——中也能看到这种逻辑（参见第三章）。例如，莱斯利·斯克莱尔的《跨国资本家阶级》（*The Transnational Capitalist Class*）（2001）就汇集了关于跨国公司及其政治运作的长期研究成果。

使富裕国家实施控制和积累资源的目标成为可能的机构，并不是只有公司，还有宗主国政府。随着昔日里饱满的帝国自豪感转变为如今唬人的新自由主义，宗主国政府在增强对外破坏能力的同时，减少了对公民福祉的承诺。有一些博物馆和研究机构在汇集来自殖民地世界的数据方面也发挥了关键作用。此外还有新科技。正如艾哈迈德（1962）所言，作为西方毒化的载体，机器文明（machine civilisation）背后隐藏着新科技。自他那个时代以来，计算机技术已更加有力地证明了这一点。另外，如何追踪系统中不断变化的权力中心是一个难题。正如加西亚·坎克里尼（1999：13）所说，在这个系统中，目前影响日常生活的主要决策"都是在难以接近且难以找到的地方做出的"。

与研究边缘地区同理，我们不想只是堆砌有关宗主国的描述。关于美国和西欧的社会生活，已经有大量的文献记载。毕竟，这是当今社会科学的主要内容。

就"从全世界范围来理解社会"这一点而言，宗主国社会最重要的依然是其矢量——亦即它担任宗主国的能力，以及支撑这种能力的机构和过程。就此，我们可以稍微改进一下"宗主国/边缘地区"的术语，但恐怕我自己的术语还是很笨拙。此处的知识对象是在世界经济、国际关系和文化中占据支配地位的宗主国能力（metropole-capacity）——或宗主国机构（metropole-apparatus），如果我们从更加制度化的角度来看待它的话。

这个机构隐藏在殖民结构和全球影响力背后，因此想要理解它的话,需要用到全方位的社会科学。例如,这个机构有一个非常重要的性别维度。阿希斯·南迪的《亲密的敌人》一书是最早指出帝国主义政府性别动态的作品之一。女性主义研究以及受女性主义影响的研究使我们对帝国主义男性气质有了更全面的了解(Connell 2005)。另一方面,世界体系研究强调了核心与边缘关系的政治经济学。毋庸置疑,宗主国中心不断变化的资本形式,特别是资本虚拟化以及新式所有权工具和融资工具的开发,对于当前宗主国中心支配全球经济的能力来说是至关重要的。

知识的生产和传播

社会科学作为一个整体,就是具体化的实践。它是特定群体在特定环境下所做的事情。自从女性主义提出那个问题——"如果女性除了担任研究对象,还取代男性成为研究者的话,这意味着什么"——以来,这一点就已经很清楚了(Roberts 1981)。

在社会科学知识的生产过程中,始终有劳动力参与。如果我们问这些劳动力位于地球表面的什么地方,答案肯定不出所料。就像其他研究者以及受过技术培训的一般劳动力一样,社会科学家都集中在富裕国家。他们大多为大学、公司和政府工作。他们的研究受到这些机构的资助,外加通过各类美国基金会所获得的间接企业资助。

在边缘地区工作的社会科学家对于相应学科的世界中心有着很强烈的倾向性,而这些世界中心位于宗主国。这种情况并不是社会科学所独有的。澳大利亚自然科学家也有很紧密的国际联系,但他们侧重于美国和英国,这就是一种准全球化(quasi-globalisation)的模式(Connell and Wood 2002;Connell Crawford and Wood 2005)。保兰·洪通吉(1995)在西非贫穷的边缘国也观察到了大致相同的情况;当然,那里的宗主国中心通常是法国。

这种联系包含以下做法:学术旅行(如培训、参加会议、在宗主国休学术假),无偿资助(patronage)和有偿赞助(sponsorship),出版,以及组建研究网络——这些网络通常以宗主国的知名人士为中心。边缘地区也可能形成中心,以吸引劳动力和扩大声望——例如,圣地亚哥的拉美经委会是社会科学领域最著名的中心;达喀尔的非洲社会科学研究发展委员会则是一个较为新近的例子。但是与宗主国相比,它们少之又少,而且可能(就像非洲社会科学研究发展委员会一样)依赖于宗主国的资助。阿里·沙里亚蒂曾试图将"侯赛因宣教堂"打造为伊斯兰社会研究的世界中心,但是遭到伊朗政府的镇压。在边缘地区,社会科学的体制基础(institutional base)相对薄弱。

社会科学劳动力的体制基础与所产生的知识类型相关。本书第五章提到了桑迪卡·姆坎达维雷(2000)对于非洲独立后的知识分子的看法。在新自由主义结构调整的时代,政府想要国际货币基金组织和世界银行所提供的专家,所以本土知识分子都寄望于非政府组织能够给予他们支持和听取他们的意见。但是援助类非政府组织(aid NGOs)想要的是咨询公司,而非持续性的研究项目,因此基础研究同时被政府和非政府组织所排挤。同非洲一样,拉丁美洲的社会科学家参与了 20 世纪 50年代和 60 年代的国家建设项目。根据马丁·霍彭海恩(2001)的观点,他们与进步运动以及发展主义国家的关系成为这一时期社会科学的主轴。当独裁统治和新自由主义破坏了这一背景时,社会科学方案被严重扰乱,因此必须进行一次非常根本性的反思。

难怪宗主国的观念、术语和研究技术会被输出到边缘地区。我前面提到一整套知识(intellectual package)的引进问题,比如印度对美国文化女性主义,以及澳大利亚和拉丁美洲对欧洲后结构主义的引进。新古典经济学可能是影响最大的一整套知识。

像这样的引进是一个极其常见的过程,它涉及文本交易(a trade in texts),而文本在这方面绝不是脱离现实的(disembodied)。文本也是一种物质实体,它由出版商制作并受版权法管辖。一直以来,在边缘地区出版的作品很难在宗主国以及在边缘地区的其他地方进行传播。洪通吉自己的著作就是一个很好的例子。他的第一本书《自由》(*Libertés*)于1973年在贝宁的科托努(Cotonou)出版,至今还是几乎无人知晓。三年后,他的第二本书《论非洲哲学》(*Sur la philosophie africaine*)在巴黎出版,该书有部分内容和上本书是相同的,结果令他一举成名。

因此,文本的传播在一定程度上取决于出版业,而出版业并不是一成不变的。出版商越来越依赖相对少数的畅销书作家,而且这不仅仅是流行小说界的情况。社会科学界也存在着名流知识分子,发行他们的书籍既有利可图,又具有影响力;这些名流知识分子几乎全都来自宗主国。随着贝塔斯曼集团(Bertelsmann AG)等公司的崛起,出版本身变得更加集中化。加西亚·坎克里尼(2002)探讨过国际企业对拉丁美洲文学出版业日益增长的控制权,这一过程在世界其他地区也很常见。目前在澳大利亚,大多数——尽管不是全部——独立出版商都已经消失了。

国际出版业使用的是在国际上占支配地位的语言,目前主要是英语。雍古族(参见第九章)也许拥有一个适应力很强的社会秩序,但他们的人数对于出版商而言,不足以构成一个市场。我一直在引用的作品《我们的土地就是我们的生命》(*Our Land is Our Life*)是加拉努伍·尤努平古(Galarrwuy Yunupingu)主编的一部有关土著作品和口述历史(oral history)的重要文集,该书是纯英文的。这是它获得传播的一个条件。翻译成本决定了不会有太多其他语种的作家作品以英语进行传播。

因此,知识生产和传播的组织方式往往会导致社会科学中宗主国的支配性和边缘地区的边缘化。这是一个持续的趋势,但不是一个封闭的系统——否则我这本书就不可能问世。该趋势是存在争议的,而且边缘地区的知识分子也有其能动性。这种能动性是阿里·沙里亚蒂的**启蒙思想家**模式的基础,**启蒙思想家**即"受到启蒙的灵魂",他们负责为其社会指明方向。正如我在第六章所论述的那样,这个概念与其说代表一个社会范畴,不如说代表变革性的思想和行动的永久可能性。这表明支配体系和边缘化体系的脆弱性。人们在理解社会科学如何在世界范围内发挥作用时,同样必须把这个因素考虑进去。

不同知识之间的关系

帝国的扩张强行将以前相互独立或只有远程交流的群体聚集到一起。这是非洲人士着重探讨的"知识体系的表达"(the articulation of knowledge systems)这一问题的出发点(Odora Hoppers 2002)。该问题广泛存在于世界范围内,并与我们所说的世界背景下的社会科学相关。根据 20 世纪 90 年代初联合国教科文组织(UNESCO)的统计,全世界仍有至少 10000 种截然不同的文化。教科文组织相关委员会所做的报告就叫作《我们的创意多样性》(*Our Creative Diversity*)(Eide 2006)。

所有文化中都有表征社会性的方式。本书第九章所探讨的澳大利亚中部沙漠土著社群的"点画"就是个很好的例子。一个专业的社会科学家有可能学会这种象征性的语言——或者至少是它面向大众的那部分语言——并构建一种原住民社会学,正如阿金索拉·阿基沃沃依据约鲁巴的祭祀诗着手构建社会学的做法一样(参见第五章)。当澳大利亚人类学家——以及土著社群的长者——在土地权利案中出庭作证时,这种事情确实发生了。他们并没有特意使用绘画,但他们运用了灵性存在体的故事、表述亲属关系的本土术语,以及其他来自本土文化的材料,以描绘本土社会,并建立起它与土地特定区域之间的联系。他们试图将本土的象征意义(symbolism)翻译成一种在法庭听证会上可以被接受的语言。

除了用于土地权利的法庭案件之外,建构这样一种原住民社会学还有何意义?设计和叙事中的符号系统本身就很美。它们被转化为面向市场的商品,并传播给更广泛的受众,这已经成为一个成功的产业。据我所知,在中部沙漠地区,人们并没有一种传教的冲动,他们并不渴望将自己的社会观念应用到其他社会中去。

这个例子可能会提醒我们,要克制住任何想要将不同社会知识体系整合起来的普遍性冲动。中部沙漠的土著社群想要从支配性文化中获得的,不是知识体系的整合,而是尊重。这种尊重包括实际层面上的支持,因为产生这一知识体系的社会现在正面临着严重的压力。

诺埃尔·皮尔逊(Noel Pearson)(1997)是1993年《土著土地所有权法》(Native Title Act)的土著谈判小组成员之一,该法案在**马博**土地权利案之后获得通过。他对土著法律(Aboriginal law)提出了类似的看法。"土著土地所有权"(Native title)实际上并不是土著法律中的一个概念。皮尔逊认为,这是一种"承认概念"(recognition concept),即移住民社会的习惯法承认某种形式的权利:"因此,土著土地所有权是两种法律体系之间的空间,这个空间里面就包含承认"(Pearson 1997:154)。

缺乏承认是殖民时代社会科学的基调。像埃米尔·涂尔干(Émile Durkheim)这样的理论家确实对非西方民族的信仰感兴趣。但他们对于学习这些信仰中包含的真理或洞见并不感兴趣;相反,他们把这些信仰当作原始博物馆里的展品。宗主国社会科学已经超越了19世纪有关原始人(the primitive)的概念,但是正如第二章和第三章所示,缺乏承认的状况依然存在。

宗主国社会科学在很早之前就确立了一种概念风格,根据这种风格,理论是独白式的(monological),即用一种声音宣告一个真理。这种风格早在李嘉图、孔德和斯宾塞时期就已经出现。在过去的半个世纪里,它一直是社会科学的特色,不过也有例外。(心理学家利亚姆·赫德森[Liam Hudson]在1972年的《事实崇拜》[The Cult of the Fact]中对独角兽的讨论即是一个令人振奋的例外。)理论家的独白会助长——甚至有赖于——对其他观点的诋毁或涵摄(subsumption)。

从表面上看,后现代主义对这种理论化方式提出了挑战。利奥塔尔的《后现代状况》(*The Postmodern Condition*)(1979)是一部极富想象力和洞察力的作品,它对欧洲知识体系所赖以组织的宏大叙事提出了质疑。这种观点确实促进了对正统观念的质疑,并由此开辟了"知识和社会实践的新可能性"(Seidman 1994:278)。然而,作为一场社会科学运动,后现代主义并没有表现出明显的多元性。遗憾的是,它经常采用其前辈们的独白风格——包括致力于建立自己的规范,并试图诋毁其他观点为现代主义或本质主义。

对主流思想框架的另一种挑战是来自不平等社会中自下而上的观点(view-from-below)。这有着悠久而丰富的历史,可以追溯到马克思和恩格斯借鉴过的、工人阶级对政治经济学的批判。格奥尔格·卢卡奇(Gyorgy Lukács)在长期遭禁的《历史与阶级意识》(*History and Class Consciousness*)(1923)一书中对"无产阶级观点"所做的系统阐述,是现代知识社会学的经典表述,实质上也是现代知识社会学的起源。多萝西·史密斯(Dorothy Smith)对"女性社会学"(a sociology for women)的系统阐述,不仅挑战了主流社会科学的观点,更挑战了其整体认知风格。劳尔·普雷比施关于发展中国家经济学的想法在前文已经探讨过,拉纳吉特·古哈用来考察底层观点的历史议程亦是如此。

由此可以推断出两种不同的知识结构概念。卢卡奇的逻辑是反霸权性质的(counter-hegemonic)。他认为马克思主义代表着比资产阶级思想更好的科学,更伟大的真理。这导致一种新的独白式理论,而先前占支配地位的知识体系将会被涵摄其中。史密斯(1987)的逻辑则是分离性质的(disjunctive)。她认为,女性社会学(她后期作品中称之为"人民社会学"[a sociology for people])所产生的知识,与传统社会科学的抽象概念分属于不同的秩序(order)。前者要更加有形(concrete)、具体化(embodied)和本土化。史密斯并未试图涵摄占支配地位的思想体系——不过她对其进行了有力的批判,以与其相疏远和相区隔。

这些立场有着明确和清晰的轮廓。本书前几章在《南方理论》的标题下所探讨的作品,无疑体现了一种在世界范围内自下而上的观点,但是它们与占支配地位的知识体系有着更为复杂的关系。现有的南方理论表明了不同知识体系之间存在着更为紧密的关系,并预示着一种在全球范围内相互学习的过程。

以阿里·沙里亚蒂为例,他的什叶派神学提供了一个欧洲世俗主义的激进替代方案,以作为社会理论的基础(参见第六章)。但沙里亚蒂还是欣然借鉴了欧洲的阶级社会学(sociology of class)和革命概念;他从欧洲历史特别是新教改革中汲取了一些例子;他使用意识形态的概念,还借鉴了西方关于知识分子的争论。又或者,以马丁·霍彭海恩的立场为例(参见第七章)。他认为,那些破坏了拉丁美洲融合主义社会科学的政治灾难是当地造成的(要多过于中央情报局[CIA]和国际货币基金组织从外部强加的政治灾难)。而霍彭海恩从宗主国的后现代理论进展中找到了最佳方式,以表征这些边缘地区的灾难性事件所造成的后果。

这两个例子很典型。人们还可以加上别的例子,包括南迪对精神分析的运用、普雷比施对经济统计资料的运用、卡多佐和法莱托对阶级分析的运用、巴尔德斯(Valdés)对性别差异统计资料的运用,以及洪通吉对政治经济学的改造。边缘地区社会科学的每一次重大发展,都**在一定程度上**利用了宗主国的概念或技术。

因此,将世界社会科学的未来设想成一幅由各种截然不同且各自独立运作的知识体系所组成的马赛克——例如一组原住民社会学,一组原住民经济学——这是不切实际的。联合国教科文组织的文件宣称世界上有超过10000种截然不同的文化,这有助于以夸张的方式展现人类经验的多样性,但也可能具有误导性,因为它将"文化"的观念物化了(参看Friedman 1994)。

乔治·巴朗迪耶的《黑非洲的社会学》(1955)是宗主国社会科学家试图理解殖民主义动态的最重要尝试之一,该书给出了一个关键理由。殖民地社会是危机四伏的社会。殖民情境本身对当地社会秩序施加了巨大的压力,迫使其发生根本性的变化。这不但作用于劳动力体系(labour systems),还作用于知识体系,产生了洪通吉及其同事们在《内源性知识》(*Endogenous Knowledge*)中想要设法应对的紧张状况和不确定性。即使在后殖民情境下,社会科学体制基础的脆弱性、拉丁美洲的有机性(organicity)危机、澳大利亚未能建立连贯的社会科学传统等事实,都表明了多元知识的马赛克理论是不适用的。

我甚至要说,对于世界范围的社会科学而言,其唯一可能的未来必然会涉及统一化原则(principle of unification)。沙里亚蒂、霍彭海恩及其他人在使用宗主国的材料进行论证时,他们均依照一种原则性的方式行事。但是他们并没有加入某个学派,没有被宗主国理论所涵摄,也没有参与别人的理论独白。

在这些案例中,他们与宗主国知识的关系还必然会涉及一种批判性的距离(critical distance):愿意去挑战宗主国的系统性阐述(例如,沙里亚蒂对马克思的研究),或者愿意去预估自己何时会**放弃**某种理论立场(例如,霍彭海恩和加西亚·坎克里尼对后现代主义的研究)。它涉及一种对某一社会危机作出诊断的自主能力(例如,阿基沃沃对西非社会变革的研究,以及艾哈迈德对伊朗变革的研究)。正如我在本书中所展示的那样,边缘地区的社会科学也引入了一些在宗主国思想中比较罕见的主题。这些主题包括土地的社会意义、被剥夺土地和丧失与土地之间联系的经验、殖民的不连续性,以及全球中心国的宗主国能力。

了解、批判、尊重和承认(这个词遵照皮尔逊的定义)是相互学习的基础。社会科学的发展涉及一种教育过程,我们现在需要在世界范围内思考这个过程。社会科学的统一并不是一个宣扬宗主国真理的过程,因为宗主国同样必须学习——至少要和边缘地区一样积极。

作为科学的社会知识

因此,除了罕见的极限情况之外,我们必须超越"社会知识体系是截然不同的封闭性实体"这一观念。当我们以洪通吉所提问题来询问关于原住民知识的**真相**时，我们就不得不换一种方式进行思考。这样就引发了与"通过对话和集体学习来增长原住民知识和转变社会思想"这件事情相关的一系列问题。

首先，把社会知识当作科学来谈论，就意味着要假定社会知识可以通过研究得到改进。社会科学家的主要专业活动（除了撰写资助申请书外）就是调查研究（investigation）。我们花时间收集信息，解读我们所收集到的信息，并尝试将其与现有知识相关联。这种集体实践虽然通常很单调，但却具有至关重要的认识论功能。我们就是以此方式描绘世界的状态，发现错误和失真，并确定理论主张的可信度。

那么，基于集体学习过程中的经验维度，社会科学内部就会发生永久性的革命。本书第九章中肮脏理论的设想承认了这个维度，并反驳了托马斯·库恩（Thomas Kuhn）（1970）众所周知的"常规科学"（normal science）概念，该概念将大多数科学实践简化为在既定范式（paradigm）内例行解决问题。事实上，这场关于可改进性（corrigibility）的永久性革命，为反对宗主国统治提供了最佳论据之一。如果边缘地区的社会科学依赖于宗主国的理论，那么该理论就不会受到其理应具有的致命缺陷的影响——因为宗主国理论家很少关注来自边缘地区的研究，而边缘地区的社会科学家也很少觉得自己有权改写宗主国专家的观点。

其次，谈论社会科学就意味着要假定它具有提出普遍性原理的能力。至于普遍性原理如何起作用，这是一个微妙而有难度的问题，但普遍性原理作为一种事实却是至关重要的。对普遍性原理的追求是科学的主要组成部分，这就是为什么我们需要理论，以及为什么科学决不能只是堆砌事实。理论是我们超越单一案例的言说方式。它包括想象力、对模式的探索，以及对数据的批判。它就是我们获得比较标准和诊断术语的方式。理论也是社会科学发展的一个根本要素。从这个意义上来说，我认为阿基沃沃在原住民社会学方面所做的尝试（参见第五章）是绝对合理的,因为其目的是促成世界社会科学中的"一整套解释原则"。

强调调查研究、可改进性、普遍性原理,以及知识的增长,也就意味着承认社会科学的局限性。在某些情况下,这种形式的知识不适用或者不应适用。维娜·达斯在《重大事件》中给我们提供了这样的案例。1984年博帕尔市灾难事件发生后,她拒绝在受害者中进行人类学研究,而是转向研究政府如何处理这一事件。针对1946至1948年印巴分治期间的暴行,她认识到有些事件超出了社会关系再生产的范围,这些事件在某种程度上无法被言说,也无法被解释。

我曾说过,殖民征服作为一个具有严重不可理解性(incomprehensibility)的事件,它本身就具有上述特点。无论我们对于随之而来的社会进行多么充分的研究和理论分析,这种不可理解性的线索仍一直延续到今天。它导致了诺埃尔·皮尔逊所称的"两种体系之间的空间",也导致了一种为获得承认而努力的持续需求。如果那种承认总是片面的,我们不必担心;任何社会知识体系都有其局限性。

在《非洲哲学》及其后来的作品中,保兰·洪通吉认为只有一个——而非多个——哲学学科,不过在这个学科中,应该要有更多的声音和文化经验得到表征。我的论证也引出了一个类似的社会理论观点。

我对北方理论的批判就是以这一点作为基础的。经过仔细观察,人们会发现主流社会学变成了宗主国社会的民族社会学(ethnosociology)。这件事被主流社会学的语言所掩盖,尤其是,它的理论被表述成了普适性命题(universal propositions)或普适性工具(universal tools)。科尔曼、吉登斯和布尔迪厄提出的能动性模式就是极好的例子(参见第二章)。普雷比施注意到主流经济学也有类似的做法:它基于宗主国的经验,但却将自身观点表述得好像具有普适性一般(参见第七章)。普雷比施去世后,尽管其他人提出了类似的批评意见(Stiglitz 2002),但遗憾的是,主流经济学的情况依然如此。

宗主国社会学——我要继续聊一下这个我最熟悉的学科——是非

常优秀的民族社会学。它包含深刻的见解、完善的方法、明确的概念，以及许多熟练的从业者，其中一些是我最好的朋友。但是，每当它拒绝承认自身的民族社会学本质——或者换句话说，拒绝承认它在世界上的处境和历史时，它的理论就会失效。本书第一部分所记载的那些未能承认该本质的案例都是有后果的。它们所导致的不是微小的遗漏，而是严重的不完整性（incompleteness），以及导致那些被表述为普适性普遍原理（universal generalisations）的观点在真理性（truthfulness）方面出现了严重问题。

社会科学的真理性是一个现在很少人讨论的问题。也许我们已经被"模型"的观念所吸引，该观念声称自己只具有实用性，而非真理性；或者我们已经被后现代哲学所吓倒，因为人们普遍认为，后现代哲学证明了语言的不稳定性，从而削弱了任何有关真理的主张。于是起支配作用的是真理效应（truth effects），而非真理性。我敢肯定，当今社会科学界的同仁中，很少有人会天真地认为："一幅画要么与现实相符，要么不相符；要么是正确的，要么是不正确的；要么是真的，要么是假的。"

不过，我认为——社会科学家的日常**实践**似乎也证实了我的观点——上面这句从维特根斯坦（Wittgenstein）的《逻辑哲学论》（Tractatus）（1921：第2.2小节）中引用的话说明了社会科学实际遵循的一个原则。作为研究人员，我们确实努力使自己的陈述与他人生活中不受我们陈述影响的现实相一致。我们确实认识到现有知识中的错误，并不断努力纠正它们。因此，我们参与了一个共享的、公共的学习过程。

当然，这仅仅是社会科学知识建构的一个瞬间。任何在实证研究方面有实际操作经验的人，都不会怀疑使用复杂证据和建立可靠结论的难度。社会科学中的每一种方法都有其争议性。但即便是最具争议的方法——如口述历史——也会允许研究者根据证据进行推理，尽管这种推理并不总是素朴实证主义(naive positivism)①所期待的那种(关于一些具有启发性的新案例,参见 White,Miescher and Cohen 2001)。

如果没有把对真理性的关切作为核心,那么有关于"我们的话语是社会科学,因此有权得到一定的关注和尊重"的说法便是空洞的。因此,鉴于宗主国理论的霸权地位,知识的不完整性和构成问题的真理性便代表了世界社会科学中的一个结构性难题。

在世界范围内重构知识

任何人在讨论世界范围社会科学的未来时,都必须认识到宗主国社会科学是一项持续发展的事业,其全球主导地位的背景条件只有从非常长远的角度来看才会有所变化。

能够较为即时地发生变化的是宗主国社会科学的运作方式,其旨在适应前述的全球性学习过程。我们可以给该知识领域内的权力运作打上沙里亚蒂所说的"作废标记"。事实上,每一条科学原理都告诉我们应该这样做。

要改变宗主国社会科学在世界上的运作方式,就需要进行一次重组(retooling),这将是一项艰巨的任务,或许还需要付出高昂的代价。职业上的自我形象、个人知识储备、隶属关系、文献引用实践、个人及出版社的出版策略、社会科学的资助获取和实际应用等,就一并成了问题。教学也是如此。我在研究社会学史时(参见第一章),意识到在美国这门学科的主流观点是如何牢牢地根植于它的教学法和课程体系之中。这些主流观点尤其扎根于为下一代培养学术劳动力的研究生课程中。该课程体系正在发生变化,如今比以前纳入了更多女性主义和非裔美国人的材料。但要使其完全与世界社会科学相适应,还需要进一步的变革。

----

① 【译者注】指 19 世纪西方的一种实证主义研究方法,该方法认为通过使用正确的实验方法收集数据并进行研究,可以揭示出不受个人价值判断影响的、绝对客观的普遍性真理。

另一项同样有可能实现——但是同样艰巨——的任务，是终结边缘地区社会科学的外倾性（extroversion），使之也适应于全球对话。此处一个主要困难是寻找文化权威（cultural authority）的非宗主国基础。"非洲哲学"的故事戏剧性地表明了人们对这种权威的需求以及这种权威的问题性。阿富汗尼和沙里亚蒂的长处在于他们拥有一种动态的、而非静态的伊斯兰教概念，并据此开展他们的社会分析。正如索尼娅·蒙特西诺（2001）在智利所发现的那样，边缘地区出现了新的社会身份，这是静态的文化形态无法奠定社会学科基础的原因之一。

社会科学需要"基础"吗？在这一点上，后现代主义对于基础主义（foundationalism）①的批判颇有助益。前面几页关于科学的简单探讨暗示着社会科学知识所包含的风险。知识从本质上说是有问题的，当社会科学的制度运转良好时，知识就会不断受到质疑。当科学变成意识形态，科学观点变成国家、企业或机构的教条时，人们就会阻止提问，并由此终结学习进程。

我认为以下想法会很有帮助：不要把社会科学看作一个由各种概念、方法和发现组成的稳定体系，而是将其看作一组相互联系的知识方案，它们始于各式各样的社会起点，并迈向一个不可预知的未来。（如果我们能够预测研究的结果，我们就不需要做研究了。科学的风险性是有必要的。）

不同方案之间的联系可能很紧密，也可能很松散。在目前世界范围的知识构型中，由边缘地区发起的、有关调查研究与知识生产的各种方案之间的关联度通常较低。一个突出的例子是非洲复兴的争论（参见第五章）和拉丁美洲围绕区域认同（regional identity）和新自由主义的争论（参见第七章）之间的隔阂，尽管这两者的文献有许多共同话题。

---

① 【译者注】一种哲学理论，认为知识基于合理的信仰或者某些具有确定性的基础（如合理的前提）。

我们有可能重塑社会科学知识流动的线路,并修正——因为我们无法很快地终结——宗主国的关注焦点。澳大利亚等富裕边缘国家的知识分子,以及墨西哥、智利、印度、南非和巴西等国家特权阶层的知识分子,拥有从事脑力劳动(intellectual work)和知识传播所需的重要资源。由于他们身处后殖民世界,所以他们具有——或者可能具有——与大多数底层人士相重叠的观点。

因此,我们有可能构想出社会科学领域的合作网络,这些网络可以运作于边缘地区的周边及内部各处。在《想象中的全球化》(1999)中,加西亚·坎克里尼提出了一种"相切全球化"(tangential globalisation)①的模式。创建这样的网络是以区域性联盟和区域性市场为前提的,而它们都是加西亚·坎克里尼所提出的全球化时代文化政治相关建议的核心。

那么,支撑它们发展的会是什么呢?人们试图在边缘地区的一大批国家之间找到共同利益,例如 20 世纪 50 年代的万隆不结盟运动(Bandung non-aligned movement)和 60 年代的 77 国集团。这些联盟的瓦解表明,将共同立场加以制度化是很难的。较小的集团,如南方共同市场(Mercosur)(即南美洲南锥体国家②的经济联盟),可能更加稳定。然而,在大多数情况下,脑力劳动者的物质利益始终将他们与宗主国绑定在一起。

因此,在很大程度上,脑力劳动者之间的横向联系——尤其是超出其当前所在地区的联系——将会需要非物质性的理据。首先,这些人是知识分子。一旦界定了互相重叠的问题领域,就可以发现他们对于真理的共同兴趣,以及他们理解的深入程度。其次是情感联系,包括尊重和友谊。这听起来可能很老套,但根据我的经验,自发的交往、善意和相互

---

① 【译者注】加西亚·坎克里尼提出了两种全球化模式,分别是:"圆形全球化"(circular globalization)和"相切全球化"(tangential globalization)。前者指少数政界人士、金融分析师和学者所想象的真正覆盖全球的全球化;而后者指其余大部分人所想象的只覆盖世界上特定地区或区域的全球化。(具体参见加西亚·坎克里尼《想象中的全球化》,1999 年)。
② 【译者注】指南美洲的巴西、巴拉圭、乌拉圭、阿根廷和智利等地。

欣赏,是学术合作不容小觑的根基。它们为共同劳动提供了基础,这样的共同劳动指向未来新兴的共同利益,而不是指向过去建立在不平等结构之中的利益。

在互相重叠的学术利益(intellectual interests)中,我要着重强调一下涉及跨国结构和跨国实践的那些利益。以我能想到最准确的表述来说,这就是像南迪、艾哈迈德、洪通吉和加西亚·坎克里尼这样不同的作家之间的共同点。在本章的前面部分,我探讨了"向上研究",并强调关键并不在于描述富裕国家的社会生活,而是在于理解它们充当宗主国的能力——亦即宗主国效应(metropole-effect)和宗主国机构。随着宗主国机构扩展到跨国空间,这种区分变得愈发重要。在跨国空间中,宗主国机构除了继续担任全球范围的宗主国,还在富裕国家的社会秩序之外建立了某种自主权。这种转变,以及这个不断变化的宗主国机构与边缘地区社会动态之间的相互影响,正在形成一个完整的研究前沿。

还有民主问题……

最后,我要谈谈这些观点的政治意义。任何实事求是的思想史观都必须承认,社会科学有着广泛的反民主传统,从 19 世纪为帝国主义提供的正当性理由,到现代的技术官僚管理科学,再到企业资助的市场研究,不一而足。20 世纪 80 年代,新古典主义经济学为新自由主义的"别无选择"(There is No Alternative)①口号辩护,该做法就完全符合这一传统。

自 20 世纪 80 年代以来,在新自由主义的统治下,社会科学——包括经济学——眼见着真理遭到持续性的攻击。新自由主义政权在左右

---

① 【译者注】这是 19 世纪英国哲学家赫伯特·斯宾塞首提的说法,后来成为 20 世纪 80 年代的英国首相玛格丽特·撒切尔(Margaret Thatcher)经常使用的口号,其意思是,市场经济是唯一可行的经济体系,别无其他选择。

舆论和操纵政治方面毫不留情，它通过与企业广告相结合，扭曲了公众的期待，以至于如今欺诈行为在公共领域已经成为常态。（民意调查数据显示，人们对政界人士的不信任感日益加深，这是令人不安的指标之一。）

而独立于企业利益之外的社会科学实践，其基础正在萎缩。在澳大利亚，官方知识的传播已经受到严格限制。例如，国家政府在制定政策之前所进行的经济建模是秘密进行的，即使通过信息自由（Freedom of Information）诉讼也无法获取其结果。人口普查数据曾经是免费的，如今则很昂贵。对那些占支配地位的大国来说，对社会知识的钳制似乎是相当合理的。除了图解经济学（schematised economics）①之外，新自由主义很少用到社会科学——但即便是图解经济学也得服从于企业和政府左右舆论的需要。

考虑到这一传统和现状，想要通过发展世界范围的社会科学来寻求民主收益，似乎是空想。但我们还是应该这样做。正如阶级、性别和殖民主义研究所示，社会科学也有其民主传统；它之所以存在，是因为它满足了人们对于"社会的自我理解"（self-understanding of society）的需求。随着那些占支配地位的大国系统性地歪曲我们对现实的看法，这一需求变得更加强烈。

我可以想到使社会科学发展服务于民主目标的四种主要方式。第一是增强同情心。维娜·达斯和阿里·沙里亚蒂以不同的方式展示了社会科学可以如何体现对于遭鄙视和排斥之人的同情和支持。一种多中心的（multi-centred）社会科学具有强大的能力，可以传播非全球精英人士的社会经验相关知识，从而使相互学习成为可能。这确实是联合国教科文组织的长期目标，也是该组织遭到新自由主义者猛烈抨击的一个

---

① 【译者注】指以图形、表格等方式阐释经济学基本概念、范畴和数量关系的一门经济学分支学科，其奠基人为英国经济学家艾尔弗雷德·马歇尔（Alfred Marshall，1842—1924）。

原因。

第二是社会科学的批判功能。当研究者调查那些新自由主义的敏感话题时,他们发现自己在与一连串谎言和曲解作斗争,它们均来自政府以及受企业资助的智库。一个主要的例子是贫困研究(Saunders 2005)。鉴于世界经济结构调整和全球私营企业(global-private)的增加,社会公正问题不可避免地具有了国际维度。该问题必须日益成为社会科学家在国际上共同承担的责任。本书第七章提到了一个涵盖整个大陆的性别平等监测项目,即拉丁美洲的"已履行承诺指数"(Indice de compromiso cumplido)(Valdés 2001),此类项目为我们指明了方向。

第三点很简单,那就是,社会科学产生了民主运动所需的多种形式的知识。针对跨国权力结构的研究就是一个重要的例子。有关收入分配、组织形式、抵抗和改革战略、新媒体的影响、教育的新方法,以及健康的社会维度等方面的知识都与民主政治息息相关。关于这些话题的知识在很大程度上是通过社会科学进行传播的。

最后一点,世界社会科学与民主相关,是因为世界社会科学本身就是一个民主行动的领域。无论在本土还是在世界范围内,挑战少数特权群体对于某一知识领域的控制都是一项民主事业。基于多种声音之间相互认可和共同讨论的学习过程——亦即本书的观点所透露出来的社会科学知识的图景——本质上就是一种民主进程。

至于这种学习是否会转移到其他领域,取决于社会科学拥有哪些受众。在第五章,我曾引用马马杜·迪亚瓦拉的话,敦促社会科学家"走出校园,与人民面对面地交谈"。这种方法有时行得通,有时则行不通;但其原则上是好的。正如艾哈迈德的《加尔布扎德吉》和沙里亚蒂在"侯赛因宣教堂"的讲课文稿所示,有时候创造出新的公众是有可能的事情。这主要不是一个新媒体的问题,尽管它们可能会有所帮助。更重要的是,这是一个对有关知识和理解的需求作出回应的问题。我们有充分的理由认为,这是不同地区之间的共同需求。

如果本书以社会科学的美好前景作为结尾，那将会是一件好事。但是，一门值得拥有的社会科学有时必须是严峻的，以记录下世界性的变革所导致的痛苦。目前，用于替代社会科学领域宗主国支配地位的那些方案并非十分稳固。跨地区和跨思想传统开展协同脑力劳动的方法还不成熟。因此，本章中所描绘的社会科学路径可能并不是下一代人真正要走的路。我只能说，这是一条可能的路径。这条路径将会最大限度地利用社会科学的知识资源及其与全球民主的相关性。这两者都是我们应该追求的目标。

主要参考文献

Abell, Peter 1991. "Review article: James S. Coleman, Foundations of Social Theory". *European Sociological Review*, vol. 7 no. 2, 163 – 72.

Abrahamian, Ervand 1989. *Radical Islam: The Iranian Mojahedin*. New Haven: Yale University Press.

Acker, Joan 2004. "Gender, capitalism and globalization". *Critical Sociology*, vol. 30 no. 1, 17 – 41.

Agarwal, Bina 1999 [1992]. "The gender and environment debate: Lessons from India". In Nivedita Menon, ed. , *Gender and Politics in India*. New Delhi: Oxford University Press, 96 – 142.

Ahluwalia, Pal 2002. "The struggle for African identity: Thabo Mbeki's African Renaissance". *African and Asian Studies*, vol. 1 no. 4, 265 – 77.

Akiwowo, Akinsola A. 1980. "Sociology in Africa today". *Current Sociology*, vol. 28 no. 2, 1 – 73.

——1986. "Contributions to the sociology of knowledge from an African oral poetry". *International Sociology*, vol. 1 no. 4, 343 – 58.

——1991. "Responses to Makinde/Lawuyi and Taiwo". *International Sociology*, vol. 6 no. 2, 243 – 51.

——1999. "Indigenous sociologies: Extending the scope of the argument". *International Sociology*, vol. 14 no. 2, 115 – 38.

Akhavi, Shahrough 1983. "Shariati's social thought. " In Nikki R. Keddie, ed. , *Religion and Politics in Iran*. New Haven: Yale University Press, 125 – 44.

Al-Afghani, Sayyid Jamal ad-Din 1968. *An Islamic Response to Imperialism:*

Political and Religious Writings of Sayyid Jamal ad-Din "al-Afghani". Trans. Nikki R. Keddie and Hamid Algar. Berkeley: University of California Press.

Alatas, Syed Hussein 2006. "The autonomous, the universal and the future of sociology". *Current Sociology*, vol. 54 no. 1, 7 - 23.

Albrow, Martin 1996. *The Global Age: State and Society Beyond Modernity*. Cambridge: Polity Press.

Al-e Ahmad, Jalal 1982a [1962 and 1964]. *Gharbzadegi (Weststruckness)*. Trans. John Green and Ahmad Alizadeh. Lexington, KY: Mazda.

——1982b. *Iranian Society: An Anthology of Writings*. Ed. Michael C. Hillmann. Lexington KY: Mazda.

Alexander, Jeffrey C. 1982 - 83. *Theoretical Logic in Sociology*, Vols 2 - 3. Berkeley: University of California Press.

——1987. "The centrality of the classics". In Anthony Giddens and Jonathan H. Turner, eds, *Social Theory Today*. Cambridge: Polity Press, 11 - 57.

Allardt, Erik 1994. "Scandinavian sociology and its European roots and elements". In Birgitta Nedelmann and Piotr Sztompka (eds), *Sociology in Europe*. Berlin: Walter de Gruyter, 119 - 40.

Althusser, Louis and Balibar, Etienne 1970. *Reading Capital*. London: New Left Books.

Amin, Samir 1974. *Accumulation on a World Scale*. New York: Monthly Review Press.

Amin, Shahid and Bhadra, Gautam 1994. "Ranajit Guha: A biographical sketch". *Subaltern Studies*, no. 8, 222 - 5.

Amirshahi, Mahshid 1995. *Suri & Co: Tales of a Persian Teenager*. Trans. J. E. Knörzer. Austin, TX: Center for Middle Eastern Studies, University of Texas.

Ancich, M., Connell, R. W., Fisher, J. A. and Kolff, M. 1969. "A descriptive bibliography of published research and writing on social stratification in Australia, 1946 - 1967". *Australian and New Zealand Journal of Sociology*, vol. 5 no. 1, 48 - 76; vol. 5 no. 2, 128 - 52.

Anderson, Francis 1912. *Sociology in Australia: A Plea for its Teaching*. Sydney: Angus & Robertson.

Appadurai, Arjun 1990. "Disjuncture and difference in the global cultural economy". *Public Culture*, vol. 2, no. 2, 1 - 23.

——ed. 2001. *Globalization*. Durham: Duke University Press.

Applebaum, Richard P. and Robinson, William I., eds 2005. *Critical Globalization Studies*. New York: Routledge.

Archer, Margaret 1983. "Process without system". *Archives Européennes de Sociologie*, vol. 24 no. 4, 196 – 221.

Arndt, H. W. 1968. *A Small Rich Industrial Country*. Melbourne: Cheshire.

Arthur, Bill and Morphy, Frances, ed. 2005. *Macquarie Atlas of Indigenous Australia: Culture and Society Through Space and Time*. Sydney: Macquarie Library.

Asad, Talal, ed. 1973. *Anthropology and the Colonial Encounter*. New York: Humanities Press.

Attenbrow, Val 2002. *Sydney's Aboriginal Past: Investigating the Archaeological and Historical Records*. Sydney: UNSW Press.

Austin, J. L. 1961. *Philosophical Papers*. Oxford: Clarendon Press.

Auyero, Javier 2001. "Glocal riots". *International Sociology*, vol. 16 no. 1, 33 – 53.

Baehr, Peter 2002. *Founders, Classics, Canons: Modern Disputes over the Origins and Appraisal of Sociology's Heritage*. New Brunswick: Transaction.

Baldock, Cora V. and Lally, Jim 1974. *Sociology in Australia and New Zealand: Theory and Methods*. Contributions in Sociology, No. 16. Westport, CN: Greenwood Press.

Bakunin, Mikhail 1973 [1873]. "Statism and anarchy". In Sam Dolgoff, ed. , *Bakunin on Anarchy*. London: Allen & Unwin, 325 – 50.

Balandier, Georges 1970 [1955]. *The Sociology of Black Africa: Social Dynamics in Central Africa*. London: André Deutsch.

Bannister, Robert 1987. *Sociology and Scientism: The American Quest for Objectivity, 1880 – 1940*. Chapel Hill: University of North Carolina Press.

Barbalet, J. M. 1998. *Emotion, Social Theory, and Social Structure: A Macrosociological Approach*. Cambridge: Cambridge University Press.

Bartelson, Jens 2000. "Three concepts of globalization". *International Sociology*, vol. 15 no. 2, 180 – 96.

Bauman, Zygmunt 1998. *Globalization: The Human Consequences*. Cambridge: Polity Press.

Bayat, Assef 1990. "Shariati and Marx: A critique of an 'Islamic' critique of Marxism". *Alif: Journal of Comparative Poetics*, no. 10, 19 – 41.

Beck, Ulrich 1992. *Risk Society: Towards a New Modernity*. London: Sage.

——1999. *World Risk Society*. Cambridge: Polity Press.

——2000. *What is Globalization?* Oxford: Blackwell.

Beck, Ulrich and Sznaider, Natan 2006. "Unpacking cosmopolitanism for the social sciences: A research agenda". *British Journal of Sociology*, vol. 57 no. 1, 1 - 23.

Behdad, Sohrab 1994. "A disputed utopia: Islamic economics in revolutionary Iran". *Comparative Studies in Society and History*, vol. 36 no. 4, 775 - 813.

Bellamy, Richard 1987. *Modern Italian Social Theory*. Cambridge: Polity Press.

Bendix, Reinhard 1960. *Max Weber: An Intellectual Portrait*. New York: Doubleday.

Bennoune, Mahfoud 1988. *The Making of Contemporary Algeria, 1830 - 1987*. Cambridge: Cambridge University Press.

Berger, Peter L. 1997. "Four faces of global culture". *The National Interest*, no. 49, 23 - 9.

Bernal, Martin 1987. *Black Athena: The Afroasiatic Roots of Classical Civilization*, Vol. 1. London: Free Association Books.

Bernard, L. L. and Bernard, Jessie 1965 [1943]. *Origins of American Sociology: The Social Science Movement in the United States*. New York: Russell & Russell.

Besnard, Philippe, ed. 1983. *The Sociological Domain: The Durkheimians and the Founding of French Sociology*. Cambridge: Cambridge University Press.

Bhadra, Gautam. 1985. "Four rebels of eighteen-fifty-seven". *Subaltern Studies*, no. 4, 229 - 75.

Bhaskaran, Suparna 2004. *Made in India: Decolonizations, Queer Sexualities, Trans/national Projects*. New York: Palgrave Macmillan.

Bitterli, Urs 1989. *Cultures in Conflict: Encounters Between European and Non-European Cultures, 1492 - 1800*. Stanford: Stanford University Press.

Boroujerdi, Mehrzad 1996. *Iranian Intellectuals and the West: The Tormented Triumph of Nativism*. Syracuse, NY: Syracuse University Press.

Bottomley, Gillian 1992. *From Another Place: Migration and the Politics of Culture*. Melbourne: Cambridge University Press.

Bottomore, Tom 1987. *Sociology: A Guide to Problems and Literature*, 3rd edn. London: Allen & Unwin.

Bottomore, Tom and Nisbet, Robert, eds 1978. *A History of Sociological Analysis*. London: Heinemann.

Bourdieu, Pierre 1977. *Outline of a Theory of Practice*. Cambridge: Cambridge University Press.

——1979. *Algeria 1960: Essays*. Cambridge: Cambridge University Press.

——1990. *The Logic of Practice*. Stanford: Stanford University Press.

——2001. *Masculine Domination*. Stanford, Stanford University Press.

——2002. "Retour sur l'expérience algérienne". In Franck Poupeau and Thierry Discepolo, eds, *Pierre Bourdieu, Interventions, 1961 – 2001: Science sociale et action politique*. Marseille: Agone, 37 – 42.

Bowlby, John 1980. *Loss, Sadness and Depression*. London: Hogarth Press.

Braithwaite, John 1989. *Crime, Shame and Reintegration*. Cambridge: Cambridge University Press.

Branford, Victor 1904. "The founders of sociology". *American Journal of Sociology*, vol. 10 no. 1, 94 – 126.

Brennan, Teresa 2003. *Globalization and its Terrors: Daily Life in the West*. London: Routledge.

Brock-Utne, Birgit 2002. "Stories of the hunt—who is writing them? The importance of indigenous research in Africa based on local experience". In Catherine A. Odora Hoppers, ed. , *Indigenous Knowledge and the Integration of Knowledge Systems*. Claremont: New Africa Books, 237 – 56.

Brubaker, Rogers 1993. "Social theory as habitus". In Craig Calhoun, Edward Li Puma and Moishe Postone, eds, *Bourdieu: Critical Perspectives*. Chicago: University of Chicago Press, 212 – 34.

Brünner, José Joaquin 1998. *Globalización cultural y posmodernidad*. Chile: Fondo de cultura económica.

Bukharin, Nikolai 1965 [1925]. *Historical Materialism: A System of Sociology*. New York: Russell & Russell.

Bulbeck, Chilla 1988. *One World Women's Movement*. London: Pluto Press.

——1998. *Re-Orienting Western Feminisms: Women's Diversity in a Postcolonial World*. Cambridge: Cambridge University Press.

Burke, Edmund, III 1980. "The French tradition of the sociology of Islam". In Malcolm Kerr, ed. , *Islamic Studies*. Santa Monica, CA: Undena University Press, 73 – 88.

Burrow, J. W. 1966. *Evolution and Society: A Study in Victorian Social Theory*. Cambridge: Cambridge University Press.

Burton, Clare 1985. *Subordination: Feminism and Social Theory*. Sydney: George Allen & Unwin.

Bury, J. P. T. , ed. 1960. *The Zenith of European Power, 1830 – 70*. New Cambridge Modern History, vol. X. Cambridge: Cambridge University Press.

Cain, P. J. and Hopkins, A. G. 1993. *British Imperialism: Innovation and*

Expansion, *1688-1914*. New York: Longman.

Calhoun, Craig, Li Puma, Edward and Postone, Moishe, eds 1993. *Bourdieu: Critical Perspectives*. Chicago: University of Chicago Press.

Camic, Charles 1989. "Structure after 50 years: The anatomy of a charter". *American Journal of Sociology*, vol. 95 no. 1, 38-107.

Camic, Charles and Gross, Neil 1998. "Contemporary developments in sociological theory: Current projects and conditions of possibility". *Annual Review of Sociology*, no. 24, 453-76.

Cardoso, Fernando Henrique and Faletto, Enzo 1979 [1971]. *Dependency and Development in Latin America*. Berkeley, CA: University of California Press.

Centeno, Miguel and López-Alves, Fernando, ed. 2001. *The Other Mirror: Grand Theory Through the Lens of Latin America*. Princeton: Princeton University Press.

Chadha, Yogesh 1997. *Rediscovering Gandhi*. London: Century.

Chakrabarty, Dipesh 1983. "Conditions for knowledge of working-class conditions: Employers, government and the jute workers of Calcutta, 1890-1940". *Subaltern Studies*, no. 2, 259-310.

Chase-Dunn, Christopher, ed. 1995. *The Historical Evolution of the International Political Economy*. Aldershot: Edward Elgar.

——2002. "Globalization from below: Toward a collectively rational and democratic global commonwealth". *Annals AAPSS*, no. 581, 48-61.

Chase-Dunn, Christopher and Grimes, Peter 1995. "World-systems analy-sis". *Annual Review of Sociology*, no. 21, 387-417.

Chatterjee, Bankimchandra 1986. *Sociological Essays: Utilitarianism and Positivism in Bengal*. Trans. and ed. S. N. Mukherjee and Marian Maddern. Calcutta: Rddhi-India.

Chatterjee, Partha 1983. "More on modes of power and the peasantry". *Subaltern Studies*, no. 2, 311-49.

——1993. *The Nation and its Fragments: Colonial and Postcolonial Histories*. Princeton: Princeton University Press.

Chaturvedi, Vinayak, ed. 2000. *Mapping Subaltern Studies and the Postcolonial*. London: Verso and New Left Review.

Chow, Esther Ngan-ling 2003. "Gender matters: Studying globalization and social change in the 21st century". *International Sociology*, vol. 18 no. 3, 443-60.

Clark, Terry Nichols 1973. *Prophets and Patrons: The French University and the Emergence of the Social Sciences*. Cambridge, MA: Harvard University Press.

Coetzee, J. M. 1991. "The mind of Apartheid: Geoffrey Cronjé (1907 -)". *Social Dynamics*, vol. 17 no. 1, 1 - 35.

Cole, Juan R. 1983. "Imami jurisprudence and the role of the ulama: Mortaza Ansari on emulating the supreme exemplar". In Nikki R. Keddie, ed. , *Religion and Politics in Iran*. New Haven: Yale University Press, 33 - 46.

Coleman, James S. 1982. *The Asymmetric Society*. Syracuse: Syracuse University Press.

——1990. *Foundations of Social Theory*. Cambridge: Harvard University Press.

——1992. "The problematics of social theory". *Theory and Society*, vol. 21, 263 - 83.

Collins, Randall 1997. "A sociological guilt trip: Comment on Connell". *American Journal of Sociology*, vol. 102 no. 6, 1558 - 64.

Comte, Auguste 1875 - 77 [1851 - 54]. *System of Positive Polity, or, Treatise on Sociology*. 4 vols. London: Longmans Green.

Connell, Raewyn 1983. "The black box of habit on the wings of history: Reflections on the theory of social reproduction". In *Which Way is Up? Essays on Sex, Class and Culture*. Sydney: Allen & Unwin, 140 - 61.

——1987. *Gender and Power: Society, the Person and Sexual Politics*. Cambridge: Polity Press.

——. 1990. "Notes on American sociology and American power". In H. Gans, ed. , *Sociology in America*. Thousand Oaks: Sage, 265 - 71.

——1993. "The big picture: Masculinities in recent world history". *Theory and Society*, vol. 22, 597 - 623.

——2000. "Sociology and world market society". *Contemporary Sociology*, vol. 29 no. 1, 291 - 6.

——2005a. "Globalization, imperialism, and masculinities". In Michael S. Kimmel, Jeff Hearn and Raewyn Connell, eds, *Handbook of Studies on Men & Masculinities*, Thousand Oaks: Sage, 71 - 89.

——2005b. "Empire, domination, autonomy: Antonio Negri as a social theorist". *Overland*, no. 181, 31 - 9.

——2007. "The heart of the problem: South African intellectual workers, globalization and social change". *Sociology*, vol. 41 no. 1, 11 - 28.

Connell, Raewyn and Irving, T. H. 1980. *Class Structure in Australian History*. Melbourne: Longman Cheshire.

Connell, Raewyn and Wood, Julian 2002. "Globalization and scientific labour:

Patterns in a life-history study of intellectual workers in the periphery". *Journal of Sociology*, vol. 38 no. 2, 167 - 90.

Connell, Raewyn, Wood, Julian and Crawford, June 2005. "The global connections of intellectual workers: An Australian study". *International Sociology*, vol. 20 no. 1, 5 - 26.

Connell, W. F., Francis, E. P. and Skilbeck, E. E. 1957. Growing Up in an Australian City. Melbourne: Australian Council for Educational Research.

Copans, Jean 1971. "Pour une histoire et une sociologie des études africaines". *Cahiers d'études africaines*, vol. 11 no. 3, 422 - 47.

Coser, Lewis A. 1956. *The Functions of Social Conflict*. Glencoe IL: The Free Press.

Craig, Jean I. 1957. "Marriage, the family and class". In A. P. Elkin, ed., *Marriage and the Family in Australia*. Sydney: Angus & Robertson, 24 - 53.

Cronjé, Geoffrey 1947. *Regverdige Rasse-Apartheid*. Stellenbosch: Christen-Studenteverenigingmaatskappy van Suid-Afrika.

Crook, Stephen, Pakulski, Jan and Waters, Malcolm 1992. *Postmodernization: Change in Advanced Society*. London: Sage.

Crossman, Peter and Devisch, René 2002. "Endogenous knowledge in anthropological perspective: A plea for a conceptual shift". In Catherine A. Odora Hoppers, ed., *Indigenous Knowledge and the Integration of Knowledge Systems*, Claremont: New Africa Books, 96 - 125.

Crozier, John B. 1911. *Sociology Applied to Practical Politics*. London: Longmans Green.

Darby, Phillip 2005. "The Alternative Horizons of Ashis Nandy". *Overland*, no. 179, 53 - 7.

Darwin, Charles n. d. [1839]. *Journal of Researches into the Natural History and Geology of the Countries Visited during the Voyage of H. M. S. "Beagle" Round the World*. London: Ward, Lock & Co.

Das, Veena 1995. *Critical Events: An Anthropological Perspective on Contemporary India*. New Delhi: Oxford University Press.

Davies, Alan and Encel, Sol, eds 1965. *Australian Society*. Melbourne: Cheshire.

Davis, Mike 1990. *City of Quartz: Excavating the Future in Los Angeles*. London: Verso.

Deegan, Mary Jo 1988. *Jane Addams and the Men of the Chicago School, 1892 - 1918*. New Brunswick: Transaction.

Desmond, Adrian and Moore, James 1992. *Darwin*. London: Penguin.

Diawara, Mamadou 2000. "Globalization, development politics and local knowledge". *International Sociology*, vol. 15 no. 2, 361 – 71.

Dietrich, Gabriele 1992. *Reflections on the Women's Movement in India: Religion, Ecology, Development*. New Delhi: Horizon India.

Dodson, Michael 1997. "Land rights and social justice". In Galarrwuy Yunupingu, ed. , *Our Land is Our Life*. Brisbane: University of Queensland Press, 39 – 51.

Dollard, John 1937. *Caste and Class in a Southern Town*. New Haven: Yale University Press.

Domhoff, William, ed. 1975. *New Directions in Power Structure Research*. Special issue of *Insurgent Sociologist*, vol. 5 no. 3.

Donaldson, Mike and Poynting, Scott 2007. *Ruling Class Men: Money, Sex and Power*. Berne: Peter Lang.

Dorfman, Ariel 1988. *Last Waltz in Santiago, and Other Poems of Exile and Disappearance*. New York: Viking.

——1998. *Heading South, Looking North: A Bilingual Journey*. New York: Farrar, Straus and Giroux.

Dorfman, Ariel and Mattelart, Armand 1975 [1971]. *How to Read Donald Duck: Imperialist Ideology in the Disney Comic*. New York: International General.

Dosman, Edgar 2001. "Markets and the state in the evolution of the "Prebisch manifesto"". *CEPAL Review*, no. 75, 87 – 102.

Du Bois, W. E. B. 1899. *The Philadelphia Negro: A Social Study*. Philadelphia: University of Philadelphia.

——1978 [1950]. "The problem of the twentieth century is the problem of the color line". In *On Sociology and the Black Community*. Chicago: University of Chicago Press, 281 – 9.

——1968. *Autobiography*. New York: International Publishers.

Dumont, Louis 1966. *Homo hierarchicus: Essai sur le système des castes*. Paris: Gallimard.

Duncan, David 1908. *The Life and Letters of Herbert Spencer*. London: Methuen.

Durkheim, Émile 1964 [1893]. *The Division of Labor in Society*. New York: Free Press.

——1964 [1895]. *The Rules of Sociological Method*. Glencoe IL: The Free Press.

——1976 [1912]. *The Elementary Forms of the Religious Life*. London: Allen & Unwin.

——ed. 1898 – 1913. *L'Année sociologique*, Vols 1 – 12. Paris: Alcan.

Easthope, Gary 1974. *A History of Social Research Methods*. London: Longman.

Eckstein, Susan 2002. "Globalization and mobilization: Resistance to neo-liberalism in Latin America". In Mauro F. Guillén, Randall Collins, Paula England and Marshall Meyer, eds, *The New Economic Sociology*. New York: Russell Sage Foundation, 330 – 68.

Eide, Ingrid 2006. "UNESCO—a personal story". In Ingeborg Breines and Hans d'Orville, eds, *60 Women Contributing to the 60 years of UNESCO: Constructing the Foundations of Peace*. Paris: UNESCO, 83 – 91.

Encel, S. 1970. *Equality and Authority: A Study of Class, Status and Power in Australia*. Sydney: Cheshire.

Erikson, Erik H. 1950. *Childhood and Society*. London: Imago.

Escobar, Arturo. 1995. *Encountering Development: The Making and Unmaking of the Third World*. Princeton: Princeton University Press.

Evans, Peter 1995. *Embedded Autonomy: States and Industrial Transformation*. Princeton: Princeton University Press.

——1997. "The eclipse of the state? Reflections on stateness in an era of globalization". *World Politics*, vol. 50 no. 1, 62 – 87.

Fairbanks, Arthur 1901 [1896]. *Introduction to Sociology*, 7th edn. New York: Scribner.

Fallding, Harold 1962. "The scope and purpose of sociology". *Australian Journal of Politics and History*, no. 8, 78 – 92.

Fanon, Frantz 1970 [1959]. *Studies in a Dying Colonialism* [*L'An V de la révolution algérienne*]. Harmondsworth: Penguin.

——1968 [1961]. *The Wretched of the Earth*. New York: Grove Press.

Fararo, Thomas J. 1991. "Review of James S. Coleman, Foundations of Social Theory". *Social Science Quarterly*, vol. 72 no. 1, 189 – 90.

Featherstone, Mike 1995. *Undoing Culture: Globalization, Postmodernism and Identity*. London: Sage.

Ferdows, Adele K. 1983. "Women and the Islamic revolution". *International Journal of Middle East Studies*, vol. 15 no. 2, 283 – 98.

Fiss, Peer C. and Hirsch, Paul M. 2005. "The discourse of globalization: Framing and sensemaking of an emerging concept". *American Sociological Review*, vol. 70 no. 1, 29 - 52.

Foucault, Michel 1977. *Discipline and Punish: The Birth of the Prison*. New York: Pantheon.

Franzway, Suzanne 1999. "'They see you coming': A comparative study of sexual politics and women union officials in (English) Canada and Australia". *Labour and Industry*, vol. 10 no. 2, 147 - 68.

Friedman, Jonathan 1994. *Cultural Identity and Global Process*. London: Sage. Gaita, Raimond 1998. Romulus, My Father. Melbourne: Text.

Gandhi, Nandita and Singh, Nandita 1992. *The Issues at Stake: Theory and Practice in the Contemporary Women's Movement in India*. New Delhi: Kali for Women.

Gane, Nicholas 2001. "Chasing the 'runaway world': The politics of recent globalization theory". *Acta Sociologica*, vol. 44 no. 1, 81 - 9.

García Canclini, Néstor 1993 [1982]. *Transforming Modernity: Popular Culture in Mexico*. Austin: University of Texas Press.

——1995 [1989]. *Hybrid Cultures: Strategies for Entering and Leaving Modernity*. Minneapolis: University of Minnesota Press.

——1999. *La globalización imaginada*. Buenos Aires: Paidós.

——2001 [1995]. *Consumers and Citizens: Globalization and Multicultural Conflicts*. Minneapolis: University of Minnesota Press.

——2002. *Latinoamericanos buscando lugar en este siglo*. Buenos Aires: Paidós.

Garretón, Manuel Antonio 2000. *La sociedad in que vivi(re)mos: Introducción sociológica al cambio de siglo*. Santiago: LOM.

Gathercole, Peter, Irving, T. H. and Melleuish, Gregory, eds 1995. *Childe and Australia: Archaeology, Politics and Ideas*. Brisbane: University of Queensland Press.

Genovese, Eugene D. 1976. *Roll, Jordan, Roll: The World the Slaves Made*. New York: Vintage.

Ghamari-Tabrizi, Behrooz 2004. "Contentious public religion: Two con-ceptions of Islam in revolutionary Iran". *International Sociology*, vol. 19, no. 4, 504 - 23.

Giddens, Anthony 1971. *Capitalism and Modern Social Theory*. Cambridge: Cambridge University Press.

——1976. *New Rules of Sociological Method*. London: Hutchinson

——1979. *Central Problems in Social Theory: Action, Structure and Contradiction in Social Analysis*. London: Macmillan.

——1981. *A Contemporary Critique of Historical Materialism. Vol. I: Power, Property, and the State*. London: Macmillan.

——1984. *The Constitution of Society: Outline of the Theory of Structuration*. Cambridge: Polity Press.

——1990. *The Consequences of Modernity*. Stanford: Stanford University Press.

——2002. *Runaway World: How Globalisation is Reshaping Our Lives*. 2nd edn. London: Profile Books.

Giddings, Franklin Henry 1896. *The Principles of Sociology*. New York: Macmillan.

——1906. *Readings in Descriptive and Historical Sociology*. New York: Macmillan.

Gilding, Michael 1997. *Australian Families: A Comparative Perspective*. Melbourne: Longman.

Gilomee, Hermann 1994. "'Survival in Justice': An Afrikaner Debate over Apartheid". *Comparative Studies in Society and History*, vol. 36 no. 3, 527 - 48.

Gómez, José Maria, ed. 2004. *América Latina y el (des) orden global neoliberal: hegemonía, contrahegemonía, perspectivas*. Buenos Aires: CLACSO.

Goot, Murray and Rowse, Tim, eds 1994. *Make a Better Offer: The Politics of Mabo*. Sydney: Pluto Press.

Gordimer, Nadine 1979. *Burger's Daughter*. London: Jonathan Cape.

Grenville, Kate 2005. *The Secret River*. Melbourne: Text.

Grieder, Jerome 1981. *Intellectuals and the State in Modern China: A Narrative History*. New York: Free Press.

Guha, Ranajit 1982. "On some aspects of the historiography of colonial India". *Subaltern Studies*, no. 1, 1 - 8.

——1983. "The prose of counter-insurgency". *Subaltern Studies*, no. 2, 1 - 42.

——1987. "Chandra's death". *Subaltern Studies*, no. 5, 135 - 65.

——1989. "Dominance without hegemony and its historiography". *Subaltern Studies*, no. 6, 210 - 309.

Guha, Ranajit and Spivak, Gayatri Chakravorty, eds 1988. *Selected Subaltern Studies*. New York: Oxford University Press.

Guillén, Mauro F. 2001a. "Is globalization civilizing, destructive or feeble? A critique of five key debates in the social science literature". *Annual Review of Sociology*, no. 27, 235 - 60.

——2001b. *The Limits of Convergence: Globalization and Organizational Change in Argentina, South Korea and Spain*. Princeton: Princeton Uni-versity Press.

Gulbenkian Commission on the Restructuring of the Social Sciences 1996. *Open the Social Sciences*. Stanford: Stanford University Press.

Gutmann, Matthew C. and Vigoya, Mara Viveros 2005. "Masculinities in Latin America". In Michael S. Kimmel, Jeff Hearn and Raewyn Connell, eds, *Handbook of Studies on Men & Masculinities*, Thousand Oaks: Sage, 114 – 28.

Gyekye, Kwame 1987. *An Essay on African Philosophical Thought: The Akan Conceptual Scheme*. Cambridge: Cambridge University Press.

Hardt, Michael and Negri, Antonio 2000. *Empire*. Cambridge: Harvard University Press.

——2004. *Multitude: War and Democracy in the Age of Empire*. London: Hamish Hamilton.

Hearn, William Edward 1878. *The Aryan Household, Its Structure and its Development*. Melbourne: George Robertson.

Hechter, Michael 1992. "Review of James S. Coleman, Foundations of Social Theory". *Public Choice*, no. 73, 243 – 7.

Henisz, Witold, Zelner, Bennet A. and Guillén, Mauro F. 2005. "The world-wide diffusion of market-oriented infrastructure reform, 1977 – 1999". *American Sociological Review*, no. 70, 871 – 97.

Hiller, E. T. 1933. *Principles of Sociology*. New York: Harper & Bros.

Hinkle, Roscoe C. 1994. *Developments in American Sociological Theory, 1915 – 1950*. Albany: State University of New York Press.

Hobhouse, L. T. 1911. *Liberalism*. London: Williams & Norgate.

——1915. *The World in Conflict*. London: Fisher Unwin.

Hobhouse, L. T., Wheeler, G. C. and Ginsberg, M. 1915. *The Material Culture and Social Institutions of the Simpler Peoples*. London: Chapman & Hall.

Hoecker-Drysdale, Susan 1992. *Harriet Martineau: First Woman Sociologist*. New York: St Martin's Press.

Hooper, Charlotte 2001. *Manly States: Masculinities, International Relations, and Gender Politics*. New York: Columbia University Press.

Hopenhayn, Martín 2001. *No Apocalypse, No Integration: Modernism and Postmodernism in Latin America*. Durham: Duke University Press.

Hopkins, Terence K. 1979. "The study of the capitalist world-economy: Some introductory considerations". In Walter L. Goldfrank, ed., *The World-System of*

Capitalism: *Past and Present*. Beverly Hills: Sage, 21 – 52.

Horne, Donald 1964. *The Lucky Country*: *Australia in the Sixties*. Ringwood: Penguin.

Horowitz, David, ed. 1971. *Radical Sociology*: *An Introduction*. San Francisco: Canfield.

Hountondji, Paulin J. 1973. *Libertés*: *Contribution à la Révolution Dahoméen*. Cotonou: Editions Renaissance.

——1983 [1976]. *African Philosophy*: *Myth and Reality*. Trans. H. Evans and J. Rée. London: Hutchinson.

——1990. "Pour une sociologie des représentations collectives". In R. Horton et al. , *La pensée métisse*. Paris: Presses Universitaires de France, 187 – 92.

——ed. 1997 [1994]. *Endogenous Knowledge*: *Research Trails*. Dakar: CODESRIA.

——1995. "Producing knowledge in Africa today". *African Studies Review*, vol. 38 no. 3, 1 – 10.

——1996. "Intellectual responsibility: Implications for thought and action today". *Proceedings and Addresses of the American Philosophical Association*, vol. 70 no. 2, 77 – 92.

——2002a. *The Struggle for Meaning*: *Reflections on Philosophy*, *Culture and Democracy in Africa*. Athens, OH: Ohio University Press.

——2002b. "Knowledge appropriation in a post-colonial context". In Catherine A. Odora Hoppers, ed. , *Indigenous Knowledge and the Integration of Knowledge Systems*, Claremont: New Africa Books, 23 – 38.

Huber, Evelyne and Fred Solt 2004. "Successes and failures of neoliberalism". *Latin American Research Review*, vol. 39 no. 3, 150 – 64.

Hudson, Liam 1972. *The Cult of the Fact*. London: Jonathan Cape.

Huneeus, Carlos 2003. *Chile*, *un pais dividido*: *La actualidad del pasado*. Santiago de Chile: Catalonia.

Hutchinson, Bertram 1954. *Old People in a Modern Australian Community*: *A Social Survey*. Melbourne: Melbourne University Press.

Jacobs, Sean and Calland, Richard, ed. 2002. *Thabo Mbeki's World*: *The Politics and Ideology of the South African President*. London: University of Kwazulu-Natal Press and Zed Books.

Johnson, Pauline 2006. *Habermas*: *Rescuing the Public Sphere*. London: Routledge.

Johnson, Vivien 1990. *Radio Birdman*. Melbourne: Sheldon Booth.

——1994. *Aboriginal Artists of the Western Desert: A Biographical Dictionary.* Sydney: Craftsman House.

——1996. *Copyrites: Aboriginal Art in the Age of Reproductive Technologies.* Sydney: National Indigenous Arts Advocacy Association and Macquarie University.

Kagamé, Alexis 1956. *La philosophie bantu-rwandaise de l'être.* Brussels: Académie royale des sciences coloniales.

——1976. *La philosophie bantu comparée.* Paris: Présence Africaine.

Kalb, Don 2004. "Shifting conjunctions: Politics and knowledge in the globalization debate". *Amsterdams Sociologisch Tijdschrift*, vol. 31 no. 2, 147 – 91.

Kay, Cristóbal 1989. *Latin American Theories of Development and Underdevelopment.* London: Routledge.

——1998. "Estructuralismo y teoría de la dependencia en el periodo neoliberal: Una perspectiva latinoamericana". *Nueva sociedad (Venezuela)*, no. 158, 100 – 19.

Keddie, Nikki R. 1972. *Sayyid Jamal ad-Din "al-Afghani": A Political Biography.* Berkeley: University of California Press.

——1981. *Roots of Revolution: An Interpretive History of Modern Iran.* New Haven: Yale University Press.

Kellner, Douglas 2002. "Theorizing globalization". *Sociological Theory*, vol. 20 no. 3, 285 – 305.

Kenyatta, Jomo 1938. *Facing Mount Kenya: The Tribal Life of the Gikuyu.* London: Secker & Warburg.

Kidd, Benjamin 1898 [1894]. *Social Evolution*, 3rd edn. London: Macmillan.

Kiernan, V. G. 1969. *The Lords of Human Kind: Black Man, Yellow Man, and White Man in an Age of Empire.* Boston: Little, Brown.

Kishwar, Madhu and Vanita, Ruth, ed. 1984. *In Search of Answers: Indian Women's Voices from Manushi.* London: Zed Books.

Kuhn, Thomas S. 1970. *The Structure of Scientific Revolutions*, 2nd edn. Chicago: University of Chicago Press.

Kumar, Radha 1999. "From Chipko to Sati: The contemporary Indian women's movement". In Nivedita Menon, ed. , *Gender and Politics in India.* New Delhi: Oxford University Press, 342 – 69.

Lafitte, Paul 1958. *Social Structure and Personality in the Factory.* London: Routledge and Kegan Paul.

Lal, Vinay 2002. *Empire of Knowledge: Culture and Plurality in the Global*

Economy. London: Pluto.

——2003. *The History of History: Politics and Scholarship in Modern India*. New Delhi: Oxford University Press.

La Nauze, J. A. 1949. *Political Economy in Australia: Historical Studies*. Melbourne: Melbourne University Press.

Langman, Lauren 2005. "From virtual public spheres to global justice: A critical theory of internetworked social movements". *Sociological Theory*, vol. 23 no. 1, 42 – 74.

Lawuyi, O. B. and Taiwo, Olufemi 1990. "Towards an African sociological tradition: A rejoinder to Akiwowo and Makinde". *International Sociology*, vol. 5 no. 1, 57 – 73.

Lepenies, Wolf 1988. *Between Literature and Science: The Rise of Sociology*. Cambridge: Cambridge University Press.

Letourneau, Charles 1881. *Sociology, Based upon Ethnography*. London: Chapman & Hall.

Levine, Donald N. 1995. *Visions of the Sociological Tradition*. Chicago: University of Chicago Press.

Lévi-Strauss, Claude 1969 [1949]. *The Elementary Structures of Kinship*. Boston: Beacon Press.

——1973 [1955]. *Tristes Tropiques*. London: Jonathan Cape.

Levy, Marion J. Jr. 1970. "Scientific analysis as a subset of comparative analysis. " In J. C. McKinney and E. A. Tiryakian, eds, *Theoretical Sociology*. New York: Appleton-Century-Crofts, 99 – 110.

Liebersohn, Harry 1988. *Fate and Utopia in German Sociology, 1870 – 1923*. Cambridge, MA: MIT Press.

Love, Joseph L. 1986. "Raúl Prebisch (1901 – 1986): His Life and Ideas". *British Library Document Supply Centre*, 88/29440.

Ludden, David, ed. 2003. *Reading Subaltern Studies: Critical History, Contested Meaning and the Globalization of South Asia*. London: Anthem Press.

Lukács, Gyorgy 1971 [1923]. *History and Class Consciousness: Studies in Marxist Dialectics*. London: Merlin Press.

Lukes, Steven 1985. *Emile Durkheim, His Life and Work: A Historical and Critical Study*. Stanford: Stanford University Press.

Lüschen, Günther 1994. "25 years of German sociology after World War II: Institutionalization and theory". *Soziologie*, no. 3, S11 – 32.

Lyman, Stanford M. 1992. *Militarism, Imperialism and Racial Accom-*

modation: *An Analysis and Interpretation of the Early Writings of Robert E. Park*. Fayetteville: University of Arkansas Press.

Lyotard, Jean-François 1984. *The Postmodern Condition*: *A Report on Knowledge*. Minneapolis: University of Minnesota Press.

MacDonald, Robert H. 1994. *The Language of Empire*: *Myths and Metaphors of Popular Imperialism*, *1880 - 1918*. Manchester: Manchester University Press.

MacIver, R. M. 1937. *Society*. New York: Farrar & Rinehart.

McGee, Reece, ed. 1977. *Sociology*. Hinsdale: Dryden Press.

McGeough, Paul 2006. "The changing face of Iran". *Sydney Morning Herald*, 19 - 20 August, 23 - 30.

McMichael, Philip 2000. *Development and Social Change*: *A Global Perspective*, 2nd edn. Thousand Oaks: Pine Forge Press.

Makgoba, Malegapuru William, ed. 1999. *African Renaissance*: *The New Struggle*. Tafelberg: Mafube.

Makinde, M. Akin 1988. "Asuwada principle: An analysis of Akiwowo's contributions to the sociology of knowledge from an African perspective". *International Sociology*, vol. 3 no. 1, 61 - 76.

Malik, Hafeez 1980. *Sir Sayyid Ahmad Khan and Muslim Modernization in India and Pakistan*. New York: Columbia University Press.

Mallorquín, Carlos 2006. "Raúl Prebisch before the Ice Age". In Edgar J. Dosman, ed. , *Raúl Prebisch*: *Power*, *Principle and the Ethics of Development*, Buenos Aires: IDB-INTAL, 65 - 106.

Malouf, David 1990. *The Great World*. London: Chatto & Windus.

Mamdani, Mahmood 1999. "There can be no African renaissance without an Africa-focused intelligentsia". In M. W. Makgoba, ed. , *African Renaissance*, Tafelberg: Mafube, 125 - 34.

——2001. *When Victims Become Killers*: *Colonialism*, *Nativism*, *and the Genocide in Rwanda*. Princeton: Princeton University Press.

Mann, Michael 2001. "Globalization and September 11". *New Left Review*, no. 12, 51 - 72.

Mannheim, Karl 1940 [1935]. *Man and Society in an Age of Reconstruction*. London: Routledge & Kegan Paul.

Martin, William G. and Beittel, Mark 1998. "Toward a global sociology? Evaluating current conceptions, methods, and practices. " *Sociological Quarterly*, vol. 39, no. 1, 139 - 61.

Martinelli, Alberto 2003. "Global order or divided world?" *Current Sociology*, vol. 51, no. 2, 95 - 100.

Marchand, Marianne H. and Runyan, Anne Sisson, eds 2000. *Gender and Global Restructuring*: *Sightings, Sites and Resistances*. London: Routledge.

Mbiti, John S. 1969. *African Religions and Philosophy*. London: Heinemann.

Mendez, Jennifer Bickham 2002. "Transnational organizing for maquila workers' rights in Central America". In Nancy A. Naples and Manisha Desai, eds, *Women's Activism and Globalization*. New York: Routledge, 121 - 41.

Merton, Robert K. 1957 [1949]. *Social Theory and Social Structure*, 2nd edn. Glencoe, IL: The Free Press.

Meyer, John W. 2000. "Globalization: Sources and effects on national states and societies". *International Sociology*, vol. 15 no. 2, 233 - 48.

Mill, John Stuart 1891 [1843]. *A System of Logic*. London: Longmans Green.

Mills, C. Wright 1959. *The Sociological Imagination*. New York: Oxford University Press.

——1962. *The Marxists*. New York: Dell.

Mingay, G. E. 1963. *English Landed Society in the Eighteenth Century*. London: Routledge and Kegan Paul.

Mirsepassi, Ali 2000. *Intellectual Discourse and the Politics of Modernization*: *Negotiating Modernity in Iran*. Cambridge: Cambridge University Press.

Mistral, Gabriela 2003. *Selected Poems*. Albuquerque: University of New Mexico Press.

Mittelman, James H. 2004. *Whither Globalization? The Vortex of Knowledge and Ideology*. London: Routledge.

Mkandawire, Thandika 2000. "Non-organic intellectuals and 'learning' in policy-making Africa". Paper presented to the EGDI seminar on "What do Aid Agencies and their Co-operating Partners Learn from their Experiences?", 24 August.

Moghadam, Valentine M. 2000. "Transnational feminist networks: Collec-tive action in an era of globalization". *International Sociology*, vol. 15 no. 1, 57 - 85.

Mohanty, Chandra Talpade, Russo, Ann and Torres, Lourdes, eds 1991. *Third World Women and the Politics of Feminism*. Bloomington: Indiana University Press.

Montecino, Sonia 2001. "Identidades y diversidades en Chile". In Manuel Antonio Garretón, ed., *Cultura y desarollo en Chile*. Santiago: Andres Bello,

65 – 98.

Morgan, J. Graham 1983. "Courses and texts in sociology". *Journal of the History of Sociology*, vol. 5 no. 1, 42 – 65.

Moulian, Tomás 2002. *Chile actual: Anatomía de un mito*, 3rd edn. Santiago: LOM.

Mqotsi, Livingstone 2002. "Science, magic and religion as trajectories of the psychology of projection". In Catherine A. Odora Hoppers, ed. , *Indigenous Knowledge and the Integration of Knowledge Systems*, Claremont: New Africa Books, 158 – 72.

Mudimbe, V. Y. 1988. *The Invention of Africa: Gnosis, Philosophy, and the Order of Knowledge*. Bloomington: Indiana University Press.

——1994. *The Idea of Africa*. Bloomington: Indiana University Press.

Nandy, Ashis 1980. *Alternative Sciences: Creativity and Authenticity in Two Indian Scientists*. New Delhi: Allied.

——1983. *The Intimate Enemy: Loss and Recovery of Self under Colonialism*. New Delhi: Oxford University Press.

——1987. *Traditions, Tyranny and Utopias: Essays in the Politics of Awareness*. New Delhi: Oxford University Press.

——2001. *An Ambiguous Journey to the City: The Village and the Other Odd Ruins of the Self in the Indian Imagination*. New Delhi: Oxford University Press.

——2003. *The Romance of the State, And the Fate of Dissent in the Tropics*. New Delhi: Oxford University Press.

——2004. *Bonfire of Creeds: The Essential Ashis Nandy*. New Delhi: Oxford University Press.

National Inquiry into the Separation of Aboriginal and Torres Strait Islander Children from their Families 1997. *Bringing Them Home*. Sydney: Human Rights and Equal Opportunity Commission.

Nedelmann, Birgitta and Sztompka, Piotr, eds 1994. *Sociology in Europe*. Berlin: Walter de Gruyter.

Nederveen Pieterse, Jan 2004. *Globalization & Culture: Global Mélange*. Lanham: Rowman & Littlefield.

Nisbet, Robert A. 1967. *The Sociological Tradition*. London: Heinemann.

Nkrumah, Kwame 1957. *Autobiography*. Edinburgh: Nelson.

Nochteff, Hugo and Abeles, Martin 2000. *Economic Shocks without Vision: Neoliberalism in the Transition of Socio-Economic Systems. Lessons from the Argentine Case*. Madrid: Iberoamericana.

Ntuli, P. Pitika 2002. "Indigenous knowledge systems and the African Renaissance: Laying a foundation for the creation of counter-hegemonic discourses". In Catherine A. Odora Hoppers, ed. , *Indigenous Knowledge and the Integration of Knowledge Systems*. Claremont: New Africa Books, 53 – 66.

O'Brian, Patrick 1987. *Joseph Banks: A Life*. London: Collins Harville.

Odora Hoppers, Catherine A. , ed. 2002. *Indigenous Knowledge and the Integration of Knowledge Systems: Towards a Philosophy of Articulation*. Claremont: New Africa Books.

Oeser, O. A. and Emery, F. E. 1954. *Social Structure and Personality in a Rural Community*. London: Routledge and Kegan Paul.

Oeser, O. A. and Hammond, S. B. 1954. *Social Structure and Personality in a City*. London: Routledge and Kegan Paul.

O'Hanlon, Rosalind 2002 [1988]. "Recovering the subject: Subaltern Stud-ies and histories of resistance in colonial south Asia". In David Ludden, ed. , *Reading Subaltern Studies*. London: Anthem Press, 135 – 86.

Olavarría, José and Enrique Moletto, eds 2002. *Hombres: Identidad/es y Sexualidad/es: III Encuentro de Estudios de Masculinidades*. Santiago: FLACSO-Chile.

Orellana, Marjorie Faulstich, Thorne, Barrie, Chee, Anna and Lam, Wan Shun Eva 2001. "Transnational childhoods: The participation of children in processes of family migration". *Social Problems*, vol. 48 no. 4, 572 – 91.

Organization for Social Science Research in Eastern and Southern Africa 2005. "Publications". *OSSREA Bulletin*, vol. 2 no. 2, 44 – 7.

Orwell, George 1968. *In Front of Your Nose: Collected Essays, Journalism and Letters*, Volume IV, 1945 – 1950. London: Secker and Warburg.

Pandey, Gyanendra 1982. "Peasant revolt and Indian nationalism: The peasant movement in Awadh, 1919 – 22". *Subaltern Studies*, vol. 1, 143 – 97.

Pareto, Vilfredo 1935 [1916]. *The Mind and Society: A Treatise on General Sociology*. New York: Harcourt Brace.

Park, Robert E. and Burgess, Ernest W. 1924 [1921]. *Introduction to the Science of Sociology*. Chicago: University of Chicago Press.

Parsons, Talcott 1937. *The Structure of Social Action: A Study in Social Theory with Special Reference to a Group of Recent European Writers*. New York: McGraw-Hill.

Partovi, Pedram 1998. "Authorial intention and illocutionary force in Jalal Ali-I Ahmad's Gharbzadigi". *Comparative Studies of South Asia, Africa and the Middle*

East, vol. 18 no. 2, 73 – 80.

Paul, Mandy and Geoffrey Gray 2002. *Through a Smoky Mirror: History and Native Title*. Canberra: Aboriginal Studies Press, Australian Institute of Aboriginal and Torres Strait Islander Studies.

Paxton, Nancy L. 1991. *George Eliot and Herbert Spencer: Feminism, Evolutionism, and the Reconstruction of Gender*. Princeton: Princeton University Press.

Payne, M. W. 1992. "Akiwowo, orature and divination: Approaches to the construction of an emic sociological paradigm of society". *Sociological Analysis*, vol. 53 no. 2: 175 – 87.

Paz, Octavio 1990 [1950]. *The Labyrinth of Solitude*, enlarged edn. London: Penguin.

Pearson, Noel 1997. "The concept of native title at common law". In Galarrwuy Yunupingu, ed. , *Our Land is Our Life*, Brisbane: University of Queensland Press, 150 – 61.

Peires, J. B. 1979. "Nxele, Ntsikana and the origins of the Xhosa religious reaction". *Journal of African History*, vol. 20 no. 1, 53 – 4.

Phillips, A. A. 1953. "Australian literature". In W. V. Aughterson, ed. , *Taking Stock: Aspects of Mid-Century Life in Australia*. Melbourne: Cheshire, 79 – 96.

Plaatje, Sol T. 1982 [1916]. *Native Life in South Africa: Before and Since the European War and the Boer Rebellion*. Braamfontein: Ravan Press.

Platt, Jennifer 1995. "The United States reception of Durkheim's The Rules of Sociological Method". *Sociological Perspectives*, no. 38, 77 – 105.

Polillo, Simone and Guillén, Mauro F. 2005. "Globalization pressures and the state: The worldwide spread of central bank independence". *American Journal of Sociology*, vol. 110 no. 6, 1764 – 1805.

Pollock, David, Joseph H. Love and Daniel Kerner 2006. "Prebisch at UNCTAD". In Edgar J. Dosman, ed. , *Raúl Prebisch: Power, Principle and the Ethics of Development*, Buenos Aires: IDB-INTAL, 37 – 63.

Prebisch, Raúl 1950. *The Economic Development of Latin America and its Principal Problems*. United Nations, Department of Economic Affairs. Reprinted in David Greenaway and C. W. Morgan, eds, *The Economics of Commodity Markets*. Cheltenham: Elgar, 1999.

——1964. *Towards a New Trade Policy for Development: Report by the Secretary-General of the United Nations Conference on Trade and Development*.

New York: United Nations.

——1981a. "The Latin American periphery in the global system of capitalism". *CEPAL Review*, no. 13, 143 – 50.

——1981b. *Capitalismo periférico: crisis y transformación*. Mexico City: Fondo de Cultura Económica.

Pusey, Michael 1991. *Economic Rationalism in Canberra: A Nation-Building State Changes its Mind*. London: Cambridge University Press.

Quijano, Aníbal 2000. "Coloniality of power and Eurocentrism in Latin America". *International Sociology*, vol. 15 no. 2, 215 – 32.

Rahnema, Ali 1998. *An Islamic Utopian: A Political Biography of Ali Shari'ati*. London: I. B. Tauris.

Ray, Raka 1999. *Fields of Protest: Women's Movements in India*. Minneapolis: University of Minnesota Press.

Reuter, E. B. and Hart, C. W. 1933. *Introduction to Sociology*. New York: McGraw-Hill.

Reynolds, Henry 1996. *Aboriginal Sovereignty: Reflections on Race, State and Nation*. Sydney: Allen & Unwin.

Ricardo, David 1996 [1817]. *Principles of Political Economy and Taxation*. Amherst: Prometheus Books.

Robbins, Derek, ed. 2000. *Pierre Bourdieu*. London: Sage.

Roberts, Helen 1981. *Doing Feminist Research*. London: Routledge & Kegan Paul.

Robertson, Roland 1992. *Globalization: Social Theory and Global Culture*. London: Sage.

——1995. "Glocalization: time – space and homogeneity – heterogeneity". In Mike Featherstone, Scott Lash and Roland Robertson, eds, *Global Modernities*. London: Sage, 25 – 44.

Robinson, Jennifer 2006. *Ordinary Cities: Between Modernity and Development*. London: Routledge.

Robinson, William I. 2001. "Social theory and globalization: The rise of a transnational state." *Theory and Society*, vol. 30 no. 2, 157 – 200.

Ross, Dorothy 1991. *The Origins of American Social Science*. Cambridge: Cambridge University Press.

Rostow, W. W. 1960. *The Stages of Economic Growth: A Non-Communist Manifesto*. Cambridge: Cambridge University Press.

Roxborough, Ian 2002. "Globalization, unreason and the dilemmas of Amer-ican military strategy". *International Sociology*, vol. 17 no. 3, 339 – 59.

Sader, Emir 2002. "Hegemonia e contrahegemonia em tempos de guerra e de recessão". In Ana Esther Ceceña and Emir Sader, eds, *La guerra infinita: Hegemonia y terror mundial*. Buenos Aires: CLACSO, 143 – 58.

Said, Edward W. 1993. *Culture and Imperialism*. New York: Vintage.

Santos, Milton 2000. *Por uma outra globalização*. Rio de Janeiro: Editora Record.

Sarkar, Sumit 1997. *Writing Social History*. New Delhi: Oxford University Press.

Sassen, Saskia 1991. *The Global City: New York, London, Tokyo*. Princeton: Princeton University Press.

——2000. "Spatialities and temporalities of the global: Elements for a theorization". *Public Culture*, vol. 12 no. 1, 215 – 32.

——ed. 2002. *Global Networks, Linked Cities*. New York: Routledge.

Saunders, Peter 2005. *The Poverty Wars: Reconnecting Research with Reality*. Sydney: University of New South Wales Press.

Sayad, Abdelmalek 1996. "Abdelmalek Sayad in Interview". In Derek Robbins, ed., *Pierre Bourdieu*. London: Sage, 59 – 77.

Schuerkens, Ulrike 2003. "The sociological and anthropological study of globalization and localization". *Current Sociology*, vol. 51 nos 3/4, 209 – 22.

——2005. "Transnational migrations and social transformations: A theoretical perspective". *Current Sociology*, vol. 53 no. 4, 535 – 53.

Schutz, Alfred 1972 [1932]. *The Phenomenology of the Social World*. London: Heinemann.

Scott, David and U"Ren, Robert 1962. *Leisure: A Social Enquiry into Leisure Activities and Needs in an Australian Housing Estate*. Melbourne: Cheshire.

Seidman, Steven 1994. *Contested Knowledge: Social Theory in the Postmodern Era*. Cambridge, MA: Blackwell.

Serequeberhan, Tsenay, ed. 1991. *African Philosophy: The Essential Readings*. New York: Paragon House.

Shariati, Ali 1979. *On the Sociology of Islam*. Trans. Hamid Algar. Berkeley: Mizan Press.

——1981. *Man and Islam*. Trans. Fatollah Marjani. Houston: Free Islamic Lit Inc.

——1986a. *What is to be Done? The Enlightened Thinkers and an Islamic Renaissance*. Ed. Farhang Rajaee. Houston: Institute for Research and Islamic

Studies.

——1986b. "Shahadat". In Mahmud Taliqani, Murtada Mutahhari and Ali Shariati, *Jihad and Shahadat: Struggle and Martyrdom in Islam*. Houston: Institute for Research and Islamic Studies, 153 – 229.

Shiva, Vandana 1989. *Staying Alive: Women, Ecology and Development*. London: Zed Books.

Silva, Eduardo 1996. *The State and Capital in Chile: Business Elites, Technocrats, and Market Economics*. Boulder, CO: Westview.

Sinha, Mrinalini 1995. *Colonial Masculinity*. Manchester: Manchester University Press.

Sitas, Ari 2006. "The African Renaissance challenge and sociological reclamations in the South". *Current Sociology*, vol. 54 no. 3, 357 – 80.

Sklair, Leslie 2001. *The Transnational Capitalist Class*. Malden: Blackwell.

——2002. *Globalization: Capitalism and its Alternatives*. Oxford: Oxford University Press.

Slater, David 2004. *Geopolitics and the Post-colonial: Rethinking North – South Relations*. Oxford: Blackwell.

Smart, Barry 1994. "Sociology, globalisation and postmodernity: Com-ments on the 'sociology for one world' thesis". *International Sociology*, vol. 9 no. 2, 149 – 59.

Smelser, Neil J. 1990. "Can individualism yield a sociology?" *Contemporary Sociology*, vol. 19 no. 6, 778 – 83.

Smith, Adam 1910 [1776]. *An Inquiry into the Nature and Causes of the Wealth of Nations*. London: J. M. Dent.

Smith, Dorothy E. 1987. *The Everyday World as Problematic: A Feminist Sociology*. Toronto: University of Toronto Press.

Smith, T. V. and White, Leonard D. , eds 1929. *Chicago: An Experiment in Social Science Research*. Chicago: University of Chicago Press.

Sonntag, Heinz R. 1999. "How the sociology of the North celebrates itself ". *ISA Bulletin*, no. 80, 21 – 5.

Sorokin, Pitirim A. 1928. *Contemporary Sociological Theories*. New York: Harper Bros.

——1937 – 41. *Social and Cultural Dynamics*. New York: American Book.

Spencer, Baldwin and Gillen, F. J. 1899. *The Native Tribes of Central Australia*. London: Macmillan.

Spann, R. N. 1966. "Cliches and other bad habits in political science". *Poli-*

tics, vol. 1 no. 1, 3 – 16.

Spencer, Herbert 1954 [1850]. *Social Statics*. New York: Robert Schalkenbach Foundation.

——1887 [1873]. *The Study of Sociology*, 13th edn. London: Kegan Paul, Trench.

——1893 – 96 [1874 – 77]. *The Principles of Sociology*. 3 vols. New York: Appleton.

Spengler, Oswald 1932 [1918 – 22]. *The Decline of the West*. London: Allen & Unwin.

Stauffer, Robert H. 2004. *Kahana: How the Land was Lost*. Honolulu: University of Hawai'i Press.

Stead, Christina 1965 [1934]. *Seven Poor Men of Sydney*. Sydney: Angus & Robertson.

Stiebing, William H. 1993. *Uncovering the Past: A History of Archaeology*. Buffalo: Prometheus Books.

Stiglitz, Joseph E. 2002. *Globalization and its Discontents*. London: Penguin.

Sumner, William Graham 1934 [1906]. *Folkways: A Study of the Sociological Importance of Usages, Manners, Customs, Mores, and Morals*. Boston: Ginn.

Sun Yat-sen 1975 [1927]. *San Min Chu I: The Three Principles of the People*. Trans. Frank W. Price, ed. L. T. Chen. New York: Da Capo Press.

Suttner, Raymond 2006. "Talking to the ancestors: National heritage, the Freedom Charter and nation-building in South Africa in 2005". *Development Southern Africa*, vol. 23 no. 1, 3 – 27.

Sutton, Peter, ed. 1988. *Dreamings: The Art of Aboriginal Australia*. New York: Asia Society Galleries.

Swartz, David L. and Zolberg, Vera L., eds 2004. *After Bourdieu: Influence, Critique, Elaboration*. Dordrecht: Kluwer Academic.

Swingewood, Alan 2000. *A Short History of Sociological Thought*, 3rd edn. Basingstoke: Palgrave.

Taft, Ronald 1962. "The myth and migrants". In P. Coleman, ed., *Australian Civilization*. Melbourne: Cheshire, 191 – 206.

Taylor, Ian and Williams, Paul 2001. "South African foreign policy and the Great Lakes crisis: African Renaissance meets vagabondage politique?" *African Affairs*, no. 100, 265 – 86.

Tema, Bothlale Octavia 2002. "Science education and Africa's rebirth". In Catherine A. Odora Hoppers, ed., *Indigenous Knowledge and the Integration of*

Knowledge Systems. Claremont: New Africa Books, 128 - 40.

Tempels, Placide 1959 [1945]. *Bantu Philosophy*. Paris: Présence Africaine.

Tharu, Susie and Niranjana, Tejaswini 1996. "Problems for a contemporary theory of gender". *Subaltern Studies*, no. 9, 232 - 60.

Therborn, Göran 1976. *Science, Class, and Society*. London: New Left Books.

——2000. "Globalizations: Dimensions, historical waves, regional effects, normative governance". *International Sociology*, vol. 15 no. 2, 151 - 79.

Thomas, Hugh 1997. *The Slave Trade: The History of the Atlantic Slave Trade, 1440 -1870*. New York: Simon & Schuster.

Thomas, William I. 1907. *Sex and Society*. Chicago: University of Chicago Press.

Thompson, E. P. 1965. "The peculiarities of the English". *Socialist Register*, 1965, 311 - 62.

Thrift, Nigel 1985. "Bear and mouse or bear and tree? Anthony Giddens' reconstitution of social theory". *Sociology*, vol. 19 no. 4, 609 - 23.

Todd, Arthur James 1918. *Theories of Social Progress: A Critical Study of the Attempts to Formulate the Conditions of Human Advance*. New York: Macmillan.

Toer, Pramoedya Ananta 1996 [1979]. *Child of All Nations*. New York: Penguin.

Tominaga, Ken'ichi 1994. "European sociology and the modernisation of Japan". In Birgitta Nedelmann and Piotr Sztompka, eds, *Sociology in Europe*. Berlin: Walter de Gruyter, 191 - 212.

Tomlinson, John 1999. *Globalization and Culture*. Cambridge: Polity Press.

Tönnies, Ferdinand 1955 [1887]. *Community and Association*. London: Routledge & Kegan Paul.

Touraine, Alain 1971. *The Post-Industrial Society*. New York: Random House.

Toye, John and Toye, Richard 2004. *The UN and Global Political Economy: Trade, Finance, and Development*. Bloomington: Indiana University Press.

Turner, Bryan S. 1989. "Research note: From Orientalism to global society". *Sociology*, no. 23, 629 - 38.

Turner, Jonathan H. 1986. "Review essay: The theory of structuration". *American Journal of Sociology*, vol. 91 no. 4, 969 - 77.

Turner, Stephen P. and Turner, Jonathan H. 1990. *The Impossible Science:*

An Institutional Analysis of American Sociology. Newbury Park: Sage.

Turney, Clifford, Bygott, Ursula and Chippendale, Peter 1991. *Australia's First: A History of the University of Sydney Volume I, 1850 - 1939*. Sydney: University of Sydney and Hale & Iremonger.

Tylor, Edward B. 1873. *Primitive Culture: Researches into the Development of Mythology, Philosophy, Religion, Language, Art, and Custom*, 2nd edn. London: Murray.

Urry, John 1986. "Book review: The Constitution of Society," *Sociological Review*, vol. 34 no. 2, 434 - 37.

Vahdat, Farzin 2002. *God and Juggernaut: Iran's Intellectual Encounter with Modernity*. Syracuse: Syracuse University Press.

Valdés, Teresa, ed. 2001. *El indice de compromiso cumplido-ICC. Una estrategia para el control ciudadano de la equidad de género*. Santiago de Chile: FLACSO-Chile.

Vale, Peter and Sipho Maseko 2002. "Thabo Mbeki, South Africa, and the idea of an African Renaissance". In Sean Jacobs and Richard Calland, eds, *Thabo Mbeki's World: The Politics and Ideology of the South African President*. Pietermaritzburg: University of Natal Press, 121 - 42.

Vansina, Jan 1985. *Oral Tradition as History*. Madison: University of Wisconsin Press.

Vellinga, Menno 2002. "Globalization and neoliberalism: Economy and society in Latin America". *Iberoamericana: Nordic Journal of Latin American and Caribbean Studies*, vol. 32 no. 2, 25 - 43.

Walker, Alan 1945. *Coaltown: A Social Surveyof Cessnock, NSW*. Melbourne: Melbourne University Press.

Wallerstein, Immanuel 1974a. *The Modern World-System I: Capitalist Agriculture and the Origins of the European World-Economy in the Sixteenth Century*. New York: Academic Press.

——1974b. "The rise and future demise of the world capitalist system: Concepts for comparative analysis". *Comparative Studies in Society and History*, vol. 16 no. 4, 387 - 415.

——1979. *The Capitalist World-Economy*. Cambridge: Cambridge University Press.

——1999. *The End of the World as We Know It: Social Science for the Twenty-First Century*. Minneapolis: University of Minnesota Press.

Ward, Lester F. 1897. *Dynamic Sociology, or Applied Social Science as*

Based upon Statical Sociology and the Less Complex Sciences, 2nd edn. New York: Appleton.

——1903. *Pure Sociology*. New York: Macmillan.

Weber, Max 1989 [1894]. "Developmental tendencies in the situation of East Elbian rural labourers". In Keith Tribe, ed. , *Reading Weber*. London: Routledge, 158 – 87.

White, Luise, Miescher, Stephan F. and Cohen, David William, eds 2001. *African Words, African Voices: Critical Practices in Oral History*. Bloomington: Indiana University Press.

White, Patrick 1956. *The Tree of Man*. London: Eyre & Spottiswoode.

Williams, Nancy M. 1986. *The Yolngu and their Land: A System of Land Tenure and the Fight for its Recognition*. Canberra: Australian Institute of Aboriginal Studies.

Wiredu, Kwasi 1980. *Philosophy and an African Culture*. Cambridge: Cambridge University Press.

Wittgenstein, Ludwig 1974 [1921]. *Tractatus Logico-Philosophicus*. Trans. D. F. Pears and B. F. McGuinness. London: Routledge.

Yacine, Tassadit 2003. "L'Algérie, matrice d'une oeuvre". In Pierre Encrevé and Rose-Marie Lagrave, eds, *Travailler avec Bourdieu*. Paris: Flam-marion, 333 – 45.

——2005. "Pierre Bourdieu, amusnaw Kabyle ou intellectuel organique de l'humanité". In Gérard Mauger, ed. , *Rencontres avec Pierre Bourdieu*. Bellecombe-en-Bauges: Editions de Croquant, 565 – 74.

Yeo, Eileen Janes 1996. *The Contest for Social Science: Relations and Representations of Gender and Class*. London: Rivers Oram Press.

Yunupingu, Galarrwuy, ed. 1997. *Our Land is Our Life: Land Rights—Past, Present and Future*. Brisbane: University of Queensland Press.

Zhang, Zhen 2001. "Mediating time: The 'rice bowl of youth' in fin de siecle urban China. " In Arjun Appadurai, ed. , *Globalization*. Durham: Duke University Press, 131 – 54.

Zacharin, Robert Fyfe 1976. *Emigrant Eucalypts: Gum Trees as Exotics*. Cape Schanck, Victoria: the author.

Zubrzycki, Jerzy 1960. *Immigrants in Australia: A Demographic Survey Based on the 1954 Census*. Melbourne: Melbourne University Press.